纸莎草
Cyperus Papyrus

如此日本人

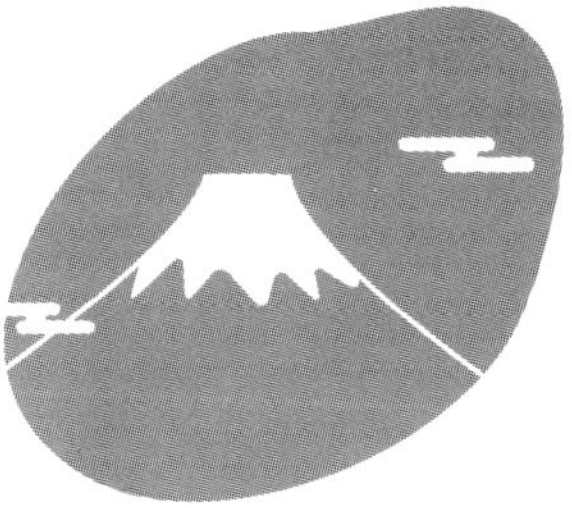

王志强 著

北京航空航天大学出版社
BEIHANG UNIVERSITY PRESS

图书在版编目（CIP）数据

如此日本人 / 王志强著. -- 北京：北京航空航天大学出版社，2019.5

ISBN 978-7-5124-2977-2

Ⅰ. ①如… Ⅱ. ①王… Ⅲ. ①日本人－民族性－研究 Ⅳ. ① C955.313

中国版本图书馆CIP数据核字（2019）第058227号

如此日本人

出版统筹：邓永标
责任编辑：曲建文　舒　心
责任印制：秦　赟
出版发行：北京航空航天大学出版社
地　　址：北京市海淀区学院路 37 号（100191）
电　　话：010-82317023（编辑部）010-82317024（发行部）010-82316936（邮购部）
网　　址：http: //www.buaapress.com.cn
读者信箱：bhxszd@163.com
印　　刷：天津画中画印刷有限公司
开　　本：880mm × 1230mm 1/32
印　　张：10
字　　数：216 千字
版　　次：2019 年 5 月第 1 版
印　　次：2019 年 5 月第 1 次印刷
定　　价：56.00 元

目
录
contents

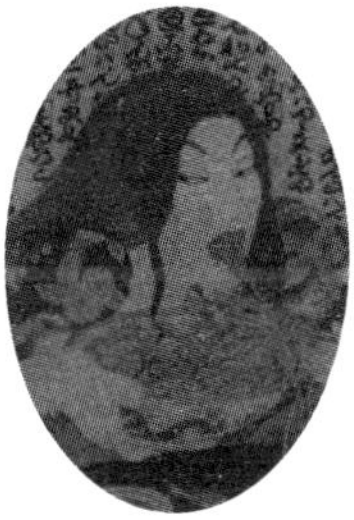

引 读

在亚洲大陆的东侧，如同一把碎石从东北向西南撒过来散布在西北太平洋，形成一溜大小岛屿。在那里日出比大陆要早一个小时，从大陆看过去那里是日出之处，有人说是武则天给那里起了个名字叫“日本”。

日本自然和性格的象征——富士山与樱花

那里有堪称世界绝景的富士山，有世界最为密集的温泉，又有频发的火山和地震，更有美丽宜人的大海和海滩。

那里的人们有着相当独特的文化，用汉字又在汉字之外加上独特的符号，形成了让人感到莫名其妙而又巧妙的语言。他们种水稻、吃生鱼、依附自然。

现在的日本，发达起来，仍在寻找着自我。据传说，两千多年以前，秦朝的徐福带领三千童男童女为秦始皇寻找长生不死之灵药踏上那些岛屿而一去不归，在那里生根。住在那里的现代人，为了寻找他们的根而不惜艰辛，向南去过东南亚的诸岛，向北去过俄罗斯、蒙古，向西去过中国云南的村寨密林和新疆的戈壁草原。

被称之为“日本”的这一串岛屿，从地理形状上看，有人说它像狼，有人说它像蚕。在世界的发展史上，特别是在近代历史上，它的确扮演过狼的角色，又有过蚕的行为，因而不得不为它写上重重的一笔。在这一百多年当中，日本大起大落，大落大起，它贪婪、凶残、咄咄逼人，它温情、勤勉、彬彬有礼。

在 19 世纪末期，亚洲各国还在封建统治苟延残喘的时期，日本率先学习欧洲，实现了维新，发展了工业经济，推行“富国强兵”的政策，从而成为东亚最发达强盛的国家。也就在这个时期，它开始了对亚洲国家的侵略。吞并朝鲜，侵略中国，袭击珍珠港发动太平洋战争，奴役东南亚各国，进行南京大屠杀，强迫妇女随军卖身，疯狂掠夺各国的财产和资源，残害和折磨了各国几千万人民。在各国的反侵略抗争中，侵略者走向穷途末路，在遭受致命打击走投无路之时，它被迫宣布无条件投降。它亦成为地球上唯一的被核武器摧残的国家，在两朵蘑菇云之下，多少日本人民生灵涂炭！在战后的 50 多年中，日本又经历饥饿贫困、经济恢复、发展、高速发展、泡沫经济及其崩溃，直至现在的萧条等阶段。当今的日本，成为世界上经济最为发达、富裕并具有竞争力的国家之一。日本生产着世界上最好的电器、汽车等产品，松下、日立、丰田、日产等品牌无孔不入地打进世界各地的市场，捞足了利润，同时也为人类带来了种种方便。目前虽然信息技术及产业方面望尘莫及于美国，产业方面受到中国与韩国等的追赶挤压，但在制造业上仍处于世界顶端。

当年横行于亚洲各国的日本军人以杀人比赛来取乐，连妇女儿童都不放过。甚至在遭到失败时，逼迫自己的臣民“玉碎”，效忠天皇，自杀成仁。而今立地成佛，日本人对动物甚至是蚂蚁，似乎也不愿施暴，却面对“二战”中伤害数千万人的罪行，不能认真诚恳地谢罪，王顾左右而言他，对世人及下一代掩盖历史真相。

经济发展，生活富裕，大量的人涌出国门，成为万里长城、大英博物馆、夏威夷海滩、凯旋门等地的访客，挥洒着大把的日元，给当地带来经济利益，日本游客成了众多旅游胜地最受欢迎的人。然而，20世纪80年代，日本兴起有组织有规模地去东南亚等地买春旅游，以为有钱什么都可以买，因而臭名远扬。

经过百余年“艰苦卓绝”的“脱亚入欧”的苦斗，日本成为经济大国，取得了空前的成就，得到世界各国的瞩目，经济生活教育水平达到世界一流。它自诩为白人发达世界的挑战者，的确其发达也鼓舞激励过发展中国家，成为穷国的学习榜样。可是却不顾一切地往欧美的怀里钻，举手投足，全盘西化，单相思。“脱亚”好像是脱成了，但是，“入欧！入欧”终究入不进，从文化、人种、传统、生活及思维方式都不被欧美所接受，总被欧美人说成是经济动物、个色、自私、怪异、狭隘、封闭，种种原因，备受蔑视。转过头来再“脱欧入亚”，无奈“覆水难收”，在文明和精神根基方面，不知道该立于何处，自感悲怆、寂寞，深怀刻骨铭心的“国际孤儿”之忧愁。

号称亚洲最完善的民主政治制度，严密公正的选举，自由众多的政党，有效神圣的议会。可是，2000年后十余年，总理大臣换起来如流星，令人眼花缭乱、目不暇接。“下岗总理”能组成一个班，不少日本人曾经几乎搞不清总理大臣换成谁了，不知道谁在为这个国家掌舵，谁在替这个国家负责。此等世界政治奇观近年才有所改观。但是有一个世界政治奇观还在延续，掌权者几乎都是前掌权者的后代。

日本花道（插花）

它以重视教育著称，拥有世界上最为完善有效的教育系统之一，成为发展中国家甚至一部分发达国家的学习榜样。但是，大学生光玩不学，新一代胸无大志、志无高远，使得老几代担心、不满。推行宽松教育致使学力下降，即使宽松仍有数以十万计的中小学生辍学逃学退学，引起社会烦恼。总被人描述成无孔不入、无钱不赚、无市不在的日本商人，疯狂地为追求利益四处奔波，同时在亚非贫困地区，在难民营，在一些受灾的地方，也有不少不辞辛苦、不计报酬的日本志愿人员的身影。

夜不闭户，路不拾遗，单身女子在夜色中行走，几乎不用担心会遭到袭击和骚扰；街头极少有争吵与殴斗，人们互相谦让、温文尔雅，享受着安全的环境、平和的空气。可是，一个中学生竟然把一个小学生的头颅切了下来，摆放到学校的大门口；只有在战争中才使用过的、如今在战争中也被杜绝使用的沙林毒气，居然也飘进了和平时代的平民住宅、大都市中心地带的地铁车站、车厢；剧毒的氰化物也被搅和进社区咖喱饭的大锅，造成惨剧。

他们爱自己的文化、自己的特性，爱自己的民族、自己的国家，爱自己的土地海域和那上面下面的一切。他们有“坚如磐石”的集团精神，为了自立于世界民族之林，为了寻求来自其他民族的尊敬，自强不息、勤劳奋斗。他们随时随地注视着外界的变化，贪得无厌地吸收外面先进的东西，循着强大先进势力的视线变换调整自己的姿态，在努力不被蔑视的同时，奋起追赶。朝着一个方向，为达成某个目标，经过内调酝酿，一旦形成某种一致的氛围（mood）和趋势，他们就能精诚团结、前赴后继、目不斜视、勇往直前。可是又总是陷入某种模式周而复始地循环，开动起来的不管是军事还是经济的战车，好像转向不灵闸不好使，只知道一味地朝着一个方向不顾一切地冲锋陷阵，得胜再胜连胜。但是终究物极必反，疯狂的战车坠入深渊，整个国家、民族一蹶不振，泄气悲伤，前途暗淡。一阵痛苦过后，再从跌倒的地方爬起来，开始又一次冲锋，进入又一次循环。

他们时而认定自己是世界上最为优秀的民族和人种。他们有“大和民族”之称，有自称世界上血统延续最长、“万世一系”的天皇作为精神统帅和象征，人人具备“大和魂”“大日本”的精神。在这种精神的指引下，结成最有效最有力的行动集团，因此他们骄傲和自豪，怀有超越任何其他民族的优越感。他们时而又认定自己是世界上最为劣等的民族和人种，世界上没有谁认为日本有过辉煌的文明。他们也清楚地知道，自己更善于学、仿、偷，不善于发明创造，只要是在正常的时代，都是跟在先进强大的势力的身后，亦步亦趋。他们在成功的时候得意忘形，认为自己是人类中的上上等；在失败的时候情绪坠入无底深渊，觉得自己是人类的下下种。难怪前美国驻日本大使赖肖尔说，日本人如同钟摆，在优越感和自卑感的两个极端摇摆，难于镇静下来维持一个普通稳定的心态。

在那片岛子上居住的是些什么样的人？他们为何这样又那样？日本这个常常令人不解的国度，与我们中国相隔一个朝鲜半岛，再往南隔着黄海和东海，距离不过数百公里。回顾历史，中日之间交流已越两千年，两国及两个民族之间，有过非常安定友好的时期，也有非常悲惨黑暗的时期。中国曾经在文明的发展上给了日本以极大的恩惠，这一点连日本最为极端的民族主义者也不得不点头承认。而日本从近代以来，给中国带来过极大的灾难，这一点每一个中国人都牢牢记得。日本和中国之间，由于地理、文化和历史等缘故，有着不解之缘。有说二者“一衣带水”，应永久和睦。有说在东亚地区“一山不容二虎”，二者应拼死相争。

还是由于历史的缘故，日本人以前一直把中国当作模仿对象、而今当作竞争的目标。他们对影响过其文明发展的中国，有着极其复杂的情感。

他们感激，因为来自中国的文化把他们的先人带入文明发展的阶段，有了文字、有了文学、有了提高人类生存水平的农业等，在中国的“舶来物”的基础上有了日本的发展和文明。

古装艺人

他们自卑并且憎恨，就是由于那些大陆“舶来文明”的自然传播扩展，使得日本纯粹的文明文化发展不畅，总让世人觉得日本是中国文明圈中的一分子，在日本可称文化的东西中，总能看到中国的色彩和影子。

他们庆幸，身旁的这个泱泱大国，由于儒家理论的统治，或许是文明过于悠久，一直趋于内向，不那么激烈扩张，也不那么贪婪，没有给日本以威胁和攻击，使得曾经弱小的日本安然自立于一方。

他们蔑视，中国——以前的崇拜偶像、模仿学习的目标，到近代竟完全停滞不前，并且如此弱不禁风。人家外人（欧美）打了你，我这个以前的小徒弟也打了你，你还不是在自称发展中国家吗？至今，我对你在经济、科技以及社会文明方面仍多有领先。我诺贝尔奖得了个遍，掰手指都难数清了，人家为示公平才给了你两个。

他们谨慎，上次战争的遗留问题尚未完结，在极力保住自己的地位和“尊严”的同时，尽量与中国这个庞然大物维持安定的关系，适当地做些友善的姿态，好让中国人赶快忘掉过去，去奔那“共存共荣”的未来。

他们恐惧，近四十年，中国突然有了一个飞跃式的发展。虽然国民经济人均收入还不如日本人，但是如此庞大的国土、资源和人口，一旦这头“初醒的睡狮”再有一个跳跃，岂不使得日本在亚洲争当霸主的梦想成为泡影？

他们奋起，绝对不能让中国再次崛起，要让中国继续作为提供廉价资源、低级产品和便宜劳力的仓库以任取任用，成为日本倾销洪水般的产品的广大市场，远远地跟在我这只头雁的后面受我日本的指引，慢慢奔你的小康。

他们企盼，现代中国要像历史上的宋朝，文弱文弱再文弱，只要小康，不要富强，最好分裂成多块，各自为政互相制约，不要对日本造成任何威胁。他们拉大旗做虎皮，依靠强大的同盟国背景，处处与中国角力对抗。

他们无奈，怀着千年落后百年领先而惧被超越以及不甘中国崛起的心态，实施多年的对中国的遏制，使用了武力以外的所有手段，却效果不佳，往往是杀敌八百自损一千，反而眼看着中国一步步地发展。

正是这些历史的渊源和现实的原因，使得日本人从来也没有丝毫怠慢认识和了解中国，他们把中国研究分析得透透彻彻；他们深入细致地用心制定对中国的政策，谨慎而果敢地付诸行动，以求永远立于不败之地。

可是，中国人呢？事事总是漫不经心，历史上遗留下来的有大国的风范，还有大国的毛病。中国看日本，总觉得日本是依靠中国文明的奶水喂大的孩子，一直不把日本放到眼里，以自我中心、唯我独尊的“华夷”（中华和东夷）态度，称日本是“弹丸小国”，是“小日本儿”。岂不知这个“弹丸小国”的“小日本儿”突然间发达起来了。到明治维新成功了，开始向朝鲜和中国进击了，这才开始有人认真地注意日本。中国人对日本人也有一种特殊的情感。历史意识的惯性造成人们在文化方面仍对日本有一些根深蒂固的优越感，对日本的忘恩负义、侵略罪行抱有极大的憎恶感，面对日本的经济成就又产生强烈的新鲜感，并且相比自己的落后以及苦难，油然而生一种要发展、要富强的紧迫感。无论怎样看，日本绝不是一个一般的国家和民族。日本人在历史上，尤其是近代以来飘忽不定的所作所为已经告诉了世界和中国，应当认真对待日本，要深入细致地去了解、认识和研究它。

日本人什么样

1. 从众无惧

集团性之说

在中国民间流传着这样的说法：

日本人1加1等于3，中国人1加1等于0。

1个中国人能打败10个日本人，10个日本人能打败100个中国人。

1个中国人是龙，1个日本人是虫；3个中国人是虫，3个日本人是龙。

这些老生常谈是要说明，在个体和群体上，个人奋斗与集团行动，团结或不团结，配合或不配合，体现出中国和日本国民性格的差异。

在日本会常常看到这样的情景：很多人要过马路，但人行横道的信号是红灯，马路上没有车，即便过去也没有危险。要过马路的人们互相看看，显露出不耐烦的表情，做出欲走又止的姿势，好像都在互相等待。突然一个人动起来了，紧接着就有第二第三个人跨出去，然后，大家几乎不分先后地迎着红灯到了彼岸。“从众无惧”（みんなでわたればこわくない）是日本常用的俗语，在过马路面对红灯的时候，按交通规则是不能过的，但是“从众无惧”，如果大家都过，大家就不怕。就这个说法，我想找合适的中文常用语或成语来对应，意思很贴切的好像是没有，最为相近的恐怕只有“法不责众”了。但是二者有着重要区别，“法不责众”的意思是规矩治不了众人，要破这个规矩得拉着众人一起破。“从众无惧”则跟“法”与“则”没有什么关系，只要是跟着大家就无所畏惧。

一则不知出自何处而在各国流传的笑话说：泰坦尼克号就要沉了，老幼和妇女都上了救生船走了，剩下的青壮男人们为了不被船沉引起的旋涡卷入海底，趁船沉之前赶紧往海里跳，于是对英国人说：要保持你的绅士风度吗？跳！英国人跳下去了；再对美国人说：你要当英雄吗？跳！美国人跳下去了；又对德国人说：你要守规矩的话，跳！德国人也跳下去了；最后就剩日本人了，于是对着日本人的耳朵小声说：“大家都已经跳下去了，你还不跳？！”日本人这才毫不犹豫地跳了下去。

我初到日本企业里研修的时候，几个同来的中国同事被分配到各个工作地点，我所在的办公楼只有我一个外国人，除了讨论工作几乎不说什么话，再加上语言不通，连续几个月，我默默地编程序或自己学习。那一阵子几乎没有人来理我，只有

嵌入现代大厦中的传统日本料理饭店

一位其他项目组的、曾经学习过一点中文的人，偶尔来我这里坐一会儿，说几句中文，或送我点儿小礼物，以示关心。一次，他突然问我：“你在这里不觉得紧张和不安吗？”“什么？”我一时没有明白他的意思，经他一番解释，明白了他问话的意思，但不知他问话的动机，我简单地回答：“好像没觉得有什么紧张和不安。”“还是不一样，像你这样日语不太好、这么长时间没有伙伴，一个人孤独寂寞，要是我们日本人早就受不了了，不定怎么紧张和不安呢。”“哦，原来是这么回事。”难怪他时不时地来我这里小示关心。尽管我在这方面没有那么迫切的需求，可是我理解、接受并感谢他对我的友好和“同情”，多少年过去了，我一直把他当作好朋友。他的一番言语和一系列表现，使我知道了日本人还有“个人不安”这样的特点。

日本人的“个人不安”表现在许多方面。一种是上述情况，没有伙伴时孤独寂寞带来的不安。还有在陌生人面前的

“对人不安”。学习日语时，多数日语教科书的第一课就教人如何寒暄：“初次见面，请多多关照（よろしく）。”这个在中文、英文等多种语言中没有的多余的客套话，日本人广泛而频繁地使用着。“初次见面”，那不是多余的话吗？见到初次见面的人，不是初次见面还能是什么呢？用得着强调吗？日本人用这样的寒暄，以表明相互处于同样的情况和立场，找到一个共同点，以缓解面对陌生人时的不安。“请多多关照”，关照什么，怎么关照？只是“初次见面”，又没有什么有求于对方，为什么一定要让人家给予“关照”？这一暧昧的寒暄词语，被日本人更为广泛频繁地使用着。初次见面时当然要用，与人接触时、求人做事时更是要用，以表达寻求对方的好意并且依赖对方的心情。既然有这样的特点，人就自然而然地寻求某种心理上的安全和安定感，那么，依靠他人似乎就是最好的避风港。

个人与集团的协调

对那些“对人不安”的日本人来说，最为恐怖和羞耻的事情是“与众不同”。他们深知做事不得自作主张、标新立异，更不能轻举妄动。离开了集体，一个人不但什么也做不了，还可能要遭受集体的蔑视和攻击，要忍受孤独、寂寞甚至屈辱。他们普遍愿意被包裹在日本式的小集团中安稳度日，具有强烈的对群体、对集团的归属感。他们普遍认为集团的意志就是自己的信念，集体的力量是无穷的，集体的任何事情离了谁“地球照转不误”。认为所有成绩都是大家的，是大家共同努力的结果，个人再能，也是集体中的一分子。要不是公司给你提供

英国教科书中描绘的日本式群体交际

好的工作环境，要不是有大家的全力协助，纵然你会十八般武艺、七十二种变化，一个跟头能翻十万八千里，你能怎么着？到头来你能折腾出集体这个如来佛的手掌心吗？那里并不需要特别能干的人，如果谁特别有主意、有新想法，或者标新立异显得突出能干的话，反倒容易引起周围人的反感，随之而来的是各种各样的麻烦。人们寻求安全感因而具有归属感，进而发展成对集团的忠诚心和责任感。个人离不开集团，集团保护了个人，集团的发展就是个人的发展，集团的衰败就是个人的衰败，一个集团中的众多个人命运被紧密联结起来。这些人结成一个命运共同体，几乎要一辈子“同甘共苦，两肋插刀”。在日本有不少激励集团精神的方法，比如大家高唱社歌，以凝聚公司员工的集团心态。每个新首相在当选之时，必领着众人高举双手，三呼万岁，以示万众一心。每当集团聚会结束时，大家共同击掌，“啪啪啪，啪啪啪，啪啪啪——啪”，连续循环三次，节奏整齐，声响震天，以寻找共通的感觉及意识，高扬集团精神。

由于日本人富于集团性，个人的行动多被包裹在集团之中，因此显不出有什么个性。欧美人形容日本人时，往往说他们没有个性。但是谁都知道，是动物就有个性，何况是高级动物的人类？日本人也是人类的一员，怎能没有个性呢？

作为人，一个有思维、能够单独行动的个体，不管他是哪个民族、属于哪国的人、受过什么样的教育、有如何如何的经历，多少都具备作为个体的个性。作为个体不能去发挥和表现其个性的话，那他就不能够成为个体而失去存在的必要。日本人与其他人一样，高矮胖瘦，暴躁温顺，好吃咸好吃辣，外露内向，虚荣心强与弱，攻击性有或无等，人所有的一切特征一个也不少。

事实上日本人并不是完全抹杀个性，只是在服从群体和发挥个性之间，更多一些主张先服从群体，只要这个个性不影响群体的根本利益，还是可以适当地发挥一下的。在群体中，大家有通过某些共同的感觉而达成的某些共识。这些共识往往没有也不需要明确，人人都根据各自的感觉去理解、遵守和维护这些共识，这就形成了不成文的规则或者说是惯例。要寻求安全感的人，首先就得控制自己，遵守群体中的“规则”。然后得到集团的承认和集团成员的友谊，以解除不安心理。花时间锲而不舍地在规定范围内做出不懈的努力，以巩固和提升在集团中的地位。他们

传统与现代并存

需要把自己的个性时深时浅地掩藏起来，在群体中以忍耐、服从、努力、等待和坚持来寻求从得到安全感一直到达成自我实现的行为需求。

不仅在习惯上，日本从制度上也采用了对集团活动十分有利的措施。日本企业广泛实行“终身雇佣制度”和“年功序列制度”。从理论上讲，一个人进了企业，从成为这个企业的正式职员开始，他将被“终身雇佣”。只要他在公司不犯大的错误，在社会上也没有被警方稽查的劣迹，如不提出辞职的话，他就可以在这里一直待到退休。企业中，按在职工龄来评价功劳，按入社先后排列上下级关系。只要他在公司里干，熬到一定年头，就会有相应的提升。如同中国计划经济时代的“大锅饭”，不管你干还是不干，都能领到工资，活得下去。这是资本主义发达国家中绝无仅有的实施类似“计划经济社会主义”制度的国家。

日本企业从制度上保证了职员的一生，但是如何保证职员能为企业努力工作做贡献呢？如果有的职员在公司的“大锅饭”里光吃不干，公司不就吃亏了吗？在这里，集团的组织作用就得以充分发挥了。

日本的组织以“终身雇佣”以及利用日本人的人际关系习惯，个人产生强烈的归属意识，使职员们自觉地意识到，自己的将来只有依靠组织的成功才能得到保证。随着终身雇佣，长期在一个地方工作，与长期在一起的伙伴配合，工作就顺利多了。每个人都有工作上的关系网，只要他不换雇主，这些关系是一生的宝贵财富。论资排辈，后辈在地位上超过前辈一般不大可能。年轻时工资较低，但是长期在同一个单位工作，随着年头的增长，自然而然工资就可以涨起来。若一直干到退休的话，就可以得到丰厚的退职金。退职金是根据在某个单位所待时间长短来计算的，换了单位就不能再连续计算。这种方法鼓励人们不换单位，固定在一处工作一生。如果谁跳槽换了公司，就等于离开了所熟悉的集团去一个不熟悉的集团。他以前积累多年的、与伙伴磨合好了的配合关系、在原公司的工作关系网都将失去作用，一切都得从头再来。在退职金方面也要吃亏，原公司给的不多，新公司工龄要从零算起。日本从制度上把人死死地钉在某个集团中，使他们为该集团长期奉献，这成了日本的动力和发展的源泉。日本依靠牺牲和压制个性，换来一个均衡和同步的社会发展。在日本的集体中，个人的意识须符合大家的意志，人人都尽量不表现个人的一面。在共同做事时，个人尽量不独出心裁，紧密地与周围人配合。这样，大大减少了因意见不一致造成同事之间互相不服气、互相不支持、互相拆台的情况发生。每个人就像机器中的零件，几乎没有内耗地运转，效率自然就大大提高。日本人的这个特点，特别适合需要互相密切配合的工业化生产。日本就是利用这个法宝，在数十年的较短时间内，使得极端落后的工业经济在世界上崭露头角，与欧美先进工业国家并驾齐驱。

实用的等级

在印度，有一个用日本的资金建立、全都由日本医生和护士进行治疗、看护的麻风病医院。医院完全按照日本式的“公平民主”来运营，患者一律平等，住同样的病房，一起打扫病房，在同一个食堂吃同样的饭菜。有一个婆罗门的患者住进来，婆罗门是印度各阶层当中地位最高的，但未必都是富翁，反而因为是婆罗门人，有些“低贱”职业不能去做，难于成为富翁。这位婆罗门患者其实是个乞丐，虽然他不直接向人乞食，但依靠别人施舍过着清贫的生活。进了医院，不但能够接受治疗，还能在衣食住上得到保证。但他说不能和阶层低贱的人一起就餐，不能和阶层低贱的人一起打扫病房。日本人认为这样想是不对的，人应当平等，说应当遵循医院的平等的规矩。于是这位婆罗门跪地祈愿，请求允许在这里维持婆罗门的生活方式。当他知道愿望不可能实现的时候，就毅然离开能够给他提供舒适生活的医院，回到了过去的乞丐群当中。

“二战”中，日本军人成了俘虏，军官的权力、地位没有了，军衔就没有意义了。士兵俘虏说：“当官的居然还当俘虏。”军官俘虏反而成了被蔑视的对象。日本的士兵俘虏们不能容忍的是军官不参加俘虏营里的劳动。这个时候，军官的身份地位和尊严已不存在了。日本军官对国际条约规定的军官身份应得到保证和照顾的意识也非常淡薄。欧美的军人成了俘虏，仍保持军队中的等级秩序和级别关系，军官是军官，士兵是士兵。“二战”中，日本军队抓了欧美军人俘虏，对他们的等级秩序和级别关系大惑不解，日本看守和欧美俘虏常常为此发生争执和冲突。欧美军队抓了日本军人俘虏，俘虏营的看守、所长向军衔阶层比自己高的日本俘虏表示敬意，如同迎接本国失去军队指挥权的上级军官接受自己管辖一样，使得日本俘虏不知所措。

日本著名作家三浦朱门在解释日本人的等级关系时，举了上述两个例子。

日本人没有印度那样明确的等级身份制度和传统。在阶层意识上，支撑日本统治的是物质和实力。当二者都失去的时候，他不过是一个平民百姓。除了皇族，日本没有世代相传的身份地位，没有像印度那样的婆罗门等的阶层。

但是日本人特别注意现实中的等级关系。在与人接触时，总是细心地注意自己和对方的地位，用各种方式表达自己的并且揣测对方的地位，来决定交流时应当采用的对策和所持的态度。日本人有面对生人紧张的心理，当确认了对方的地位，知道自己该如何做，便解除了紧张。有一个最典型、也是被日本人或非日本人论说日本人时百举不厌的例子，就是利用名片。名片一般都注明了能立即了解对方地位的所属集团、职业、官

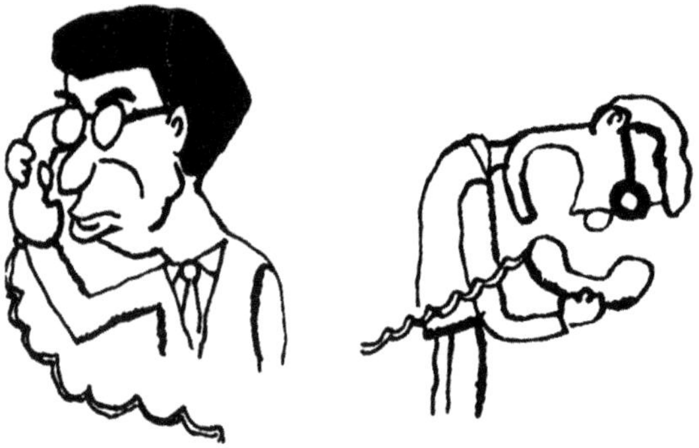

不知道是习惯还是真的尊重，在与上司打电话的时候，也要点头哈腰（此图出自英国教科书）。

衔级别等信息。人们公认日本人特别地喜好名片。除了初次见面，第一个动作是交换名片，持有某大人物的名片也是炫耀的手段。在日本的社交场合，名人的跟前总是排起长队，小人物们争先恐后地交换名片。我还见过一张名人的名片，被数人借去复印以备收藏的情景。他们的等级观念是非常严密的，上下关系清清楚楚，似乎谁也不想“越雷池一步”。

重要的是日本人的等级观念非常实用。他们认为，阶层和身份不过是暂时的，当你有实力有权力的时候，下级要对你依顺，一旦失去了那些，你的阶级和身份也就没有了，过去的部下立即对你另眼相看。都说日本人论资排辈，尊敬年长者，这是儒学思想在日本产生影响造成的习惯意识。最有代表性的是日本人集团（企业、团体等）中的“年功序列制度”（论资排辈），长者为先的习惯意识不仅深入人心，而且成为工作生产甚至生活娱乐中人际关系的规范。不过，这个“长者”不一定就是年长者。年长者以其年龄，“吃的盐比别人吃的面都多”，标志着他经验比较丰富、知识渊博。但是在一个集团中待的时间长短更为重要，“在团长者”对这个集团应该是经验比较丰富、知识渊博。在年长者和“在团长者”之间，这个集团往往选择“在团长者”，因为从现实角度讲，“在团长者”要实际、实用得多。“年功序列制度”就是基于这个实用概念而形成的。日本人不跳槽，安分守己地在一个企业中，充分享受“年功序列制度”。随着时光流逝升薪晋职，“多年的媳妇熬成婆”，成为“在团长者”，然后可以像前辈一样“叱咤”一番“风云”，退休时领取一笔可观的以在这个企业的时间长短来确定数值的退休金，完成其有价值的职业人生。

日本人的地位意识非常实际，根据供求关系，地位随着变化，有利地位和不利地位的相互态度明显不同。在经济交往中，最频繁的活动是买卖关系。买方手中有钱，可以任意选择购买某个卖方的商品，地位就相对有利。卖方要把自已的商品卖出去换回现金，求买方购买自己的商品，地位就相对不利。在供求关系上引起人的地位感觉和态度的变化，这似乎是商品社会中一种自然现象。

日本买方与卖方的关系有一种强烈的反差和绝对的不平等。买方虽然就是个普通人，在买东西的时候立刻有了自己是“上帝”的感觉。我买你的东西来了，我给你带恩惠来了，要求卖方提供尽可能的服务，自然而然地采取傲慢、得意的态度。而卖方则鞠大躬施大礼，用尽日本繁杂的尊敬礼节和甜言蜜语，宛如见到“上帝”，采取卑恭的态度。在这一瞬间，因为买卖发生的接触产生了供求关系，使人的地位发生了重组，态度发生了明显变化。全世界都认为日本的服务如何如何好，夸奖最多的是“态度好”，其效果来源于服务者的故作“渺小”。日本人特有的缩身素养（把自己变得渺小，日语中有“恐缩”一词），在有求于对方的时候，尤其是为了收取回报而销售物品及提供服务的时候，点头哈腰甜言蜜语，缩身以示自己渺小，而顾客方则对这样的好态度感觉优越随之愉悦。这样就促进买卖成功，想必以后会常来。

可是，与日本同样商品经济发达的欧美国家，尽管也叫嚷“顾客是上帝”，但没有日本那样的强烈反差和不平等。一些发展中国家学习日本的做法，比如说中国，在有的商店门口两侧，身披彩带的两排美女，鞠躬作笑，对入店者致欢迎词，对出店者致感谢语，似乎把顾客捧为上帝。这不过是改善服务水平、促销的一种手段。购物者没那么自我感觉“伟大”，服务者也没那么故作“渺小”，相对平等的地位并没有因为供求关系而发生变化。

这个能够引起地位意识变化的供求关系并不仅仅限于经济活动。日本人求人做事，求人者和被求者之间也是同样。在没有既定的上下等级关系、相互是一种平等关系的时候，求人者为达到目的，对被求者点头哈腰、甜言蜜语，而被求者很自然地腰杆挺直、指东说西，呈伟大状。看上去，二人明显的地位有所不同，实际上就是在求与被求之间，彼此地位发生了瞬间的变化。当事情过后，二人之间求与被求的关系结束了，相互间的地位立即恢复正常。日本人的地位意识中，没有稳固的平等，也没有不变的上下关系。当有需求时，平等将被打破。根据场合、根据情况，日本人的地位意识是频繁变化的。

等距离往来

我曾经有过百思不得其解的经验。晚上下班后，按日本人的习惯，工作同事常常出去喝酒小聚，借酒来轻松、发散工作压力，调解人际关系，于是时不时入乡随俗地同日本同事这样聚一聚。酒中酒后，借酒吐“真言”，相互几乎无话不谈，感觉好像亲密无间。第二天，我还带有昨晚的余兴，以“亲密无间”的心情和表情去招呼曾经一起畅谈的“酒友”。令我吃惊的是他们的表现完全判若两人，我好像成了他们的陌路，就跟什么事情都没有发生一样，对我爱答不理，显得比平时更加冷淡。起初我很气愤，把这种“更加冷淡”现象归咎于日本人对外国人的差别态度上。渐渐发现，日本人之间也这样。原来是在处理人际关系时，他们要保持这样的平衡。

他们普遍有两种形态和面孔，一是社会性的，二是个人性的。在个人交往的环境，露出个人性的原本面孔和性格，无所顾忌地自然表现，于是就有了酒中酒后借酒吐“真言”，相互几乎无话不谈，感觉好像亲密无间。但是在社会组织里，也就是集团中，表现就截然不同了。

麻将馆

日本的人与人之间有一个大家都尽量保持的几乎相等的距离，并且还时时刻刻度量和确认这个距离。这个距离是保持人与人之间的关系以及维系集团共同意识的纽带，一般这个距离不宜太远也不宜太近。远了就有疏远之嫌，立刻引起猜疑，自己何处伤害了对方，对方为何待自己那样，被疏远的一方立即就会做出反应或以某种方式给予回击。有时无意说了也许属于莽撞的言辞，或对别人的招呼稍微怠慢了片刻，迎面相遇没有以大家都习惯了的方式寒暄等，都会滴水不漏地被察觉到，被认为是拉远距离的行为，必然要承受由此引起的后果。日本人对处理人际关系异常用心，对影响人际关系的相互对待的方法、程度、深浅远近异常敏感。日本人一般都小心翼翼地选择自己的言辞，礼貌周到地应酬人与人之间的往来，“对不起”“抱歉”“谢谢”之类的词语常挂嘴边，以致让人感到腻烦。把关系弄近了，更是要不得的事情，那样会使对方不知所措而引起反感。有人戏称，要想让日本人（个人）难受，就总让他欠你的，总让他还不完。如果你给了某个日本人一点恩惠，或送他一件什么礼物，或帮了他一点小忙，他会千方百计地想办法还你些什么，而且“还礼”的价值，好像被精密地计算过一样，基本上等于你给他的那一份。他们似乎严格遵守着一个不成文的协定：“谁也不要欠谁的，你给我半斤，我还你八两。”作为还礼你要是多给了，并不表明你做了滴水之恩、涌泉相报的壮举，你是给人家带来了麻烦，使对方感觉到他多欠了你一些，还得找机会以某种方式补差返还。日本人怕欠人家的，怕因此不知如何对待对方，怕距离太近了以后不好相处，怕打破以往的距离均衡而难以相处，怕因此而影响与相关的其他人的关系。在一个集团中，

随处可见的日本礼仪

为了人际关系的均衡，各人之间都必须保持一定距离。在一个最小的集团单位中（10 人以内），几乎看不出谁和谁关系更好一些，不存在什么莫逆之交。超常的关系是危害集团的祸种。人与人之间等距离相处、均衡地礼尚往来，是在日本集团中生存的基本手段。

欺负的妙用

日本人的社会集团，从外面看来似乎是“一潭静水”，行动是一致的，大家的思想也是一致的。可是在那“一潭静水”的下面，有着异乎寻常随时随地存在的争执、冲突和倾轧。日本人接触起来多数好像沉默寡言，不爱突出又不具幽默感，但是那些不显山不露水的人，有着比他人一点也不少的思虑和翻腾在胸中的纠葛。不知何时，那“一潭静水”就混浊起来腾起冲天的大浪。那“静若处子”之人一旦行动起来，将“动如脱兔”。从外面看，日本的团体坚如磐石，给人以“精诚团结”的感觉。深入日本人的团体中，就会发现，那里面的派系以及人与人之间倾轧之激烈，大鱼吃小鱼、小鱼吃虾米以及个人的烦恼和牢骚，绝不在其他民族之下。所不同的是，日本团体发生的内斗，一般不会张扬到外界去。内部斗得一塌糊涂，往往外面看来依然是“一潭静水”。

在日本，欺负人的问题已经成为社会问题，中小学生因为受欺负而自杀的新闻报道几乎每个月都可以看到。中小学生当中发生的所谓攻击和欺负，不仅包括易被发现而制止的公开殴打和谩骂，更有不易被人发现的几乎不能算作欺负的隐蔽骚扰。不知何时你的书本掉到地上，你的铅笔没有了，你的桌子倒了；你走到哪里他们就都躲开，几个人离你不远不近，时不时地看你几眼，一起议论几句，做出轻蔑的表情，然后再互相会意地一阵哄笑，使你觉得你在被他们讨厌和嘲弄。当你忍无可忍而质问他们时，他们说，没有啊，我们根本就没在说你。他们未必与你发生直接公开的冲突，而是仅仅使你感觉到不舒服，并且让你说不出道不出，难以做出明显的对抗反应，也无法去向老师等他人诉说。明明狠狠地整治了你，却让你说不出来，这种欺负，用日本话叫“阴险”“阴湿”，其滋味请读者自己想象吧。

在许多国家民族的少年儿童当中，公开攻击和隐蔽骚扰的欺负都是存在的，但是，日本式的欺负是以隐蔽骚扰为多。不是从肉体上实施攻击，而是从精神上给予摧残，使得很多被欺负的人精神总是处在紧张状态，渐渐养成了疑心重的毛病，以至于任何人在一旁说话，他都觉得是在议论或嘲笑自己，觉得自己处处招人讨厌，而失去自信心，以至于惶惶不可终日。而且日本很少有“路见不平，拔刀相助”的“豪侠”，普遍事不关己，避免麻烦。更有甚者，一个人被欺负，大家都去欺负他。那些原本不想欺负他人的人，为了与伙伴们保持一致，为了自己在小集团中能够站住脚而不落到受欺负的境地，就半主动地去欺负他人。因此那些受欺负的学生，很少能够得到旁人的援助。他们受欺负的情况几乎无处不在，令人无处躲藏，往往除了回家以外没有一处安全的地方。不少日本的学生为此苦恼不已，他们不想再碰到那种不愉快的场面，有的彻底失去了自信，导致不愿再去上学，甚至选择了自绝的道路。欺负这个问题，成为日本中小学生退学辍学的主要原因。根据日本文部科学省（相当于中国的教育部+科技部）的调查统计，2015年一年之间，认定受欺负的人数与不上学的人数比例达到历史最高，不上学的中小学生共计126,009人。主要原因是人际关系——“怕受欺负”“与同学不和”等。这些年来，日本中小学生中多发的自杀现象，也绝大部分是由于人际关系问题引起。几年前，日本的报纸曾报道中国某地一所技术学校一个饱受欺负的男生，拿着自制炸药包紧抱曾经欺负他的三名同学，拉响导火索同归于尽。有的日本读者向这个学生翘大拇指，并感叹日本的学生在受欺负之后，无力采取某种方式抗争，只会在遗书中指认“凶手”，用自虐的方式自杀寻死。这些情况与社会环境是分不开的，日本闷罐式的人际社会关系系统，自然会产生日本特有的社会问题。

1997年春天，日本枥木县某中学的一个日裔巴西学生自动退学了，说“不想去日本的学校”，原因是，因为不是日本人所以受欺负，文具被别人给扔了等。学校老师也没有帮上什么忙，县教育委员会说“国际理解方面的教育开展得不足”，向学生道了歉。日本学生之间普遍存在着欺负人的问题，这种欺负往往来自某人的某处与众人不同，如服装、方言、爱好、性格、习惯，若有特殊的地方，就容易成为被排斥的对象。外国学生的与众不同不言而喻。到日本来上学的外国中小学生，几乎没有没受过欺负的经验。有一个四分之三中国血统的高中女生，一直严守秘密，不让别人知道她的血统，以百分之百日本人的姿态尽量愉快地生存于日本的学校中，她怕被别人知道了真实情况而受到欺负。

日语中的“いじめ”，有欺负的意思，但是这个“いじめ”是“使弱者难受”，比中文的“欺负”（用蛮横无理的手段侵犯、压迫或侮辱）一词覆盖的范围广泛得多。包括重程度侵犯、压迫和侮辱，以及轻程度的间接骚扰、一个白眼、一阵哄笑，凡属于能够使人觉得不愉快或难受的事情，都被列入非正常人际交往的“いじめ”行列。也许准确地说，“いじめ”是“使人难受”的意思。日本人感受性强，一点点小事往往被认为是“欺负”，许多事情在中国人来看并不属于欺负，但在日本人来讲就成了欺负。日本人从小受到根深蒂固的“不给他人添麻烦”的教育，因而对“被他人添麻烦”极为敏感和反感。几乎每个人都有一个时而柔软有韧性有弹性、时而坚硬又带刺的外壳。他们精心地圈出一块不容侵犯的小范围，细心地维护着使之不被侵犯，敏锐地感受并对抗来自他人的攻击。

日本最著名的商业街东京银座

所谓欺负人的问题不仅在学校中发生，也是日本社会普遍存在的现象。在日本的企业、学校、团体等任何集团中，成年人之间的“欺负”也不逊色。日本人存在于一个集团主义、集体利益优先、个人服从集体的命运共同体环境中，公开的个性发挥可以说在日本这个社会中是没有市场的，并且是不被允许的。当然，日本人也是人，有七情六欲，也有个性，也有表现自我显示个人存在的欲望，也要宣泄个人的烦恼。在集团的铁壳子里，不易进行突出的自我表现。为了表现自我、显示个人的存在以及宣泄个人烦恼，好像暗使劲欺负人是一个便利的方法：年龄大的对年龄小的，早入社的对晚入社的，上司对部下，下级合伙对上级等。记得早年看过一个日本电影叫《啊，海军》，“二战”中在日本海军军官学校，老兵对新兵任意地殴打谩骂，新兵擦去口角上的鲜血，依然“哈依！哈依”点头称“是”。现代的日本，当然早已不是那样的形象。不过，在学校企业团体中，欺负是一种几乎人人都要受、人人都要做的事。日本式的欺负，是日本人表现个性的一个重要方式，又是集团增进凝聚力、激发干劲及忠诚心的催化剂。再说那位《啊，海军》中的主人公，随着被打得鼻青脸肿、被侮辱得无地自容，激发了他的奋斗精神，从一个普通小地主的温顺儿子，成长为优秀的海军军官，数次英勇作战，均死里逃生。最后这位海军军官学校的杰出教官，在日本的危机时刻，深明为国捐躯之大义，义无反顾地奔赴决一死战的疆场。日本人利用集团中的互相欺负，进行个性发挥，宣泄烦恼，在不使集团受损的前提下，释放作为人的个性方面的能量，还使他们更加知道集团的力量、集团的目标，增进集团的凝聚力，培养出日本人集团主义之美德，激发为集团献身之精神以及对集团之忠诚。

不能不说，日本的“欺负”在日本的集团中所起到的润滑和催化作用无与伦比。尽管内部有激烈的“欺负”和倾轧，但当需要集团的所有成员一致对外的时候，他们真就能够暂时忘记前嫌，“上下左右团结如一人”，互相配合，齐心协力，“吃里扒外”者几乎没有。在这方面的突出表现是在日本国家这个大集团中，历史上极少记载有日本人背叛民族与外国势力勾结来对付本国人民的事例。日本人较少“日奸”和叛国者，这一点又是日本人的巨大骄傲。

具备“个人不安”的人，极度寻求他们之间互相照顾或被照顾、安慰与被安慰、支持和被支持，愿意被包裹在日本式的小集团中，安稳度日。随着大家能够消除不安，主动地收敛个性去与集团调和配合，加上实用的等级地位之作用、等距离的礼尚往来、欺负的润滑效能，使得日本人集团形成一个称作“内”的人际关系环境。这些互相依存、互相支撑而又互相欺负的人们，内外分明，组成强有力的行动集团。那些单人独处时“弱不禁风”的人，一旦进入集团，一下就强壮起来，就凝聚排外，就变得极有攻击性，就无所畏惧，能为集团的利益冲锋陷阵。

在由一个日本人和一个澳大利亚人合写的《日本人论的方程式》一书中，对日本人的集团性之说做了如下总结：

1. 日本人在集团行动中发现自我的意义，不承认主张个人主义的心理要求。对日本人来说，对集团的忠诚是主要的价值观念，通过自动地服从集团的利益而得到特殊的心理上的满足感。

2. 日本人重视集团内部的调和，为了维持这个调和，注意基于地位的上下级关系，并且接受和支持这种关系。集团内部基于地位的上下级关系，是根据从属这个集团的时间长短，即论资排辈、年功序列的原则。日语中的尊敬用语和客套用语，在日常生活中渐渐增强的上下级关系中起着作用，是日本人心理中最重视的东西。

3. 日本人与所在集团和组织的上司及部下紧密结合，结成纵向的忠诚关系。这种形式，与常常打破集团和组织的界限，同横向结合，享受类似全社会的动态机能的西方人不同。

4. 受社会调和与一体感的恩惠，日本的实业界和政界的领导人，能够简单地把国民团结起来。正因为有了这样的国民团结，日本实现了巨大的经济增长。

5. 日本在文化上、语言上、人种上的统一性，与其他国家相比异常高。因此，日本人的日本人意识很强，容易培植民族主义倾向。在强烈的与其他民族有差别的意识支配下，日本人带着强烈的国家意识进行行动。

6. 日本社会有一种封闭性，排斥外国人，“西是西”“东是东”，二者无法同一。爆炸式的经济增长和大城市化，能看得到的仅仅是表面的西洋化，进一层就可以发现，那是完全的日本传统社会。

有人分析了集团性的起因。日本人普遍对同是日本人的他人有一种依存心理。日本著名的精神病医生土居健郎从长期临床经验中总结出：日本人有一种“依存”的心理，可说是日本人的基本感情形式（あまえ：依赖、依存、撒娇、想当然）。他的“依存”定义是：“被动的有对象的爱。”土居健郎指出：“‘依存’，最早是幼儿对母亲的依恋感情。必须说明，早在精神分析理论中所谓‘恋母情结’成立以前，这种‘依存’的情感就已经存在了。弗洛伊德称其为幼儿最初的对象选择，它相当于在幼儿很小时就固有的情感。”这种情感是幼儿原始地追求温柔、友好、安全的感受的本能，表现在依恋母亲，渴望与母亲融为一体的行动上。

按理说，那种一般性的幼儿原始的“依存”情感，应该在成长、在接触非母亲的其他人、接受教育增长知识的过程中，精神成熟信念树立，由原始的“依存”情感，升华为有独立性、有原则、富于理性和责任心的成人情感。但是，日本人没有完成这个成长过程，至少完成得不够彻底。以至于这种幼儿原始的情感，在成年后依然强烈地发生作用，也形成了日本人与日本社会的特征。他们带着这种根深蒂固的依存情感进入学校，进入社会，像当年寻找对母亲的依恋一样，追求温柔、友好、安全的感受。但是，没有其他任何人能够代替母亲的作用，只有众人，也就是集体。他们依存集体并与这个集体中的其他人协调起来才能够感到安全，缓解个人的紧张不安心理，才能够找到个人的归宿，而在其中实现作为个人的价值。在集团中寻求互相照顾与被照顾、安慰与被安慰、支持和被支持，形成一个称作“内圈”的人际关系环境，结成有共同利益的命运共同体，以实现感受人的基本本能需求之一的安全。

2. 暧昧与腹艺

“明石先生说起英语来，比说日语的时候，形象要明确清晰得多吧。”

明石康作为东京都知事竞选候选人，在东京有乐町的日本外国记者协会会见记者时，一位日本记者提出了这样的问题，使得在场的外国记者吃了一惊。

对曾经在联合国工作过四十年并曾担任过副秘书长的明石康来说，没什么可吃惊的。不仅明石康肯定这位日本记者的观察，而且，在联合国难民署做高级官员的绪方贞子也说自己具有同样的“二重人格”。“绪方女士说起英语来就有相当的攻击性，说起日语来就让人听得感觉温文尔雅并与世无争。”

那以后，明石康用日语进行东京都知事的竞选，最终败下阵来。不过应当指出，在日本，外国记者协会的那些话是远远超出东京都知事竞选范围的日本的问题。

离开以“沉默为金”的日本式文化，具备“二重人格”、在国际舞台上踊跃发言的领导人，日本的问题在日本的环境中是难于培育得起来。“沉默”，这个日本人的缺点，在海外众所周知，而且带来了不利于日本的结果。

例如，根据 4 月发表的美国国会图书馆的国会研究报告，克林顿政府的当权者、官员们，普遍泄露出不满：日本的领导人“没意思、官僚式的，有重要问题要与其商量，不给你提任何提案和想法”。与日本对等地位的人进行对话很难沟通。

这个问题并不是语言的问题，而隐含着更深的问题。日本的官僚们抱怨，美国在制订新的对日政策时，事先没有任何商量。但是，就我来看，日本方面对真正的商量（要谈事，必须是发表自己的观点）没有什么需求。他们似乎仅仅接受报告就够了，尽管他们不愿意被排斥在圈外。研究报告还说，日本当局者们持有被华盛顿无视的不满，因而使得日本人对美国的愤怒水涨船高，可是美国的当局者说那是“乱发牢骚”而置之不理。其结果日美之间出现新的“不相信和不愉快”。1997 年的亚洲金融危机以来，日美关系受到损害。研究报告的结论说：“可看作是克林顿政府一向追求的、具备坚定的领导能力的日本当权者几乎没有。”

日本的领导人因日本文化赋予的客气及免开金口的做法而引发问题也不是头一次了。基辛格曾说：“与日本人会面没意义，为什么这么说？他们所有人都做同样的寒暄，说同样的事情，从不接近问题的要点。日本人没有自己的脸面。”据传，中国的朱镕基总理也认为与日本人会谈是浪费时间，“日本人的寒暄太长，说的事情好像没经过整理，到底要说什么搞不清楚”。

关于日本人言语时内向自控的现象，明石康的发言，有助于对为什么日本人在国际交流中容易产生麻烦一事的理解。

在日本某大企业听到这样的事情：某新人在公司内部

研修学习英语时，感觉到自己的人格将要发生变化。担心就这样继续学下去的话，将失去日本人的特征，因而提出要求停学的申请……

日本人总是说，自己的表达暧昧是由于日语的特性造成的。的确，日语的日常会话充满了暧昧，但是，暧昧的问题不是日本人说明自己的心情时找不到确切的词语，而是因为不愿露骨地表达而已，而期待他人用“以心传心”的方法给予理解。

暧昧性是人造成的，不是语言造成的，语言不过是传达人的思想的手段。

据说，懂得幽默的日本人为了在国际会议上平安顺利，有个叫作“三 S”的做法：笑脸(smile)、沉默(silence)、睡觉(sleep)。但是在国际社会，用躲避提问、逃避回答、完全不表达自己的意见的方式来结束对话，只能是招人厌烦。

这个问题有助于理解：至少在不需要日本资金的情况下，为什么日本几乎对国际上的事情不予关心，为什么外国人对日本不予注意。

这是前《洛杉矶时报》驻日本记者站站长、在日本工作达 37 年的经验丰富的新闻专家萨姆·杰姆森就日本人的暧昧问题发表在日本报纸上的一篇文章（1999 年 5 月 31 日《产经新闻》）。我在日本工作多年，的确深深地感觉到日本人的暧昧，以及造成暧昧、疏通暧昧、解决暧昧的通道——“以心传心”。

“以心传心”是日本人所特有的技能，这个技能又叫作“腹艺”或“非语言交流”，顾名思义就是肚子里的艺术。日本人之间用含含糊糊的语言交流，不用明明白白地表达就可以彼此把事情搞清楚。《日本百事》一书中说道：“日本人把腹中语言看作人际交流的最高形式。当一个需要帮助的朋友不能或不愿直截了当地说出来时，只是暗示一下。需要帮助越大，他就越含糊。而朋友一方也觉得他不必直接把事情说得很明白，而是靠感觉去理解。由于他们有共同的语言和文化背景，又有共同的经历，并处在相同的社会环境中，所以他们掌握了使用少量语言来交流相互愿望的艺术。”

日本饮食中最普通而普及的荞麦面。据说有位中国北方的干部访日，日方招待食用荞麦面，此干部拍案大怒：“我小时候在你们日本占领下，连荞麦面都吃不上，现在拿这东西出来，不是气我吗？”荞麦面在中国国内不算是美味，可是在发达之后的日本，依然执着这微黑稍糙而营养丰富的粗粮。

单一的语言、单一民族以及同样的生活习惯，长期近乎与世隔绝（19世纪中叶以前），形成日本暧昧的文化习惯。日本人相互之间长期都用同一种语言，他们非常了解对方的表达方式。而且，单一的民族习惯，又使得他们彼此非常了解对方的思维方法以及行为规范。他们之间似乎有一种不成文的约定俗成，人人遵守。他们很少有与他们有不同想法、不同习惯、用不同语言的外族人接触的机会和经验。他们曾经长期根本没有必要去与有不同想法、不同习惯、用不同语言的外族人打交道，如同一个罐里的蟋蟀，彼此互斗相安。由于想法、习惯和语言都没有什么障碍，对方想要做什么就比较容易“猜”到。在言语上硬要把事情说得“一是一,二是二，钉是钉，铆是铆”，就没有必要了。

在日本人组成的单一语言、单一习惯、唯一能够赖以生存的群体中，为了保持良好的相互关系，保证个人在集团中的地位及平安，而在所依附的集团中尽量抑制个人的欲望和要求，不突出个人的特点。在与人交流中，最为常用的方式是语言。日本人在使用语言时，小心翼翼、谨慎自省，用既能适当地表达个人情感，又不致引起刺激和冲突的暗示方法来操弄词语，暧昧地用“以心传心”进行交流。

日本的语言，是在日本单一民族的社会环境中形成的，也为暧昧、含糊与暗示提供了极方便的交流工具。日语的语法有一个特征，即肯定词或否定词放在句子的最后。当一个人在表达意图时，前面说了一大套，这当中可以从对方的回音以及表情变化去揣测说话者的态度。选择最后是用肯定还是用否定，或否定之否定再加上推测式的语词和语气来个不置可否，既适当地表达了暧昧意图，又不会使对方不满或难堪 他深信，对方具备“以心传心”的功能，一定能够理解他的意图。

爱好“日本人论”的日本人以及不少评论日本的外国人，就日语中的暧昧表达进行了很多研究。其中最为常用而且最为模糊暧昧的当属“いい”和“けっこう”这两个词。“いい”这个词的意思是“好”和“可以”。“けっこう”的意思是“好”和“不错”“相当”“行”等。这两个词常常被用来表达判断结果，但是又总是成为搞不清楚是“yes”还是“no”的起因和焦点（对外国人和少量“不开窍”的日本人来说）。几个人一起去喝酒吃饭，费用一般都是AA制。偶尔似乎某人喝多了或要表现一下慷慨豪爽，把大家的费用都给付了。别人按惯例把钱给他时，他说“いい”或“けっこう”（“行”“好”），到底是要怎么着？是要大家出钱，还是你请客了？不仅是初到日本的外国人，连日本人有时都一脸迷糊。经过一番客气谦让推推搡搡，多数情况是他最后收了大家的钱。另有一个最常用的词“哈依（はい）”，其意思极其模糊，解释为是、是的、行、好、对，但是用起来往往并不一定是本来的意思。当你和日本人在谈论一个问题的时候，你长篇大论讲得口干舌燥，对方连声“哈依”。这表明他是在听，并不一定表明他赞同你的观点和看法，往往你得把“哈依”当作他们的口头禅而不能按照字典上的意思去理解他们的真实意图。他们有个习惯，总是想方设法让对方明白，他已经听懂你的意思了，即使有时候是“不懂装懂”的搪塞。从这个意义上说，“哈依”

有时候只是作为回音的一个抽象符号，而无实际意义。对这样常常被暧昧地利用的词语，日本人也不能立刻理解。虽然同样的语言、同样的生活习惯为暧昧提供了温床，但是，毕竟话没有说清楚，日本人也必须根据当时的场景、说话的语气、言语的前后文以及表情动作来做出判断。开动眼耳等传感器，用视觉与听觉来感受甚至是微小的一个眼神、一个动作、一点语气的变化，其中包含着暧昧的真意。在这方面，日本人具备相互文化背景的理解并发挥其感性好的特征，能够感受到细微变化，那些暧昧就变得不那么暧昧了。暧昧为日本人的感性提供了施展威力的舞台，并且也为日本人的感性起到锻炼增强之作用。

日本的暧昧，是与日本这个倾向于集团主义的单一语言单一民族的社会构造相辅相成的。理解暧昧，或者“以心传心”，需要懂得日本的传统文化和习惯，并且要有极好的日本式的感性神经。因为“非语言交流”是积累在内心深处的条件反射之上的，是日本悠久传统文化积淀的产物。日本人之间很容易形成默契，达到“心有灵犀一点通”的境界。但这对与日本人交流的外国人来讲是最难的作业。语言可以学得很好，但是要能够与日本人一起“以心传心”，不是自小就在日本生长、受教育并与日本人进行广泛长期的交流，可以说谁也别想掌握“腹艺”这个本事。

3．“经济动物”

“经济动物”之说

清晨6点钟一过，上班大军就蠕动起来，那些西装革履、衣冠整洁、彬彬有礼的“工薪族”们冲出家门，开始过第一道被称为“通勤地狱”的大关。在那拥挤不堪的通勤电车（市内铁道电车或地铁）上，想转个身都很难，男女老少贴在一起，那汗流满面而又无可奈何的表情，那些站着坐着的人们，还有的紧闭双眼，有人不留神响起鼾声。车门一开，一拥而下，一拥而上，他们在无声中涌动着。他们为了一个目标，去上班。到了班上，连喘口气的功夫都没有，就开始进入风风火火的一天。他们忙忙叨叨，手不停闲，精神抖擞，埋头苦干。在生产制造业的工厂里，流水线的每道工序，多是用秒表掐算流去的时间。工人们必须在计算精确、不超过人的疲劳极限的合理时间段内，准确无误地做那套人不难做而机器做不出来的机械动作。这些动作之规范，所用时间之精确，没有谁能比得上日本人。下班的铃声对很多人似乎毫不起作用，他们仍稳坐在工作台前。另外一些人虽然离开了公司，但没有踏上归巢之路，而是奔赴娱乐场所，与客户与同僚与上司部下进行为了工作的交际和应酬。他们许多人早上顶着星星出发，晚上戴着月亮归家。到家高叫“累坏了”。有多少孩子早上未起，父亲就已经出动，晚上睡下，父亲尚未归来，以至于一周难得见上父亲一面，乃至记不大清父亲的面孔了，造成父子关系不畅、家庭关系紧张、家庭暴力、男儿无父教过分依赖母亲而趋于女性化等社会问题。还有人长时间工作劳累，精力和体力耗尽，引发某种病症，鞠躬尽瘁，死而后已。

的确，日本这四五十年来，为重新振兴，昂立于世界，成为“受尊敬的国家”，形成了以集团利益为优先的国民性发展经济紧迫感的社会和企业文化，使得日本的部分人（代表日本创造财富的人）好像“动物”一般，似乎只知道干活，不知道别的。他们为了发展经济，不辞辛苦、全心全意、全身全力地工作。他们以公司为家，以为公司干事为快乐，以为公司做贡献为己任，以公司的发展为人生价值，以在公司里被提升为无上荣耀。他们精益求精、不断进取，不把东西做得使自己绝对满意绝不罢休。他们生产的又多又好的商品充斥世界的所有市场，把曾经是师傅的欧美打得人仰马翻。

英国教科书中的日本形象

这好像就是日本人在为发展经济而工作的时候给人们留下的印象。以欧美国家为主的众多社会经济评论者在评论日本时，总要把日本人形容为“经济动物”，还说他们是“机器人”“工蜂”“工蚁”等。一时间，“经济动物”几乎成了日本人的代名词。世间对日本人的“拉车之马”的人生，提出了“人是为了干活而存活，还是为了存活而干活”这样的问题。说到日本，一定要讲“日本是一个勤劳的民族”。他们热爱劳动，干起活来有一种“忘我”的精神，勤勉是日本人突出的优秀传统风格。的确，日本人勤勉，正是勤勉给日本带来了各方面的发展。但是，对很多国家和民族进行评价的时候，勤劳、勤勉这样的词语也是常用的，勤劳、勤勉也是很多国家和民族的优秀品格。许多国民和民族为了兴旺发达、富裕幸福，也在辛勤地耕耘着，勤劳、勤勉起来比日本人一点也不差。可是他们就没有得到“经济动物”的评价。

日本人也是人，也有他们的七情六欲，谁也不想总把自己的精神和肉体绷得紧紧的，没完没了地投入那天天摸爬滚打、已经干腻了的活计中去，谁不想早一些休息，去轻松轻松娱乐一下或回去与家人亲友团聚？日本人那样“忘我”地工作，是真正有那么多做不完的事情吗？是真正需要那样苦干吗？是真正喜欢乐意干活吗？

“猛烈社员”

笔者刚到日本企业工作的时候，多少有过论说日本人的书和文章中所写的那种感觉，日本人真干，从精神上能跟上他们的节拍就很困难。为了能跟上工作，稳住自己在这里学本事挣工资的位置，努力地向他们看齐。渐渐熟悉了环境，跟上了工作，就能够完全像日本人那样“真干”了。然后又惊奇地发现，好像不是那么回事，不是像书里讲的、人家说的、自己曾经想象的那样。如果说他们是“经济动物”，或者说是“机器人”的话，他们一定或应该超人般地真正在那里干活。事实上并非如此，他们不是有那么多做不完的事情，也不愿意那样苦干，更不是本来就喜欢干活。

很多人，或者说多数人在公司里待着，并不是真忙，更没有真干。有的人手里没有什么事，或者有事，往往一件一天可以做完的工作，有人能干上两天三天，而仍然显得忙忙碌碌，晚上还加班加点干到很晚。不知他们在干什么，为什么磨洋工，又装出忙得不可开交的样子？好像个个都是“猛烈社员”。“猛烈社员”这个起源于日本高速发展时期、用于形容那些类似“经济动物”、不顾死活的工作猛士。事实上那些真正的“猛烈社员”，就像一个顶俩的突出能人一样，是少数中的少数。应该说，日本人并不比别国人特别的勤勉。

“谁上都能干好”

任何公司里都有忙时闲时，日本人在忙时如同一些类似水平国家的人，忙得热火朝天，无暇休息，看不出日本有特殊的地方。但在闲时，与其他国家就不同了，日本人仍显得繁忙。说日本是“经济动物”，其表面特征是，日本人埋头苦干，长时间干，自己愿意干。实际上并非如此，种种日本特殊的情况，产生了日本的特殊现象。

在日本社会里，谁勤快，谁懒惰，要依靠他的努力来区分，而不是根据工作成绩和能力。在日本的大部分企业中，工作成绩不是评价人的指标，至少不是主要指标。日本普遍有

“谁上都能干好”的观念，不做什么谁能力特别高、谁能力特别低的评价和判断，能力平等意识根深蒂固。在日本这个以集团利益为优先的社会环境中，集团的安定发展是目标，在这个集团中的人对集团的态度则被视为至关重要。

某人不是很能干，但工作非常努力，早来晚走，整天一个埋头苦干的姿态，从精神上表现出对企业对集体的赤胆忠心，即使他出活不多，成绩不大，没有什么突出的贡献，仍然被当作优秀职员得到优良的评价和提升的机会。而那些属于极少数的“一个顶俩的突出能人高手”即使能做出大好成绩，但是有的由于想法另类，个性明显，多少有点我行我素，顶撞上司，蔑视同僚，有活时干得漂亮，没活时或东走西串，或干些与工作无关的事情，这样的人常常得不到良好评价。因为他在精神上明显地表现出“不忠诚”，其行动与集体调和的原则相悖，往往被当作害群之马而被修理一番，甚至被撵出所在集团。

日本人在工作中，不管忙与不忙，普遍都做出繁忙的姿态。当上司召唤的时候，口中念叨着“哈依，哈依”，不管距离远近、有没有必要，常常是挥摆双臂，一溜小跑。安倍会见普京时迟到，满脸堆笑一溜小跑，这是日本人表示态度的一种方式。即使手头没有什么事，仍然忙得不亦乐乎，并且迟迟不离开工作岗位。他们在工作中，往往做出一些不必要的动作，花费一些不必要的时间。那是要向上司表明自己有充分的干劲，正在做十足的努力，对工作对公司一片赤诚；同时还告诉周围的同僚们，自己是一个有用的、不会给大家添麻烦、与大家一样的人。大家都谨慎地注意自己的行为，细心地观察周围人的情况，尽量埋藏个人的特殊想法，去营造和维持安定调和的集团气氛，谁也不愿意因为自己而打破集团的惯例，因为那样将受到被孤立的惩罚。孤立、寂寞对于习惯于在集团中生存、依赖集团来稳定自我的日本人来讲，是莫大的痛苦。

在日华人的某个信息交流网页上，流传着这样的一篇幽默短文：

> 美国 Apple（苹果计算机）在日本各大报纸上刊登一则广告：“向想悠着劲慢慢干活的人推荐奔腾 Pentium（计算机中央处理器）。”这则广告本意可能是新出的 MacintoshG3 计算机速度要比竞争对手 Intel 公司出产的同档次计算机 Pentium3 要快得多，想快干大干的老兄们应该用 G3。这句广告词可能是从英文广告词里直接拿来的，孰不知犯了日本公司的一个大忌。

活干得快，完得快，第一，不能早回家（得待在公司里以示忠心）；第二，不能多拿奖金（干好干坏与奖金没什么关系）；第三，不能快升官，前面还有一长溜人排着呢（年功序列，论资排辈）。

活干得快反而大有坏处：第一，很快干完反倒像个闲人；第二，要求更多的活干，从肉体到精神都受不了；第三，最重要的一点是，日本是个出头鸟最容易被打中的林子。

利益和习惯

日本人工作时间长，是“经济动物”之说的重要根据。日本综合生活开发研究所调查统计的结论是，1996年以来，日本从事劳动、工作的人平均一年劳动时间为2014小时。按一年有230个工作日计算的话，一天须工作8.756个小时，按一天标准工作时间为8小时算，每天要加班0.756小时。固定休假使用率为58.5%，月工资中加班费所占比例是13.7%。

日本人工作时间长、晚上加班不早回家有另外的重要原因。日本的加班费是非常诱人的，如上所述，月工资中加班费所占比例是13.7%，这是日本全国劳动人口的平均数。那些当了管理干部的没有加班费，还有些行业本来就没有加班，所以，能加班拿加班费的人月工资中加班费所占比例远远高于13.7%。日本的加班费普遍是按加班一小时多少钱来计算的，加班时间越长加班费拿得就越多，加班费早就成了大量日本人收入的重要来源。那些晚上加班不早回家的人中，并不都是由于工作量太大而加班的，相当多的是蹭加班费的。

当然，自由加班必须是在可以个人独立工作的行业或岗位，例如在日本最富有技术性的软件行业，蹭加班费的现象就普遍存在。由于编软件做程序是可以单独劳作的脑力劳动，多数软件企业都允许自由加班。在实施弹性工作时间的软件企业常见这样的情景和人物：早上，睡眼朦胧地手提着装有早点的纸袋无精打采地（显然前一天干到很晚）来到公司，泡一杯咖啡，慢慢消受，然后懒洋洋地翻看一下桌上的回览（大家传看的各种资料），再与旁边的同事闲扯几句，这才开始动手工作，却已经接近了午休时间。午休后，工作才正经开始，慢慢地、渐渐地紧张起来。到快下班时间了，又是操作机器，又是冥思苦想，那么手忙脚乱，眼看着不加班就完不成今天日程表中的规定任务。于是顺理成章地进入晚间额外挣钱的时间，一干就达数小时，非给你泡到十一二点不可。

不早回家还有一个社会习惯的问题，也是日本男人们的难言之隐。

多少年来，经济发展的巨大机器不停地高速运转，日本人在精神上一直处于高度紧张状态，有必要和无必要的加班、工作交际，使得日本的工薪层们很晚回家成为社会习惯。日本的妇女婚后基本上都辞去工作，成了专职家庭主妇。她们除了带好孩子整理家务以外，没有什么事情可干，住宅区的家庭主妇们闲起来就成团成伙地形成一个个小圈子，家长里短，鸡毛蒜皮，谁家老公如何如何了，谁家孩子怎样怎样了，聚首闲谈是每日缺少不得的享受又有唠叨不完的话题。哪家的老公某日晚上早回家，本来是那家主妇的欣喜之事，又该为众主妇们的羡慕之因。可是，有那么几次，很快就在圈子里传起那家的闲话，那家老公在公司不受重视啦，提升没戏啦，说不定什么时候有个风吹草动就被炒鱿鱼啦，她家可真可怜呀等等。弄得那家主妇在人面前抬不起头来，既丢面子，又可能遭人白眼以至于连累孩子，从此心情难于舒畅。

家庭主妇们中存在着一个带有日本式集团色彩的小社会。她们常常相互议论攀比各自老公的地位，正可谓地位高者洋洋得意，地位低者垂头丧气。如上所说的逻辑是，在公司有工作干的一定忙得很而很晚回家，早回家就是在公司肯定没事干，没事干的就肯定不受重视，既然已经不受重视了，必然不可能被提升，如此没前途之人早晚不被炒也得被扒层皮，丢了工作或者减少了收入生活该怎么办呀，好可怜。于是那些主妇们宁可让老公晚回家也不愿丢面子找麻烦。男人们正好，或在公司坐着“献忠心”，或到酒馆里小饮几杯。总之磨过两三个小时，也好避免家中不安。

事不厌细

日本人做事过细可说是世界著名的，他们常常身临其境地细致考虑可能发生的任何情况，把事情考虑得尽可能地周到，有不弄到底誓不罢休的气势。都说日本人干起活来是忘我的，忘我之中带有一种满足感。他们追求一种完美，自己不觉得完美就得不到那种满足感。他们有一种“职人”（工匠）的追求完美的意识，对做“物”有某种不甘心的心理。即使不一定想干的时候，但是不干的话怎么着心里也不痛快、不甘心，于是就反复地、不停地、一次又一次地进行那些细之又细、精而又精的行为。有的日本人觉得这样干活是一种享受，是一种娱乐。当干到汗流浃背、头晕眼花时，看到通过辛勤劳动而得到满意的成果，油然而生出一种说不出的快感，乃是最大之享受。

他们这样细致，明显地增加了工作量。由于细致考虑，提高了质量和效率。所以，日本能做出高质量的小型、薄型、轻型的产品，在所有相关市场上都占了上风。当然有不少用不上的，成了无效劳动。

日本人为何不断行礼呢（此图出自爱尔兰的小学课本）

在日本的流通服务业，过剩的服务是极其明显的。超级市场的收款员，从来就没见过有坐着的。他们一站就是一天，顾客来交钱了，先鞠一个躬，道一声“欢迎光临”，再小心翼翼地拿起商品，检验价签，计算收账，完后再送上一句“非常感谢”。可以说是做得滴水不漏，无微不至。当然这里有竞争带来的服务质量，可是也有不少不必要的多余动作。在同样发达的欧美国家的超级市场里，收款员一般都是坐着工作，看似懒洋洋动作并不显敏捷，但也基本上达到了与日本同样的销售商品的效果。很明显日本的收款员的工作要劳累得多，给人的感觉是日本人要勤劳得多。

过劳死

过劳死曾是日本社会的问题性话题，日本的过劳死也是“经济动物”之说的重要佐证。有的日本人为了工作，不惜生命，甚至献出了自己的生命。人的死因很多，如何确定是过劳死，难之又难。的确为了工作，较长时间没有休息、过度劳累等原因而造成的死亡，才有可能被认定为过劳死。日本与工作有关、可以怀疑是过劳死的例子不少，真正被认定为过劳死的寥寥无几。

笔者见到过一起也许是过劳死，但没有认定是过劳死的事例。

一个小软件公司的社长（实际上这个公司从总经理到职员只有他一个人），没有直接从客户那里承接项目的信誉和能力，他作为协力公司派遣的协力社员，自己将自己派到一个大软件公司做系统工程师，以收取派遣人工劳务费来维持生存。这位拿过博士学位、曾经率领数十位软件技术人员做过大系统的优秀人才，四十好几了被指定在那个大公司的一个二十多岁

大阪街头一景

的正式职员手下干活。考虑到他以前有过不凡经历，公司安排两名中国来的年轻研修生做他的助手。对他来说那是一个全新的开发环境，除了两个生手以外再没有人来帮他。他翻阅了堆积如山的技术资料，细心设计并一点一点地将其完善，为此他废寝忘食，不分白昼黑天，几乎没有休息日。每当有一点点进展，他都不失时机地兴奋地跑去向他那年轻的上司报告。他与周围的任何人都保持良好的关系和适度的距离，谁要有事向他请教，他热心地解说可谓不厌其烦。对他的两个助手，关心指导之余，不时地不无礼貌地打打官腔，显示一下他做领导的身份。稍事休息时，他总要津津乐道地谈起他以前的风光荣耀，完后又是一阵平时见不到的长吁短叹。功夫不负有心人，因为按时保质地完成了工作，他受到各方面的好评。然后，他请了三天的休假，休息后准备接手下一个工作，一切都似乎很顺利。三天过后，他没来上班，又过了一天，两天……一周，还没有任何音信。公司急了，派了个科长，拉上他租房的房主和警察，打开了他家的门。在那旧式木制二层公寓小楼一角的一室一厅套房里，他躺在收拾得干净整齐的榻榻米上，一动不动地圆睁着的双眼紧盯着天花板。经检查确定死因是心脏病突发。

没有找到他的任何亲人、家属。公司在他的桌上供上一束鲜花，那个科长作为公司代表参加了葬礼。他是因为过度疲劳而死的吗？不知道，没有人替他申诉是过劳死还是什么。他劳累是显而易见的，但是，他精神上的压抑和烦恼更是显而易见的。

在日本这个极其重视学历资格和有根深蒂固的论资排辈传统的国度里，一个四十多岁的人，在一个几乎可以做他儿子的、按资历比他浅得多的年轻人手下做事，被人家呼来唤去，可想他心里是何等的滋味。由于他属于外来户，周围没有人把他放在眼里，他有困难时，除了两个业务生疏的助手以外，没有人来帮他的忙。大概他是个失败者，自己创业但一直没有成功。他是为了挣钱餬口，屈尊不得已去做他认为本不该他做的具体技术工作。进入这个集团，又是不被这个集团所接受的边缘人物，围绕他的是轻蔑和冷漠，时时还有日本集团中常有的骚扰和欺负。他的英年早逝，除了劳累，更多的因素是精神上的压抑烦恼，因为后者比前者更有力、更直接地打击人的肌体，尤其是心脏。

在日本，比过劳死更热的话题、更引人注目的社会问题是人精神上的压抑和烦恼。日本流行的一种根据声音推测人身体状态的计算机软件，有性格、健康、劝告等四个测试项目。健康项目中除了有可能患有某种病症的推测以外，重点给出表示精神压抑紧张（ストレス stress）的一个百分比数字，来说明人精神压抑及烦恼的状态和程度。作为一个最重要的健康指标，供人了解自己精神卫生情况、调解心理状态时参考。为了消解这一社会普遍存在的引起自杀、“过劳死”、精神失常、自闭、人际关系尖锐化、影响人们的精神幸福和社会安定以及发展的问题，日本的医疗、文化、宣传等行业做出巨大努力，出现了专门用于消解精神压抑烦恼的音乐、书画，开展心理咨询，甚至有的企业把容易遭恨的管理干部的塑像放到休息室，供人拳打脚踢以泄心中之愤。

外国人常说，日本人在工作单位好像根本就没有什么不满，人人都忠心耿耿，努力干活。日本人一个个都没有明显的个性，压抑个性对日本人来讲是美德，所以日本民族的一体感很强。日本人反驳说，在日本任何单位的成员之间，都有各种各样的不平和不满。如果不相信的话，晚上请到街头酒馆去看一看，那些工薪族们的牢骚到处蔓延，如同大开的水龙头滔滔不绝，怎么能说日本人在工作单位根本就没有什么不满呢？

冤假错案

日本经济高速发展时期，每年增长百分之十连续达十数年。很多人认为日本人勤勉、过劳是日本经济崛起的主要原因之一。但是，比日本晚启动十数年的韩国、香港、新加坡和台湾这四小龙，也同样高速度地发展起来，而且比四小龙滞后若干年的东南亚各国以及被说成是巨龙的中国不是也在经历着日本一样的经济高速发展期吗？四小龙、东南亚以及中国人，也在像日本人一样辛勤苦干，只不过没有像日本人为了集团的利益，那么过分地花费多余时间、投入多余力气而已。

日本人喜欢把自己与德国人相比，同是“二战”的战败国，同是在一片废墟上重建而且经济瞬间崛起。“二战”以前，日本模仿德国建立了统治、教育等制度，对德国有说不出的亲近感。而德国人怎么看日本人呢？德国驻大阪的德国文化中心的馆长，把德国人和日本人的劳动时间做了比较，认为日本人一年要比德国人多干五六百个小时，按一天8小时、每周休2

浮世绘，也就是日本的风俗画，版画。它是日本江户时代(1603—1867 年间，也叫德川幕府时代)兴起的一种独特的民族艺术，是典型的花街柳巷艺术。

日换算，德国人要比日本人一年少干 3 个月的活。这么看，日本比德国不差地富裕起来后，日本人在个人的自由时间上却贫乏得可怜。德国与日本不同的是，德国人在干活时可能比日本人更下力气，但在休假和游玩上却名列世界第一，即所谓“能干又能玩”，把对集团的义务与个人的权利分得一清二楚。这也许是为什么这些国家没有被冠上“经济动物”之名的原因之一吧。

日本的各种特殊情况，造就了日本人“拉车之马”的形象。把日本人说成是经济动物，多少有点委屈了日本人，也许应该说这是一件冤假错案。

随着日本经济泡沫的破灭以及信息化的发展，日本人的工作方式有所改变。曾经为日本带来巨大发展与财富的终身雇佣制和年功序列制因不适合信息化社会及产业的发展，而逐渐松动。以前企业主要有两种员工，正规社员和派遣社员。而今大量增加了契约工、钟点工和临时工。1996 年日本从事劳动、工作的人平均一年劳动时间为 2014 小时，2015 年为 1719 小时，虽然比德国 1371 小时和法国 1482 小时长，但比发达国家中工作时间最长的美国 1780 小时稍短。

日本已进入深度老龄化社会，人手不足成了社会运转和经济发展的大问题，退休的返回原岗位、主妇出家门的多起来。很多年轻人愿意做钟点工、临时工，享受低收入、低责任、高自由的生活。不少大企业也实行了买断工龄离职、促进并协助员工自办企业等灵活的人才流动管理措施。不过，对日本经济做出主要贡献的大企业中很多仍然在旧制度里徘徊，终身雇佣和年功序列仍然是多数求职、就职者的向往。或许这也就是日本为何出不了 BAT 的原因。

4. 回归自然

生鱼片的味道

生鱼片（日本叫刺身）是日本最普遍的，也是日本饮食文化中最有代表性的食品。吃生鱼片，主要是吃感觉（触感）还是吃味道（味觉），我多次没事找事与日本人挑起这样的争论。一般吃生鱼片的时候，不管是金枪鱼、加吉鱼或是三文鱼之类，都用酱油和辣根（绿芥末，わさび）做调味料，那么就应该只有酱油和辣根的味道，而不管是什么鱼。食用各种鱼，应该主要是去寻求由这些不同鱼肉的硬度、韧度等的差别所产生的口感。也就是在咀嚼时牙齿接触鱼肉而得到回应的触感，以及鱼肉在口中的触感，来辨别各种鱼的不同之处，而不是味觉神经在起作用。加上对生鲜物的嗅觉作用，口腔中生鱼散发的生鲜气息，通过口腔与鼻腔之间的管道，引起嗅觉上的刺激，这也不是味觉在起作用。我以这种想法询问日本人，吃生鱼片，主要是吃感觉（触感和嗅觉）还是吃味道？有的日本人犹豫了，搞不清到底吃生鱼片是寻求感觉还是味道。有的不假思索，立即说当然是味道。“味道不就是酱油和绿芥末吗？不是都一样吗？”“不，不一样，感觉（触感和嗅觉）的确是寻求的重要对象，但是味道的不同是更主要的。”“那么，在生鱼的鲜、酱油的咸和辣根的辣的味道之外，甜、酸、苦、辣、咸、麻或者还有什么其他味道，到底是什么呢？”“说不清那是什么味道，各种鱼都有各自的特点。”我还是不甘心，非让他们给我表述一番，着实有点强人所难。他们又是动作又是表情，又用象声词来形容，我还是弄不懂，连他们之间的表述都不一致，看来这个问题永远也找不到答案。也许我这个在中国土生土长的人，吃惯了甜、酸、苦、辣、咸、麻等区别明显的中国料理；在日本吃生鱼，一般都是当作对新鲜事物和不同文化习惯的体验，或

精致的日本料理

者是交际上的应酬，享受它的鲜度和口感，不能像日本人那样体验得出生鱼的那么多的味道。看样子日本人是在用他们特别灵敏的感性，去享受其中微妙的千变万化和千滋百味。日本人感性丰富、感觉灵敏，吃生鱼片这个例子，也许不能完全说明和证实日本人的这个特征。要完全说明和证实这一点，大概是不可能的事情。

传统日本料理

日本传统饮食一向以清淡的味道、多用生鲜食料、模仿自然并接近自然的小巧悦目的摆设装饰为特点，倾向于弱刺激，让享用者开足了所具备的传感装置，去感受那些接近自然的微妙之处。对比之下，中国料理以及法国大菜这两大世界最著名的饮食系列，多是味道突出、色彩鲜艳，给食用者以较强烈的感受，与日本料理形成鲜明对照。以生鱼片为代表的接近自然的日本传统饮食文化，对日本人发达的感性风格形成，不知产生了怎样的影响。

自然性的静中之美

日本处于优越的自然环境之中，四面环海，悠长的海岸线所及都有不少佳境。列岛上山脉纵横交错，山中点缀着星罗棋布的河川、湖泊、溪谷、瀑布。从西南到东北，动物植物种类繁多，四季均可看到各种各样的景观。生活在得天独厚的自然环境中的日本人，深深热爱着大自然，对自然充满了感情和崇拜。日本人没有把人生与自然对立起来的概念，认为自己本身就是自然的一部分，我中有自然，自然中有我，相互是紧密相关的。以至于日本人在利用和改造自然的时候，都要极力追求接近自然和回归自然的效果。

现代工艺返古粗陶

日本人喜欢瓷器，日本造瓷器的技术和艺术也属世界一流。现代日本人已有高水平的物质生活，却喜欢返古式的陶瓷器皿。在商店琳琅满目的餐具柜台，有制作精细、设计美观的现代感觉的瓷器，还有制作粗糙、显得笨拙陈旧的返古陶器，而且价格不便宜。到日本人家去做客，常会看到他们日常生活使用的或摆在精品收藏柜里的，不少是这样的返古陶器。更有甚者，这些制作粗糙、显得笨拙陈旧的返古陶器，却是陶瓷艺术的上品，在陶瓷艺术展会上展出。日本人下了功夫把那种粗糙劲儿、返古相做出来，作为美，作为艺术。同是东亚人的中国人或朝鲜人，不大会把这看作什么艺术或美术，而容易当作低级品或次品。日本人刻意把那种粗糙感给做出来，把这种接近自然、古色古香的原始东西当作一种美来欣赏。

日本现代工艺粗陶

从日本的建筑上也可以看出日本人喜欢自然性的静中之美的特点。日本传统建筑的建造技术和造型风格是从中国学来

禅院枯山水庭院类型之最高峰的京都大德寺大仙院庭院

的，到日本参观旅游的中国人看了日本的传统建筑之后，不由得会产生一种亲近感和自豪感。从一千多年以前奈良的佛教寺庙、皇室贵族的宫殿豪宅，到近现代修造的日本神道教的神社，看起来都有似曾相识的感觉。但是，日本的传统建筑与中国的传统建筑有着重要的区别。中国的传统建筑一般要刷上比较鲜艳的红、黄或白的颜色，显得华丽、热闹、轰轰烈烈，在山水之间远远望去，一眼就可以看到那金碧辉煌的屋宇。日本的传统建筑多以原色为本，亭子、庙宇、神社以及住宅庭园等建筑，大多都不漆颜色，或者漆上接近木材原色的色彩。这些建筑经过长年的风吹雨打，更加呈现出接近自然的暗淡色调，与周围的青山绿水、宁石茂木等浑为一体，显得朴实、沉静。

日本人与欧洲人、中国人一样，喜欢修造庭园。欧洲的庭园，规模宏大，辉煌的建筑，刻意修饰的花园，成片的草地树木和点缀的池塘，特点是建筑是建筑，花园是花园，各自独立的绿地和池塘，它们可聚可分。如同一个家庭中的各个成员，各有个性，在一起是一个家庭，分开自有各自的特点。每一个部分都有刻意修饰建造的痕迹，使人感觉远离自然。日本与中国的庭园有相似之处，都规模较小，庭园的各个部分——建筑、花园、树草、池塘几乎连成一片，浑为一体，如同一个家庭可聚难分的关系，都有靠近自然的感觉倾向。但是二者又有很大的区别。中国的庭园，用桥、亭、廊、山（假山）、花草流水等，巧妙地从不同角度、不同距离组合出多种场景，颜色明快，大中有小，景里套景，画中有画，给人以变化莫测的动态之感。有靠近自然、利用和发展自然的特点。日本的庭园，显得没那么多的动态变化，一般是一种素雅场景，以极端追求自然的感觉和效果为特点。日本人喜好用石头来装点庭园，日本的花园中最基本的东西是石头，他们能从朝鲜为自己的花园和庭园找来石头。原生状态的石头是日本园林主要的本质属性。利用石头本来的颜色和形状，进行组合和布局，用石头来表现瀑布，用碎石和白沙表示流水。做桥，常常不是像样的桥，而是不做任何修饰加工的原石或石板。庭园中表现人的存在的石灯笼、石塔，往往雕刻得极其粗糙原始，好像是千年以前的产物。他们用石、沙这些无生命的不动之物，用不做过多修饰的古式建筑，用水、花、木、草，来表达一种绝对自然的心情。一座原色的木制茶亭，旁边一块形状怪异而又光滑的褐色圆石，周围几棵翠绿小树，毛毛细雨之中，轻轻薄雾缭绕，一池清水，幽幽曲径。面对这静而不变的景致，朦胧、幽悠、安宁，默默地冥思、寻索，用他们敏感的神经尽情地感受，把那翻江倒海般的千变万化掩于胸中……从一首诗歌中可以看出日本人对美的感觉：

喜爱的……

柔软的、安宁的、缓缓的。

暧昧的、模糊的。

幽悠的、朦胧的。

不可思议的。

语言无法表达的。

眼睛看不见的。

余白的美。

静。闲。凛。

（摘自关于“日本的美”的英特网网页一个栏目的导言。http://hana.merseine.nu/j/kissako/kissako_frame.htm）

在“日本的美”的网页上，介绍日本人所喜爱的颜色有浅葱色、亚麻色、明黄色、纳户色、苏芳色……达二十余种，没有一种是鲜艳明亮、如火如荼、带有刺激性的颜色，而都是近乎黯淡、显得沉静的颜色。

日本学者城户幡太郎的《国语表现学》系统地分析了日本人的色彩表现。他将日语中的色彩名称进行分类，分为植物色类（如嫩绿色）、动物色类（如莺色）、矿物色类（如铁色）。在分类的基础上，统计百分比，最后得出结论，植物色类所占比例居首位。十分有趣的是，色彩的植物色类与矿物色类所占的比例日语为35%比10%，而英语则为27%比34%。比较而言，英国人比其他欧洲人处于较好的自然环境之中，他们对自然风物有更为敏锐的感觉，所以使用的植物色类名要多于其他欧洲民族。日语中的植物色类名比重更多于英语，可见日本人喜爱草木的说法并不是没有根据的。

日本人很喜欢中国的古诗，由于在义务教育阶段就教授中国古诗词，加上为提高文化素养和文学的兴趣，很多普通人对大诗人李白、杜甫、白居易等的了解甚至超过中国人。尤其他们对并非大名鼎鼎的唐朝诗人张继的《枫桥夜泊》情有独钟：

> 月落乌啼霜满天，
> 江枫渔火对愁眠。
> 姑苏城外寒山寺，
> 夜半钟声到客船。

这首诗歌咏了苏州水城之夜，景、物、声在静中微动的场面。在静的地方，动态的景物静静地，那种模糊、暧昧、细微的不动之中有动，无声之中有声，勾画出来的静中之美，最能颤动日本人的心。日本中学的教科书中把这首诗作为汉诗经典之一选来教授，到访中国的日本游客尤其喜爱这首诗的书法挂轴，使得中国各旅游景点均有此诗的书法商品。由于这首诗的魅力，诗中咏颂的寒山寺也成了日本游客的好去处，到那里去参拜、撞钟，还有人捐款贡寺。

人和自然

接近自然的静中之美，是日本人的最爱。对他们来说，这是一个天赐的有人存在的自然，又是人的特征、性格的大自然的表现。日语中有花见（赏花）、月见（赏月）、雪见（赏雪）等的审美观念，有“雪月花”之说，喻示着日本人喜欢欣赏自然美的东西。作家川端康成在诺贝尔文学奖的颁奖仪式上，做了题为《美丽日本的我》的发言：

> “春之花，夏之杜鹃，秋之月，冬之雪的冰寒。”
>
> “雪月花象征日本美的传统，望着‘白’这一最常见的颜色，在‘无’之中珍藏一切的丰富情感。”

中国的审美观念中有“风花雪月”之说，而日本是“雪月花”，不知二者有何种联系。古代日本从中国引进文化，包括文学艺术和自然审美观，不知那个“风”的动态之美到何处去了。在“雪月花”当中，日本人对花以及植物情有独钟。

古代日本人曾经热爱过梅花，梅花是生长在中国大陆、在中国备受宠爱和赞美的花种。梅花以及人们对梅花的观念意识，对日本人来讲，属于文化的“舶来物”。梅花的外观和性格特征以及中国文人墨客咏赞梅花的诗文书画，受到以中国文化为学习模仿对象的日本人的钟爱。七八世纪时，中国盛行种植梅花。就在那时，梅花和梅子随同中药、古文物传入日本。梅花树先是在僧侣、王宫贵族以及武士阶层中种植。他们欣赏梅花，举办梅花宴，人们感到此举高雅而新鲜，争相效仿。在宫廷内，几乎每年都要举办梅花宴。到中世纪，日本人喜欢梅花成风，文人把梅花作为美学的顶点。日本人喜欢白梅，也喜欢红梅，和歌名人菅原道真酷爱红梅，把自己的书斋起名为“红梅殿”。菅原道真为人耿直，敢于进谏天皇，很得人心。后遭人嫉妒，受累谗言，被贬到边远的九州，公元 903 年，在贫病交加中故去。之后，宫廷纷争、天灾人祸频发，天皇认为是菅原道真的冤魂作祟，因而为其平冤昭雪，在福冈县天满宫为他修建一座神社。因他以好梅颂梅著称，人们便誉他为“梅神”。以后，日本全国有一万零五百多个神社祭祀菅原，把他当作天神，并将他去世的 2 月 25 日定为日本的梅花节。

在日本常与梅花相提并论的有松和竹，从诗文书画的角度来看，岁寒三友——松竹梅是中国古代诗文书画中最常见的形象之美、品行之正、风格之优的代表。日本人学去了，成为日本文化的优美精华，不仅在吟诗作画时作为咏颂描绘题材，而且深入日本人的生活之中。上等的日本生鱼料理，要以松、竹、梅这样的雅称，来区别供量的大、中、小，使人在品尝鲜美的生鱼之时，体验日本的优美文化。日本人常常食用的盒饭中，往往可以看到雪白的米饭当中镶嵌着一颗好似宝石般晶莹闪亮的鲜红明珠，那就是“梅干”。盒饭中的白地红点，犹如日本的国旗，所以又称为“日之丸”盒饭。可见日本人在文化、精神以至饮食生活，甚至民族国家，都与“梅”有着不解之缘。

菊花，有说是日本的国花。天皇家族的纹章（族徽标志）

是十六瓣的八重菊花。传说，菊花能够驱除邪恶，又庄重大方，就被皇族看中，定为家族纹章的图案。菊花与樱花一起，被认为是日本的国花，可它是原产自中国的“舶来植物”，在中国早有“四君子——兰竹梅菊”的说法。日本平安朝的宫廷贵族、文人墨客大力推崇菊花之美，当时已有一些宫廷仪式和传统节会与菊花有关。

赏梅图

例如每年九月初九重阳节又称菊节。这一天，天皇在宫中设宴款待群臣。我国自汉代起就有饮菊酒的习俗。饮菊酒的习惯也传入极力效仿唐朝的日本。日本平安朝初期，九月九日的宴会已成为常年的惯例，皇太子以下诸公卿臣僚都到紫宸殿参拜。天皇召集博士们赋诗探韵，最后还将赐宴群臣，赐酒必是菊酒，酒杯也称菊杯。十月份朝廷设残菊宴，观赏菊花。宫廷内大兴爱菊之风，贵族们也栽菊、赏菊。观菊会向更加广泛的社会各阶层普及。在日本，一向把菊花作为尊贵之花来对待。平安时代以后，人们把菊花当作装饰和标族立家的纹章形样广泛使用。

菊花被定为皇室的纹章，是在镰仓时代非常喜好菊花的后鸟羽天皇开始的。但那时并不垄断用菊作为纹章的权利，还下赐贵族大名等，贵族大名中有不少用菊形做纹章标志的。菊正式成为皇室独用的纹章，是根据1868年（明治一年）1月的太政宫布告。1871年明确禁止其他人使用菊做纹章；定天皇的纹章为十六瓣的八重菊，皇族为十四瓣的裹菊。自那以后，菊花被当作“神”一般的天皇以及日本国粹主义及军国主义的象征，被放肆地恶用了。

另一方面，明治文明开化时期来日本的外国人对于菊花，虽有些贬低的评论，但主要还是把它看作爱好自然的日本的象征。有的英国人甚至曾把“菊花大地”（the Land of the Chrysanthemum）作为日本的别名。至今，日本没有国徽，在日本驻外使馆里，悬挂于正厅正中上方的是类似天皇八重菊纹章的菊花徽。日本警察公务车辆车鼻子前正中的徽章是菊花，备受争议的靖国神社正门门扇上也是八重菊花。日本自由民主党的党徽是一朵菊花，中间嵌有“自民”二字。

樱花更是让日本人倾倒。樱花也有说是日本的国花，盛开在日本的每一个角落。每到春暖时节，从2月到5月，从日本最南端的冲绳开始，如同海浪前推，由东南向西北的各个地方，一直到最北端的北海道，樱花依次盛开。到那时各种媒体都要根据气候推测，告诉人们什么地方在什么时候开花，并时常报道现在花开到了什么位置，使人们能够适时地赏花。

一朵樱花开起来顶多不过数厘米见方，放到哪里都不足为奇，但是一棵树上的花一起开，那就显眼多了。数十、数百甚至数千棵连成一片的樱花树群同时盛开起来的话，更是壮观无

传统节日的花灯车

比。在山坡上、道路旁、溪水边、公园里，到处是成片的白里透粉的海洋。赏樱花是日本人每年都要举行的传统活动。赏花的人们倾巢出动，扶老携幼，欣赏这瞬间的辉煌。日本最著名的赏花地是东京上野公园，人们成群结队到那里赏花，而且还带上啤酒、酒菜盒饭，在樱花树下席地而坐，又喝又吃又舞又唱，享受这大自然赐予的美好的樱花时光。不仅在国内，日本人在外国只要有条件，也绝不放弃赏花的机会。北京玉渊潭公园里有一片标志中日友好、由日本人捐苗育成的小小樱花园，每当盛开时节，总有不少在北京长期生活工作的日本人结伴去往那里，如同在东京上野公园的情景一样，在樱花树下吃喝喧闹，以完成一年一度必不可少的赏花节目。樱花不仅有开花时节的美丽，还有落花时的壮观。盛开过后数日，如同秋风扫落叶一般，在春天的和风细雨中，花瓣缓缓落下，就像纷纷扬扬的鹅毛大雪。人们刚刚为樱花盛开而兴奋、赞美、狂欢，瞬间之后，“无可奈何花落去”，那美不胜收的纷纷落瓣的情景，不禁使人油然而生一种不可名状的悲壮感。日本人的心如此这般被樱花的开落捉弄折腾了上千年。

日本有人认定樱花是日本的固有植物，甚至曾经认为樱花仅仅日本有，日本以外的地方没有。樱花在日本最早的史书《古事记》和《日本书纪》中都有记载。有人认为在没有文字、人类还相当原始的神代时期就存在樱花，那么，樱花必是日本固有植物了。奈良时代（公元8世纪）曾以人工种植叫作八重开的樱花而知名。日本真正整理记录樱花的历史以及品种是在江户时代，水野元胜撰写的《花坛纲目》（1681年）列举了40种樱花的品种。那之后，有关樱花的图谱层出不穷。松冈玄达的《怡颜斋樱品》中有69种，市桥长昭斤的《花谱》、《续花谱》（上下）、《又续花谱》、《花谱追加》（5册）中记达252种。他们在书中认真详细地总结记述了樱花的一切。在日本著名汉文诗集《怀风藻》中有“叶绿园柳月，花红山樱春”“松烟双吐翠、樱柳分含新”的五言诗句咏颂樱花。7至8世纪，日本

满山遍野的樱花

的贵族知识阶层模仿和学习先进的中国文化，据说“叶绿园柳月，花红山樱春”句，是参照中国唐朝诗人沈休文的著名五言诗《早发定山》中“野棠开未落，山樱发欲然”句写成的。古代日本人从未有过“中国没有樱花”的认识，近代日本一流学者贝原益轩所著《花谱》（1689年）一书中，认为沈休文诗中的“山樱”不是日本的樱花。这位福冈藩的儒医、当时代表日本最高水平的博物学者专门跑到长崎，向通商来日的明朝贸易商人询问证实“中国没有樱花”，开始了“中国没有樱花”之说。政治避难逃亡到日本归化为日本人并在水户藩教授中国古代礼仪和农业知识的明朝儒学者朱舜水，不知道中国内地有野生的樱树，以自己狭窄的生活空间得到的知识，也说“中国没有樱花”，进一步证实了“中国没有樱花”的说法。虽然“中国没有樱花”之说给那些模仿学习中国文化、赏樱颂樱的贵族知识人士以不小的精神冲击，但是就樱花的认识，已经成为日本要文化独立的潮流中的一个支流。19世纪，日本的国学者们把“只日本才有樱花”的说法加以扩大，试图将这一全新的命题理论化。本居宣长以其“人问敷岛大和心，朝阳耀下山樱花”（しきしまの大和心を人问は　朝日に匂ふ山樱花）的著名诗句，以樱花来宣告日本观念论优越与胜利的阶段，到那时，没有人再相信“中国也有樱花”了。到了江户时代，一些植物学者要求对基于误传误报的“只日本才有樱花”的学说给予订正，在《大和本草批正》中反驳“中国没有樱花”的论点，引用荷兰人带入日本的植物著作，证明中国有樱花，欧洲也有樱花（红毛には樱あり）。但是在江户幕府末期的整个社会文化中，国学派（民族主义学派）已经取得决定性的优势，“尊王攘夷”的势头日益增强，没人再去听信那些基于科学的真理了。由误传误报延伸的“樱花日本原产说”“樱花国民性论”，被明治时期近代民族主义继承并发扬光大。日本人对樱花的爱之甚，显示了一种垄断的心理。

近代的日本人，从小就被灌输以樱花的观念，曰：“樱花乃国花。”曰：“樱花仅有日本产出。”曰：“作为男儿出生于世，为了祖国，像樱花落瓣一样美丽地去死，才应是本意心得。”致使多少日本男儿被频发的战争所吸引，自愿涌上战场，以寻求樱花的盛开及落瓣一般壮丽战死。“二战”后，由于忌讳这一军国主义和忠君爱国的象征，一些公园里和大道旁的樱树被砍倒。明治时期的统治者，当作“脱亚入欧”“富国强兵”政策的一个环节，在民众中培植“樱花是日本的国花”的意识，致使大多数日本人从传统喜爱樱花，到认定樱花是日本的国花，把樱花当作国家象征。纵观植物文化历史，一国国民对一种植物如此至爱及痛恨，被一种植物如此捉弄和折腾，在世界历史上绝无仅有。（《日本大百科事典》中“樱”词条，平凡社 1998 年版）

日本 14 世纪绘画：赏樱

日本人爱樱花，不仅仅表现了对大自然的感情，因而种花、护花、赏花、颂花，还把自己与这个自然造物结合起来，用樱花作为民族的象征，用樱花文化来说明日本文化的独立性，用樱花唤起民族精神、培育日本人的忠君爱国思想。这也难怪，日本人那样善待樱花，因为日本人的性格与樱花令人惊奇地相像。如同樱花的单开与群开，一个人不可能有什么大的能量，而几个、几十、百、千、万的人结合到一起，必能凝聚成巨大的能量。他们像樱花一样，形成谁也不愿突出、谁也不想落后的共同命运集团。正如下面这首诗：

樱花

小小的一朵
风吹即落
白里透粉的花瓣
素洁而柔弱
无奇无艳
悄悄露颜于
春风细雨的时刻

再看那
十朵，百朵，千万朵
染透了
蜿蜒的河岸
巍峨的山坡

顷刻之间
如荼如火

无奇让人惊奇
无艳变得艳丽
叠弱成强
积少成多
要开一齐开
要落一齐落

东方的列岛上有这样一族人类
倭
又叫
大和

日本人认为自然就是天之理、神之意，人是依天之理、神之意而生的万物之灵长，乃自然之一部。日本人本来就欣然接受自然，认定顺从自然是人所应有的姿态，因此觉得逆自然法则而动不是善而是恶。对人类刻意去对抗作为天之理、神之意的自然法则的做法应予否定，所谓人的智慧和人之所为已被法则所框定，有宿命般的悲观意识。日本人认为欧美人不认为顺从自然是善，反把彻底地向自然挑战、不断地追求人类的可能性当作善，对人的智慧和人之所为持乐观态度。欧美属于狩猎民族，他们需要积极主动地去找、去追、去打，才能维持生存。一般的自然变化对他们打猎没有太大的影响。他们与属于自然的一部分的动物搏斗，具备了与自然抗争的意识和习惯。他们为了寻求猎物较多的猎场，不断地流动更换地方，为了打中猎物，想尽办法改造弓弩等武器工具，因此信奉人的作用。日本人属于农耕民族，生存依赖农业，需要播种、植苗、培育，最后才是收获。在这长达数月的农作物生长期，要受日照、雨量、风、温度等人类无法左右的自然因素的影响。除了在精耕细作农作物上下功夫之外，只能依附自然、听天由命。历史学家通口清之在《日本人的生存智慧》中如是说："对于我们，自然是什么，它给了我们欣慰与活力，是我们心的故乡。到自然中去寻求心的原点和灵魂的故乡，从大的意义上讲，是日本人生活的基本智慧。"

富士山

湛蓝的天空下，富士山，山脚下一片如火如荼盛开的樱花涌浪，一列新干线高速列车疾驶而过。在所有介绍日本的影视镜头或照片中，都能看到这样的场景。山象征着日本人的集合，花象征着日本人的民族性格，车象征着日本的发展。这是我们对日本的一般印象。

富士山海拔 3776 米，是日本的最高峰，也是日本最神秘神圣的神山。那是一座孤零零的山峰，没有任何其他山峰陪衬在周围，从远处任何一个角度看过去都是一个姿态。随着季节变化，它的头白了，又黑了。在夕阳下，在云雾中，它那不动的身躯，使人觉得变化万千。

在日本举行的世界排球锦标赛上，日本队把非洲冠军埃

富士山远眺

及队打得落花流水，日本电视台的解说员高叫：“毕竟富士山要比金字塔高得多！”就像到埃及没有去金字塔就等于没有到过埃及、到中国没有去长城就等于没有到过中国一样，到日本没有上过富士山能算到过日本吗？我到日本多年，总算碰上休假天气又好的机会，匆匆准备，便清晨上路了。气喘吁吁地终于登上了山顶，刚刚认识的同路人以主人式的、多少带有自豪的口气说：“富士山是日本第一高峰，要爬。富士山是火山，为考察自然，要来。富士山及周围有绝好的景色，要看。富士山的御来光，要迎。”“什么？”最后一句我没听明白。“御来光，那就是富士山的日出。”

在山顶的旅馆里住下，那是一个大通铺，一排能躺二十余人。如同年少时下乡劳动睡老乡家的大炕，每人大约不足一米宽的空间，真没想到竟是这么个睡法。登山的人们都累了，太阳一落山就都相继躺下了。也许是兴奋，加上旁边人的鼾声，又有人在呼呼地吸氧，我怎么也睡不着。何不出去看看夜景？我轻轻地起来，小心地跨过一个个酣睡的身躯，一开门，嗖——一阵凉风袭来。8 月中旬，山下持续 30 多度，而山顶上竟降到 10 度以下。这才明白他们干嘛背那么大的包、带那么厚的衣服上山。夜景美极了，脚下的浮云零零散散，透过云间的缝隙，看得到山下村庄城镇的点点灯光。往远看，那灰色滚滚涌动的云伸向天边。东北方向有一条渐渐变宽、微微发亮的呈深橘红的光线。那天没有圆月，只有满天星斗。果然离天近了 3000 多米，第一次看到这么多、这么亮的群星。

天快亮了，旅馆的人把大家喊了起来。人们都动作迅速，在朝着东方的地方抢占了位置，排起了人墙。往下看，那是蜿蜒的手电的长龙，大量住在山腰或趁夜色登山的人们正向山顶涌来。人越来越多，旅馆的生意也开始了。原来睡觉的地方顷刻之间变成出售纪念品和早餐的商店。

东方白了，太阳开始出来了。人们骚动起来，快门声不断，镁光灯乱闪。有人欢呼起来，有人合掌闭目开始祈祷，有人紧盯着东方热泪盈眶，还有人使劲地把脸往前探并微微朝天，摆出一个沐浴的姿势，以便更多地接收“御来光”的恩典。突然，旅馆的扬声器里奏起了日本国歌“君之代”。再看东方，那已经跳出地平线的太阳，那红红的圆，那不是日本的国旗吗？！那不是日本国旗上的“日之丸”吗？！在日本最高、被喻为第一神山的顶上，伴随着“君之代”的旋律，面对着“日之丸”，这就是日本人的最高境界吧。他们迎接和沐浴

“日之丸”发出的“御来光”，那是太阳的光，是天神的光，还是日本民族的光?

来到山顶的人们，扶老携幼，多少个家庭，多少对情侣，有的老年人数十次登顶，还带来他们的儿孙。他们好像希望“御来光”能带来幸福和好运，他们祈求“日之丸”能使他们的国家和民族兴旺富强。他们兴奋、雀跃、虔诚。唯有我这个衣衫单薄的外国人在清晨嗖嗖刺骨的寒风中索索发抖。但我还是理解了，这就是日本，日本的象征不愧是富士山。

在富士山周围方圆几百里的四面八方，有不下几十个叫“富士见”的地方。“富士见”的意思是“可望富士山”。人们从各个角度、不同方向，都能看到同样姿态的山峰。展望富士山，是日本人的一大精神享受，但也成了某些人的一大烦恼：年年增加的、飞身扑向疾驰的列车而寻求解脱的殉道者，带来列车出轨的危险，还延误运行、打乱行车时刻表，影响千万乘客的旅行，东日本铁道公司的松田昌士社长抱头哀叹：“在高架型的车站上，能够清晰地看到富士山的冬季时节，自杀者偏多”，“有什么好的办法，请不吝赐教”。富士山脚下叫作“青木原树海”的原始森林，布满茂密参天的树木，还有荆棘、沼泽、洞穴，是吸引寻幽探秘的探险者的向往之处，多年来一直又是自杀者的胜地。那里长期薄雾弥漫，能见度低，加上茂木繁草密布，渺无人烟，进去的人若不盯着小道而行，很容易迷失方向。更有对富士山这一神圣之地的憧憬，不少厌世轻生之士选择这一自然幽静的“仙境”，或束颈或服毒或割腕以结束生命，以此忘却人生之烦恼，寻求世俗之超脱，完成精神与肉体之回归自然。由此，“青木原树海”已成为日本最著名的“自杀胜地”。据说这始于20世纪60年代，一本小说描述了一名女子在林中自杀的情节，后来日本名书《完全自杀手册》也特别撰文介绍如何在树海中寻死。再加上富士山这座神山的魅力，结果在此自杀的人每年递增。1998年警方在树海中发现了58具尸体，1999年达68具，连创历史纪录。2010年有247人试图自杀，54人达到目的。

以富士山的“富士”为名的企业，更是多如牛毛。仅股票上市的企业就近四十个，有富士银行、富士胶卷、富士电机、富士通、富士纺织、富士汽船、富士火灾海上保险等。这些企业并不属于一个企业集团，多数毫不相干，不约而同地争用这“神圣又吉利”的名称。在中国，“长城”的名称也被不少企业选用，比如长城工业总公司、长城计算机、长城科技等。但是算起来，怎么也不如“富士”来得多。而且不同的是，长城是个人造之物，中国人持续2000多年，不断修造、扩展，是抵御外来侵略的屏障和象征，又是人类改造自然、勤劳奋斗的成果。而富士山，则是一个完全的自然造物，用它自然的形象和性格，代表日本民族的形象和性格，使得日本人觉得它如神一样。可以说，世界上以自然物为企业名称的，以“富士”为首。在日本道教之中，还出现了以富士山信仰为对象的教派，如扶桑教、实行教，还有以拜山为目的的登山教。

日本人把富士山比作本民族的象征，每个日本人如同一块岩石、一粒火山灰，紧密结合重叠而上，搭起了富士山这个缓坡等腰三角形的孤独山峰，静静悄悄之中存有轰轰烈烈，不变中蕴藏着千变万化。它的英姿给人以无限的美感，不知何时它苏醒、喷火、爆发。日本用这个自然的造物，形象地喻示了作为单一民族的国家——日本。日本人依附自然，热爱自然，有很强的回归自然的心理。他们常常把自然、神和民族、人连在一起，到这里来感受自然，感受属于自己的那些风貌。

5. 模仿与创造

善于模仿的特征

日本人善于模仿和学习，是世界公认的。一般认为，虽然日本具有一些非常独特的文化，但是日本的文化、文明当中，不是模仿引进的，或者与模仿引进没有任何关系、完全独创的部分，不得不承认实在是不多。

日本的文字、文学艺术、建筑的风格和技术，乃至古代的文明多是从中国来的，连日本的国粹——天皇、神道教、茶道、花道、相扑柔道等，也直接或间接地与同中国的交流有着关键的因果联系。到了近代，日本的明治宪法是德国的，议会制度是英国的，警察制度是法国的，文学是英国的，绘画是法国的，音乐是德国的，教育制度是德国的。而现代，几乎什么都是美国的：日本的“和平宪法”是美国占领军给制定的，国家政治制度是由美国占领军给构建的，在日本带有现代气息的各个角落无不印有美国的影子。日本从很久以前就开始模仿学习外国的文化、技术和制度，特别是善于把学来的东西进行加工与改造。日本引进技术一段时间后，就往往能够发挥超过其先生之国的技能。和铜年间（公元8世纪初）学会了铜的铸造熔接技术，40年后，就建造了高水平的大型铜佛。16世纪前期，从漂流到日本种子岛的葡萄牙人那里得到了火枪，也是40年后，成为世界最为先进的火枪制造国之一。麻将是始于中国的娱乐工具，日本引进并大为流行。日本人玩麻将的时候，从一到九的数字基本沿用中国的读音。1998年10月，在北京举行的“1998北京国际城市友好健康麻将交流大会”上，来自北京、东京、悉尼、香港等城市的16支代表队，首次采用“中国麻将竞赛规则”进行激烈角逐，日本东京队战胜了麻将的始祖——中国的各队，获得了团体第一名。2002年又一次举行国际麻将大赛，中国广东队试图以始祖的余威，志在必得，结果只得了第3名，前两名均是日本的城市代表队，广东队丧气而归。在2018年举行的第五届欧洲麻将锦标赛中，总共有204位选手参赛，冠军是日

镰仓大铜佛——阿弥陀如来

本选手。同样，围棋也是从中国传到日本的，而今日本的围棋水平超过中国位于世界巅峰，拥有世界最为众多的九段高手，并且还发明了简便准确的判定胜负的数子方式，率先采用了确定棋手水平等级的从一到九的段位规则。日本还将围棋作为日本文化向世界推广，英文中的围棋一词不是中国的“weiqi”，而是日本的“go”。日本成了世界围棋的胜地，众多立志成为围棋高手的各国年轻人，多数都到日本去“朝圣”学棋。

还有，闻名世界的日本刀。唐代中国的制刀术传到日本之后，日本人把它发展到登峰造极的地步，而且很快就弯曲得没有唐刀的模样了，并反哺中国。到北宋，日本刀大量输入中原，欧阳修曾作《日本刀歌》，赞其精良：

昆夷道远不复通，世传切玉谁能穷！
宝刀近出日本国，越贾得之沧海东。
鱼皮装贴香木鞘，黄白闲杂输与铜。
百金传入好事手，佩服可以禳妖凶。
传闻其国居大岛，土壤沃饶风俗好。
其先徐福诈秦民，采药淹留丱童老。
百工五种与之居，至今器玩皆精巧。
前朝贡献屡往来，士人往往工辞藻。
徐福行时书未焚，逸书百篇今尚存。
令严不许传中国，举世无人识古文。
先王大典藏夷貊，苍波浩荡无通津。
令人感激坐流涕，绣涩短刀何足云。

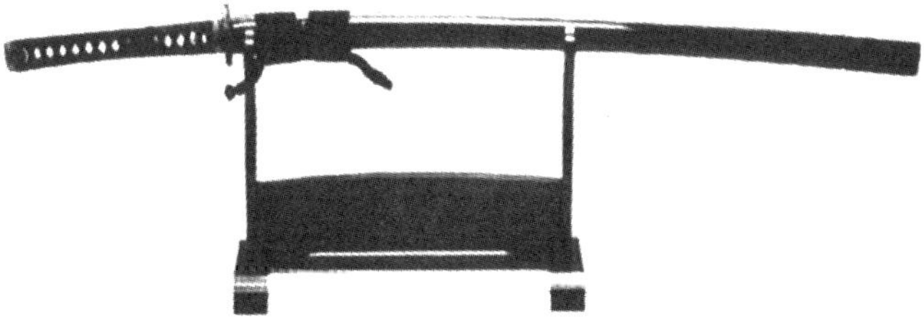

日本刀

当今日本的动画片风靡世界，连在动画片鼻祖的美国，日本的动画片也大行其道。我们知道的日本动画片中，最为悠久并享有盛名的应首推“铁臂阿童木”，作者手塚治虫乃日本动画之大家。而手塚治虫却是在年轻时代看了由《西游记》改编制作的中国动画片《铁扇公主》，深受启发，立志于动画片事业。虽然手塚治虫已经辞世多年，但由他创办的手塚制作公司仍深记这段历史，在中国SARS流行的时候，决定将即将推出的动画片“悟空”的部分收入用来购买医疗用品，捐赠给中国(《日刊体育》2003年第6期)。

2004年2月26日日本的周刊《新潮》上刊登了题为《从中国的绝活梅花针到现代科学的振压针》的文章，讲述小川卓二的故事。从事医疗器械经营的小川于20世纪70年代发现了中国“文革”中赤脚医生大流行时代广泛使用的梅花针，感觉用起来虽然治疗效果好，但是需要用手操作，而且病人痛苦，便决心加以改造。从1976年到1979年，在妻女的全力支持下，他发明了用机械敲刺、减少疼痛、便于使用并更可靠的家用治疗仪——振压针，荣获1979年度东京发明展览会的特等奖。

在近现代经济技术方面，日本善于模仿的特征更是发挥得淋漓尽致。从欧美学习了工业生产技术和管理方式，数十年后一跃成为工业生产水平最高的国家，在制造器物方面大大超过了师傅。日本从美国学了电视、录音机等电器技术，很快就造出了高质量低价格的产品，使得美国的家用电器产业几乎灭顶。这样的例子不胜枚举。可以说日本人是世界上最善于模仿学习的。

日本人引进文化，模仿学习，至少可以从弥生时代（公元前 300 年左右开始）算起。弥生时代以前的绳文时代，人们靠狩猎捕捞采集为食，处于原始状态。而弥生文化比绳文文化有了跳跃性的发展。据说是持有先进文明的大陆人经朝鲜越过对马海峡和中国南部的海路等多种途径漂渡到日本，为日本带来了全新的文明，使得日本这块土地上的人们开始种植和食用稻米，穿戴经过纺织的衣物。许多人集团性地在有顶的建筑物中居住下来，开始了农业文明的生产和生活。

日本人这种善于模仿和学习的特性的形成，最晚可以追溯到圣德太子（公元 593 年摄政）时代。在从中国引进佛教等文化的时候，圣德太子则采取“取好用之”（いいとこどり）的方针，使日本开始了大胆积极、有规模的引进。派遣遣隋使，到隋朝学习思想、宗教、文学、艺术、建筑、技术等先进文化，并根据自己的需要和喜好，进行加工改造，形成适于自己并属于自己的文明。隋朝被唐朝替代后，日本继续派遣遣唐使，后来因种种原因停止了“遣唐”这样的学习引进的国家行为，但是对大陆的模仿没有中断。日本文化精髓之一的茶道，是从宋代引进茶叶和种茶技术、模仿宋人的饮茶习惯和品茶仪式而发展起来的磨炼身心的艺术，并成为日本的国粹。后来日本从明朝引进朱子学，使得儒学在日本得到发扬光大，几度成为日本国家的统治思想。

随着世界进入大航海的时代，西洋文明传到东方，日本又积极地学习西方技术，火枪就是其中的一例。到了明治时期，日本开始了大规模的对西欧的学习和模仿，甚至以自己的身家性命为赌注，“脱亚入欧”“富国强兵”而瞬间崛起。“二战”投降后，更是变本加厉，完全以美国为榜样，把学习模仿之特性发挥至顶峰。依靠学习模仿来发展自己，是最为方便、节省而快速的发展方式。

日本人最深刻地领会了通过学习模仿、利用外来文明来发展自己的真谛。成功地利用这种方式发展起来，在世界历史上，这样的国家和民族是绝无仅有的。

实用性模仿学习

日本人从外国引进文化和技术，是有选择性的。说日本文化是引进积累型的，但日本并不是什么都引进，不是什么都照搬照用的。

日本人很久以前就有“取好”的习惯，在学习模仿中多少加一点过滤，因此不大喜欢的东西就没有引进。例如，在从中国引进种植稻谷等农业文明时，没有引进饲养并食用家畜的习惯。在城市建设上，没有建设带围墙的城市；在完全仿照中国的长安建设平城京、平安京的时代，也没有建设带有城墙的城市。引进中国文字、文学以及部分统治管理制度，却没有引进“学而优则仕”的科举制度。一度按照儒教学说来统治社会，但到明治维新以前，可以说一直没有建立起像中国各朝代权力完全统一的国家，没有从封建割据中解脱出来。模仿中国的皇帝拥立了天皇，两千多年一直维系一脉血统，虽有过兴盛握权的时代，有过皇权旁落、甘当傀儡的时期，但是，却没有发生“易姓”变革。

日本的模仿关键在一个“用”上。发现外国的什么东西是自己没有的，而且是自己所需要的，拿过来便用。当没有文字的时候，学汉字用起来；没有成体系的哲学伦理、治国思想，就引进儒教；缺乏有教义的宗教，又模仿佛教禅宗，用来超度灵魂、寄托精神。没有近代现代的一切，从欧美搬来政治、经济、教育、军事、艺术、文学、技术等，填补自己的各项空白，使自己快速跟上时代的步伐。

京都的金阁寺，裹以金箔，金光灿烂。

令人惊奇的是，那些似乎是与日本文化传统格格不入的各国不同的文明，混杂来到这片土地上，居然没有发生什么矛盾和冲突，而是非常圆润地被组合起来，形成日本式的混合性文化。以其超常的受容性（引进）和变容性（改造加工），把原本不属于日本的东西变成自己的、有自己特色的东西，并且被高效率地用起来，带动了日本的发展。

从思想和意识形态的角度讲，在日本人的心目中没有一定之规，没有一条精神意识的轨道，当然也就没有精神意识上的框框，没有什么理论来规定他们，让他们知道什么该做什么不该做。对他们来讲，往往是对自己有利的就可以不惜一切代价去做，对自己不利的就坚决地抵制。他们在引进模仿的时候，首先通过感受，观察人家是怎么用的、有何效果等，判断那东西是否有用、对自己是否适用。而很多其他国家和民族，在引进模仿的时候，首先要理性地判断，那东西与自己的意识形态是否相容，如果不相容，有时不管它有多好、多么有用，都予以抵制。日本没有那么多的事，以感性来判断，不受任何框框的限制，好，则取而用之。

知其然不知其所以然

日本人的实用性模仿学习，“好，则取而用之”的能力和功夫，给日本的物质发展带来了无限生机。但多数只是把所需的文化、技术和管理制度“取而用之”，进行表面的模仿、学习和利用。从没有也从不积极地去把某种文化体系进行系统的分析和研究，只愿知其然，不去知其所以然。在那些文化、先进技术和管理制度的背后，隐藏着有使其然的所以然，也就是创造那些先进技术和管理制度的国家或民族所具有的文明、精神思想、社会构造、伦理道德、价值观以及审美观等。日本人不去分析研究人家为什么那样，不去分析研究那些文明、精神、社会构造、伦理道德、价值观以及审美观等到底是怎么回事。只要把实用的东西拿来能够学会、用得起来就够了。

因此，虽然能够把先进的东西学会、用起来，使得日本在物质上大大地丰富起来，但是，无法在学习掌握的技术和管理制度的基础之上再创造，不能在追赶上先进之后，再取得根本性的、带动人类文明的飞跃性发展。这正是日本数千年的忧愁和烦恼之所在。

在日本历史上，有几次发展的高潮，都是在接近先进的时候开始停滞下来，原因之一是日本人引进模仿的性癖在作祟。

从圣德太子采取“取好用之”开始，日本进入正规的引进模仿的时代。派遣遣隋使和遣唐使，有规模地引进中国文化，随之带来日本的大化改新（革新），使日本节省了从奴隶社会进入封建社会过渡期的上千年的时间。但是，在日本人觉得自己已经接近中国文明的时候，停止了遣唐使（公元 849 年）的派遣，停止了主动接受外来文明的做法。随后，日本的社会发展停滞下来。之后，又有了与宋朝、明朝的文化、贸易交流，引用儒教，用儒教思想来治理国家等，以至于在日本，儒教竟然分成朱子、王阳明和古典三派。后来日本又重蹈覆辙，在江户时代实施锁国政策。虽然在江户锁国时代自得悠闲的环境，使得日本自己的文化有所成形，但是没有得到突破性发展。

进入近代的明治时期以来，日本彻底开国，模仿西欧发展军事和经济，奔上了追赶欧洲帝国主义列强的跑道，要与列强并驾齐驱，抢占殖民地，发动侵略战争，最终落得战败投降的下场。

战后，日本彻底地拜服在美国人的脚下，一切都模仿美国。在靠美国庇护的和平环境下，专心发展经济，三四十年间，从战争废墟上再次勃兴，80 年代达到了顶峰。进入 90 年代，日本的泡沫经济崩溃，各方面发展停滞，进入长达 10 年之久的战后最长的不景气、萧条时期，至今仍在谷底摸爬，经济迟迟振兴不起来。

日本人在引进模仿到了头的时候，失去了追赶的目标，失去了模仿对象，轮到自己作为先锋开天辟地了，便不知如何是好了。也许可以说，日本还是缺乏文明和理论的深度和厚度，因此缺乏应有的创造创新能力。

日本人果真没有创造性吗?

说日本人没有创造性，只会模仿不会发明，是欧美人甚至是世界的普遍认识。日本人果真没有创造性吗?

的确，日本人的发明创造不太多，相比他们的生产能力、开发成果以及经济实力，不是一般的不相称。日本制造并且充斥世界各个角落大赚其钱的产品，其基本原理和基础理论及技术真正属于日本发明创造的寥寥无几。日本多是依靠购买、模仿学习甚至偷窃来掌握先进

歌舞伎

理论和技术，以其最拿手的开发、改造以及变通的工匠式功夫，最快地在市场上推出质量高、价格低、重量轻、体积小的产品，抢占市场的有利位置，比发明创造原理和技术的国家赚到更多的钱，占到更大的便宜。这是日本人充分利用自己之长以避其短，用有合理又有不合理的、有卑鄙又有不卑鄙的手法，促进了自己的发展，这也许就是日本人的精明之处。

要说发明创造，需要看是个什么标准，这个标准似乎并不是很清楚。要说半发明创造，或者说创造性改造，那日本的成果可就多了去了。录音原理和技术不是日本发明的，但是日本人想出了盒式磁带的主意。原来用两个分开的带盘，一个用作出带，一个用作收带，操作麻烦，携带不便。把两个带盘装到一个盒子里，既解决了操作上的麻烦，又便于携带。等离子效应原理好像不是日本发明的，但是利用等离子效应发光、发出彩色的光，其基本专利是日本人掌握的。这项技术遥遥领先于世界，并且利用这项技术，做出了薄型显示器，以代替显像管，使得电视可以挂到墙上。在大批量工业生产方面，日本学习欧美的管理技

传统大鼓

术，与其拿手的善于集团合作及工匠秉性相配合，创造了一套最适于大批量工业生产的管理技术和制度，例如TQC（全面质量管理）、丰田的“看板管理”等，也可以说是日本人首创，致使欧美人回过头来向日本学习，并且成了亚洲发展中国家学习追赶的对象。虽然这些日本式的管理是以日本人企业群体特性为发源、为对象的，未必具备国际的通用性，在强调个人的欧美并不一定适用，但是，日本的集团合作以及精益求精的精神，影响了世界的产业界，对带动亚洲经济的发展起到了重要作用。

日本人认为，日本文化最具创造性的当属日本的语言了。日语由汉字和假名组成，汉字是从中国引进的表意文字，假名是日本发明的表音文字。日本在两千年以前没有文字，随着大陆文明的传播，日本人开始使用汉字，引进大量的汉字词汇，形成了日语的表达基础。日本又根据汉字加以改造发明了假名，例如，日语五十音图中的第一个符号“あ”，就是从发音相近的汉字“安”发展演变来的。日本人用假名来表达从外

日本相扑

国尤其是欧美引进的词汇，形成日语中的外来语。日本人利用汉字和假名，既能表意又能表音，既能进行一目即知其意的形象语言思维，又能进行依赖纯符号记忆的符号语言思维。那么也许可以说日本人既能够使用以前的先生——中国人的思维工具，又能够使用如今的先生——欧美人的思维工具。需要表意的时候用表意，需要表音的时候用表音，实际实用，运用自如。虽然日语在表意上不如中国语言、在表音上不如欧美语言做得彻底，多少有些“中途半端”（日本词语，类似“半途而废”）的感觉，但是其混合利用发挥的效能和技巧，具备其他语言所没有的某些优点。日本人那么善于吸收外来文化，而今富甲天下，与他们的语言不是没有关系吧。

日本人利用汉字，并且根据需要组合汉字，发明了不少新的汉字词汇，连汉字的鼻祖——中国近百年来也引进不少日本发明的汉字词汇。

日本发明了大众娱乐——卡拉 OK（**カラオケ**），意思是“空乐队”。“卡拉”是日语的“空”（**カラ**），“OK”（**オケ**）即英文词乐队（orchestra）的意思。这个词，用了汉字的“空”和英文的“乐队”一词的意思组合，再用日语的假名记述，来表达光有声音没有乐队的伴奏录音，可谓汉英日三语混合之杰作。中国引进卡拉 OK，为了准确表达其发音，不得不引用英文字母。卡拉 OK 这一日本的大发明，曾风靡世界。

从语言可以看到文化的缩影，日语的表达记述方式，不正说明了日本文化富有受容性及特有的创造性吗？日本的发展，有从“和魂汉才”到“和魂洋才”的一个发展过程。早期，从中国引进精神和物质文明，在从“汉”（中国）引进的“才”（文明）里，注入“和”（日本）的“魂”（日本精神），发展形成日本特有的日本文化。之后又从欧美引进工业文明和生产技术，进行“和风”（日本化），发展形成日本的近现代文明。

6. 适应的教育

培养对这个社会有用的人才

日本是一个国土狭窄、天然资源极度缺乏而人口相当多的国家。日本真正有价值的唯一资源乃是住在这个岛国上的人。因此，日本繁荣的关键系于能否巧妙地运用宝贵的“人力资源”。

日本深知学习、掌握知识的重要，日本重视教育是世界闻名的。早在19世纪60年代明治维新之前，日本就已经成为世界上普及教育的先进国家之一。当时，男人的40%、女人的25%曾在私塾（寺子屋）等教育机构学习读写和使用算盘。如今日本更是世界上教育普及率、入学率以及教育水平最高的国家之一。明治时期就德育（国家神道、崇拜天皇的道德信仰教育）与智育（现代科学技术知识的教育）的主次进行了争论，以明治天皇的侍讲（相当于教师）元田永孚为代表的一派主张偏重进行国家神道、天皇崇拜的道德信仰教育；以与明治政府的内阁总理大臣伊藤博文为代表的一派主张偏重进行现代科学技术知识教育。最后双方达成妥协，小学到初中的初等教育，偏重进行国家神道、天皇崇拜的道德信仰教育。从高中开始的高等教育偏重进行现代科学技术知识教育。这奠定了日本近现代教育的基本方针。

日本的教育制度是在明治时期形成的，在那个一切向先进看齐、一切都学习欧洲的时代，明治政府排斥日本传统的私塾性的教育机构，完全参照德国，普及初等、中等教育的学校制度。日本的"国民学校令"模仿纳粹德国的制度。该制度有三个主要特征：第一，初等教育全部由公认的学校进行，家庭、社会及教会等不得深入介入；学校进行德育、智育、体育的全面教育。第二，初等教育学校必须全部是被公认的学校，原则上为公立（县市村）；不承认新设私立中小学，现有的要尽量削减，归属公立。第三，公立学校按一所学校一学区制度，根据居住地区强制适龄儿童进入所在学区的学校。

根据这个制度，接受教育的学生及父母没有选择学校的自由。在官方指定的学校，对学生进行的不仅是知识的教育，还

早稻田大学

包括从生活方式到体育、美感培养的教育。这样，全国性的基本一致的教育系统，使全部日本人接受一致的教育，把全日本人的价值观统一起来，成为一件可能的事情。而这个制度一直贯穿至今，形成了世界上最为完整、目的性最为明确的教育系统。

一百余年以前开始的近代教育，是以“富国强兵”“建立受世界尊敬的国家”为长期的最高目标来培养人才的。虽然第二次世界大战之后到现在，“富国强兵”的口号不再提了，但是“建立受世界尊敬的国家”始终是日本人心中的理想。为实现这个理想，需要知识，需要团结配合，需要服从。其教育的主要目的，是培养具备高水平的知识技能、具有能广泛与他人合作的协调精神、为了群体目标能够压抑自我具有忍耐力的人才。

明治天皇 1890 年 10 月颁布的《教育敕语》，到 1945 年日本投降为止，一直是日本的教育方针。现引如下：

> 朕惟：我皇祖皇宗肇国宏远，树德深厚。我臣民亦克忠克孝，同亿兆之民于一心，世世共济厥美。我国体之精华，教育之渊源亦实存于此。尔等臣民当孝父母，友兄弟；夫妇相和，朋友相信；恭俭持己，博爱及众；修学习业，启发智能，成就德器。

日本的教育对社会经济发展来说是成功的。差不多每个人都至少接受了 9 年的义务教育，奠定了高水平的文化基础，造就了大批高水平的自然科学技术以及社会科学的人才，为社会经济发展起到了决定性的作用。日本受过教育的人普遍具备较好的协调性，精诚团结，密切配合，形成世界上最为适合现代大工业生产的劳工集团，使日本生产的效率和水平达到了世界第一。他们具有很强的忍耐精神，很少计较工作时间长短及报酬高低的得失，忍耐组织（集团）中发生的各种事情，服从组织的利益，为组织的目标默默地献身，这是日本发展最根本的基础。

与其他先进国家相比，一般知识教育的内容是相近的，而在教育方法上则不同。日本不主张英才教育，几乎没有由于成绩优秀而跳级的现象，不上完小学 6 年、中学 3 年、高中 3 年的课程，是不可能进入大学受教育的。最近几年，由于日本“泡沫经济”崩溃，新的科学技术学科发展不畅，无法带动新产业行业的发展，尤其在基础研究方面缺乏人才，才开始考虑在教育上有所变化。经过教育界以及社会上的激烈争论，极少数大学开始了招收高中尚未毕业的优秀学生跳级直接入学的尝试。

日本的教育，更重视大家共同进步。受过 9 年义务教育的学生，几乎没有自己在成绩上排第几的记忆。9 年的义务教育，是彻底的大众普及教育，不采用任何竞争机制，营造一种大家都一样，谁也不突出、谁也不落后的环境，相当轻视个性的培养。在这个社会里，那些有个性有特点、自以为是的人在学校、企业、组织团体中是不受欢迎的。日本的教育，集中精力培养的是集体主义精神和团队适应性以及协调性。

集体、“朋友”与“不给他人添麻烦”

日本的小学，功课并不紧张，学习进度及家庭作业的压力不大，甚至可以说是以玩为主。走出被看护、照顾与娇惯的家庭和幼儿园的六七岁孩童，开始负担起一点点责任，要自己去完成学习任务，要自己去摸索和体会如何与人相处。近 20 年日本小学实行宽松教育，与其说是知识的初等教育，更不如说是培养适应这个社会的人的初等教育。一进校门，首先要教育热爱祖国、服从集体。由于“二战”战败，天皇人格化，以崇拜天皇为信仰、成为战争工具的国家神道失去了威严，明治时期开始实施的德育（国家神道、天皇崇拜的道德信仰教育）停止了。但是，在初等教育阶段偏重进行德育的传统，仍然承袭下来，改为进行热爱祖国、服从集体的教育。从校方来讲，关

学生们的憧憬

心学生是否能够适应这个集体，能否在同学中找到“朋友”，远远高于对学生的成绩、学生能否跟得上功课的关心。

日本学校的“朋友”的意思，就是愿意在一起的伙伴关系。若干“朋友”形成一个小集团，他们几乎事事在一起，一起上下学，一起玩，互相依靠、互相支撑，为自己稳固在这个小集团中的地位而费尽心机。一个班级有若干这样的小集团。如果谁没有“朋友”，或者被“朋友”们撵出“朋友”圈子而孑然一身的话，那可就惨了。他不仅要忍受孤独，还要时常受到其他小集团的攻击和欺负，而几乎没有人伸出援助之手，使其饱尝脱离集团之苦。当今日本社会，有达十万多的中小学生逃学辍学，其主要原因是“朋友”关系没有处理好，在学校受欺负。由于“朋友”关系的问题，他们心里非常痛苦，不愿再到学校去了。这个阶段是日本人形成待人处事意识的初级阶段，少年时代的这一段经历，对身心成长有着极其重要的作用。怪不得小学的老师关心学生能否适应这个集体，能否在同学中找到“朋友”，远远高于对学生的成绩、学生是否能跟得上功课的关心。

由于小学和初中在成绩上没有竞争，没有同学之间在分数上的比较，中小学生在学习上，除了望子成龙的家长“鞭打”之外，感觉不到什么压力。当然，这些处于思想意识成长期的“人”所具有的个人表现欲和个性能量，在学校的学习和人际关系这一学习环境中，没有释放的市场，于是就宣泄到“朋友”这个人际关系上了。

在中国，学童向家长哭诉较多的是：“这次考试的名次比上次降了”“某某老师说我是笨蛋”“功课跟不上，同学们都看不起我”等。在日本，学童向家长哭诉较多的是：“今天，我那几个朋友不理我了”“谁谁谁欺负我了”“我那几个朋友中的谁谁特别讨厌，我该怎么对付他”云云。

有一个中国的孩子，小学五年级时随父母来到日本进了普通公立小学上学。他很快就吃惊地发现，同学们处理相互关系那么“世故”，在似乎平静的外表后面，心斗怎么那么激烈。正当这个孩子的家长在为孩子总算跟上了功课、终于能够比较自如地使用日语而欣喜的时候，接踵而来的却是“朋友”问题的烦恼。从此“朋友”问题成为这个家庭中的主要话题，并持续达数年之久。以至于这个孩子上了高中，关心他的日本同学在信中提问的第一句话，便是“在新环境里，是否已经有了‘朋友’”。

这个“朋友”，在培养集体主义精神的过程中起到重要作用。学校在倡导强调的集体主义的正面教育之外，利用“朋友”的作用，鼓励引导学生们自然地形成集体，让他们自然地理解和体验身在集体的益处、脱离集体的坏处、维护集体的重要以及集体的力量。

日本人从小就受到“不给他人添麻烦”的教育。尤其在学校，几乎可以说是彻底并且反复地教育学生“不给他人添麻烦”，要求自己的事情自己做好，不管有什么问题和困难都要尽量自己解决，而不去打扰别人。

许多国家在进行教育的时候，倡导的是“要为他人做好事”。无论是“不给他人添麻烦”，还是“要为他人做好事”，都是教育学生对他人友好，但是这二者之间有着根本的区别。

“要为他人做好事”，是以主动积极对外为方向的，自己认为对别人是好事，就主动积极地去做。当然，个人认定的事情，必然包含个人特有的成分。在认定是正确的“好事”的原则基础之上，主动发挥个性。

“不给他人添麻烦”是以主动积极的对内为方向性的，经过自我反省，认为对别人是“坏事”，就自觉不做。在人与人的接触上，带有很强的消极性。自己有了困难，“不给他人添麻烦”，尽可能自我忍耐，自我解决。这样一来，个性成分就不容易发挥出来。这样的人，对重视集体、协同做事的日本社会来说，是需要的人才。

经过“朋友”的磨练和“不给他人添麻烦”的熏陶，他们深深地懂得什么是集体，练就了一身适合处理人际关系、适应日本社会的特殊性、将来必对这个社会有用的协调适应能力和忍耐力。

真正的教育在就业中

日本的小学到初中，功课并不紧张，一般到初中三年级才开始忙起来。为了能够考上好的高中，于是正式加入激烈的升学竞争中。日本有一个现代惯用词叫作“受验地狱”（考试地狱），指进高中和大学考试的一段时间，对考生及他们的家长来讲宛如地狱。为升学考试提供复习准备的学习班（塾）多如牛毛，书店卖的、学校发的各种复习材料满天飞，考生不分昼夜地复习准备。考公立学校的话，经过一次统考就可以了，但是要考私立学校，得一所一所地去考。只考公立统考的考生极少，一般考生既要参加公立统考，又至少参加一所以上的私立学校考试。这一段时间，对考生来讲，不仅是知识的检验，也是对考生集中力和体力的考验。日本非常注重学历，从著名大学毕业出来的学生能进入好的公司，找到如意的工作，这几乎能决定人的一生。能上好的高中是先决条件，然后在高中苦读三年，最后冲刺考大学。

学生时代真正苦读的也就是为了考大学的高中这三年。进了大学，可说是万事大吉。日本大学的特点是进去困难、出来容易，只要进去了，稀里糊涂混几年，轻轻松松就可以毕业。日本许多大学生并不努力读书，他们玩、打工、旅游、交异性朋友，自由自在地去体验社会。以前为上大学而苦读，大学毕业后就要进入管理严格又充满“人间辛酸”的企业，趁大学时期放任自由，享受人生“最后”几年的“好”日子。日本大学里的外国留学生普遍感到迷惑不解，日本大学生放着那么好的读书条件，为什么不好好学习？日本出版了一本日本作家写的关于在北京大学里中日韩三国学生的书。书里说中国学生拼命读书，连走路、吃饭的时候也捧着书不撒手；韩国留学生注重活动，交朋友认识人，为将来就业打基础；日本留学生一个劲儿地玩，卡拉 OK、迪斯科、旅游、吸毒、卖淫嫖娼。日本大学生居然把日本大学里的“堕落”风气带到了国外。难怪日本的老一代人忧心如焚，“将来日本落到这帮家伙手里怎么能行呢”？好像这种忧心是“杞人忧天”了，日本真正的教育还没有开始，日本真正的教育在就业中。

4月，是日本学校新学年的开始，也是日本企业新的财政年度的开始，又是毕业生就业正式上班的开始。日本有点规模的企业，都有各自的新人教育的规则和系统。新入社者着装整整齐齐，清一色的深色西装套服，或蓝或灰，尽管谁也没有让他们必须如此着装。他们规规矩矩、彬彬有礼，根本看不出来哪个曾经是花花公子或花花小姐。他们变得好快，需要规规矩矩、彬彬有礼的时候就做得到规规矩矩、彬彬有礼。那些曾经“玩世不恭”的前学生们清清楚楚，这回可是真的，自己的人生将从这里开始。新人教育是很全面的，从社规（公司规定）、职业道德、公司的业务内容及情况到有关技术的介绍，有时还请一两年前来的新人讲讲感受。这是很严格的，企业要让这些“散兵游勇”们知道，他们必须遵循公司的规则，要适应公司的环境，自以为是是危险的。有这样一个极端的例子：在某企业的新入社员大会上，企业领导在台上训话，突然手指着台下：“嘿，那个，那个穿深色衬衣的家伙给我出去。”那个穿深色衬衣的家伙知道是在说自己，带着目瞪口呆的表情离开了座位。大家都穿习惯了浅色衬衣，干吗他非要穿深色的？最近几年，日本社会上流行要重用有能力有个性的人才的说法。日本企业在招人的时候，嘴上也说要吸引有能力有个性的人才，但在选人的时候，却仍然以有没有协调性为主要考察指标。日本企业的理想对象是“白纸”般的年轻人，这样企业就可以任意来塑造他们。

日本企业以研修的方式，分等次级别、分所从事的专业，对从新人到董事的全体职员进行以企业发展为目标的完全教育。日本企业还鼓励职员们考取社会承认的资格，这些资格有会计、计算机、秘书、外语等级、法律等，职员们也积极努力地去考取这些资格，作为生存的武器。日本社会为考资格的人和各种学习需要兴办的培训班层出不穷，已经形成一大产业。日本的社会生涯教育（成人教育）是世界上最为系统而庞大的。除了进行正面业务教育以外，在企业中，新人们还受到所在企业的文化、集团意识、举手投足的规范以及先辈（在日本先到者均为先辈）的含有欺负、轻视的热情培养，他们必须融入这个群体。

日本的社会生产是依靠规格化大规模生产为特点而发展起来的，规格化大规模生产要求参加生产的人配合紧密、行动一致、结果统一的过程和效果。产品不需要个性，对产品进行的劳动也不需要个性，当然无个性的劳动更不需要或排斥有个性的劳动力。劳动力到劳动岗位上，被要求有同样的想法、同样的动作，如同卓别林在“摩登时代”中表演的，体现了日本人最为见长的本领。在这里，不需要创造力。创造力对日本式的规格化大规模生产是格格不入的，并且成为那些能人们痛苦的源泉。他们将尝试有创造力及愿望，但不得不做无创造性的重复性工作，以及因跃跃欲试而遭到周围人白眼的双重痛苦。人际关系的环境和工作内容的环境，需要新来者必须学会服从、忍耐，学会生存于这个群体、维护这个群体、为这个群体忠心贡献。

日本的学校教育，教给学生一些基础知识，更重要的是给学生适应这个社会、在这个社会生存的基础本领。而日本的校外教育，尤其是企业教育，在企业中磨练熏陶，才真正把人培养成对日本社会有用的人。

7. 好奇心

“是什么防腐药水把列宁的尸体保存得这么好？”日本某民间电视台放映的参观采访列宁墓的节目中，节目采访人穷追不舍地缠着讲解员问。

那是一个介绍列宁墓的带有竞猜内容的大众消遣性节目，没有严肃的政治色彩，当然节目采访人也表现得轻松欢快。节目从莫斯科红场、克里姆林宫、列宁墓直到列宁的棺椁前，当讲解员介绍到尸体保存情况的时候，节目采访人突然冒出了这样的提问。讲解员张口结舌，她思忖片刻，转身进了暗处的一个小门。那个很欠礼貌的来访者扛着摄像机也跟了进去，走过昏暗细长的走廊，来到有戴大盖帽穿制服的人的房间。经过一番看似激烈的交涉，敲定第二天去参观防腐药水。

第二天驱车前往，经过好一阵颠簸，来到像是个研究所的地方，一位化学专家接待了他们。当这位化学专家弄明白来访者的来意，显得为难了，于是又开始了第二次艰难的交涉……第三天，节目采访人终于如愿以偿了。还是这位化学专家，拿着只有在化学实验室里才可能看到的小口大底的三角形瓶子，里面装着透明的像普通水一般的防腐药水。采访人兴奋起来，抱着瓶子左看右看，还试图打开瓶塞。要不是这位化学专家毫不客气地加以制止，采访人可能已经闻过甚至喝了。接着就是一连串的提问："为什么无色透明，而不是其他颜色""药水是什么成分""药水如何制作"，等等。得到的回答均是"无可奉告"。最后采访人还是不失风度地满面笑容，鞠躬致谢，挥手道别。

女童与她喜爱的女童人偶群

看了这个节目，觉得奇怪，他干吗没完没了地追问到底呢？怎么那么好奇？不禁让人想起日本人善学习好模仿，甚至不惜利用收买偷窃的手段获取外国技术的习性。当然，这是个电视节目，如果不与对方事先磋商征得同意而中途遭到拒绝的话，节目就演不下去了。显然有对方配合，才有了如上结果。这个节目，给一些悬念，加一点笑料，利用而又满足了日本广大观众的好奇心理。

1542 年，葡萄牙人航海漂流到日本的种子岛，日本人对葡萄牙人携带的火枪产生了极大的兴趣。这个挂在腰间、可以随手抄起、能够喷火打死人的家伙，日本人从没有见过。日本人认真细心地琢磨它，并很快学会了制造火枪的技术。据说，葡萄牙人也曾航海到印度和中国，当然也携带了火枪，可是，印度人和中国人对他们所携带的武器并不十分感兴趣，自然，印度人和中国人也就没有那么早地学会制造火枪。

好像世界上日本人最富有好奇心，日本人也为自己富有好奇心而感到骄傲。好奇心，这个上进好学求发展的源泉和动力，使得日本人能够大量引进、模仿以及学习外国的先进技术和文化。借此日本人加入根据自己的理解和需要的成分，予以改造充实，形成了既有引进文化的色彩，又有日本自身传统的混合文化，或称杂种文化。

日本西洋历史学者鲭田丰之比较欧洲与日本的特征和文化时，把欧洲比作男性，把日本比作女性。认为欧洲的历史个性是积极、社会意识、对抗、理论性，可看作男性式的性格。认为日本的历史个性是消极、家庭意识、盲从、情绪化，可看作女性式的性格；属于鲭田丰之前辈的明治时代的学者小泉八云，认为日本既不是男性式的，也不是女性式的，没法说清楚是哪个，算是中性的吧。日本的历史个性是什么式的，男性式的，还是女性式的，或是中性的，暂且不论，应该说日本人的感性和情绪性的确是非常敏感丰富的。

日本人对外界的感觉、感受能力是特别灵敏的。比如说对自然的偏好，喜欢静的自然美和回归自然的倾向。日本料理中蔬菜、鱼类多用生鲜，味道清淡、保持原色（少做味道和外观的修饰）。他们擅长人与人之间的非语言交流，喜好用模糊、暧昧、不明确的言辞，以及群体中气氛的特殊作用等，都可以说明这一特点。

日本人的主动感受性特别强。他们不大有理性上的框框，根据自己的本能去感受任何外界的东西，对新奇的事物很容易发生兴趣。

日本人富于好奇心的另一个重要原因是没有成就感。用日本知名学者鹤见和子的话讲，就是“乡巴佬式的好奇”。就像在山中生活了多年没有出过山的“乡巴佬”，没有见过火车，没有见过商店。一旦出了山，外面的一切似乎都是新鲜的，对什么都好奇。

两千多年以前，比日本自生文化要先进强大得多的中国大陆文化经朝鲜半岛传到日本，日本开始使用文字（汉字），种稻谷吃大米，引进了中国式样的建筑技术和艺术、陶瓷的制作技术和艺术、毛笔书法及水墨画，还有儒学朱子学思想、佛教禅宗，以及至今仍作为日本唯一传统服装的和服等。相比之下，日本没有多少自身发展的优秀精彩的文化，主要依靠学习、模仿，然后根据自己的需要加一些改造而形成属于自己的文化。因此，日本人没有创造文化的成就感和自豪感，也就没有因自己具有灿烂文化而对外部事物的抗拒力，比较容易对外界的新鲜事物产生兴趣，产生好奇。

面对葡萄牙人火枪这样的外来新鲜事物，由于印度人和中国人对自己的文化有强烈的成就感和自豪感，而不以为然，认为这玩艺儿如果是好东西我们以前就肯定有了，没什么新鲜的，不屑一顾，引不起好奇，当然也就没有引进模仿。

日本人的这种好奇心，是他们上进好学求发展的源泉和动力。日本人靠着旺盛的好奇心，在古代从以中国为中心的周边国家引进了大量的技术和文化，近代向工业发展的欧洲学习了很多教育、管理经验和工业技术。后来靠近美国，吸收了不少现代科技、社会制度等，了解并掌握的都是属于那个时期最先进的东西，使日本跟上了时代的步伐，也使日本在短短的几十年中，走过了欧洲走过的一二百年的路，一下子成为世界经济第二大国。

日本通过学习模仿，极快地提高了水平，跟上了时代的步伐。但是，他们没有停顿，而是持久地保持了他们的好奇心。原因有好多，其中一点是，日本人学东西，多数是用其然，而不知、不欲知其所以然。只是利用先进技术和文化，适当地进行些改造，而对它们的原理、产生的背景等根源性的东西没有兴趣，不去琢磨那些根本性的为什么。

8. 感性和氛围

跟着感觉走

北京自然博物馆有一个主题为“人之由来”的展览，从简单生物、动物、猿猴、猿人到如何变成人，以及人的生殖、生理、繁殖、成长、大脑的作用及与动物的区别等，利用丰富的图片、说明、模型及实物标本，进行自然科学教育。平日学校组织学生去参观，休息日很多父母领着子女前去参观，不少外地、外国的旅游者也加入参观的行列。

有位日本女士对此产生了好奇乃至极大的恐怖，在她的中国游记中重笔写了那里的情景。当看到陈设的人体解剖实物标本，那被剖开的人体腹部，展示内部鲜活的呼吸、消化、生

美丽的松岛

殖器官，令她感到毛骨悚然。那是能随便给人看的吗？居然让那些天真无邪的儿童们任意参观。更为不可思议的是，那些天真无邪的儿童们竟然若无其事地手指着，让大人给讲哪个是哪个。他们不感到可怕，不感到恶心，不感到野蛮，她惊叹不已。她似乎还找到了金发碧眼的同志，好像是一对母女，游记中以惊叫和奔逃来形容她们的反应。她在远离“恐怖”展厅的走廊，拦住刚走出展厅的一对男女，问看了那实物标本有何感想。他们答道，那是科学，没有什么特别的感受。她又逮到一个集体来参观的小学生，问了同样的问题。答曰，我们是学习来的，那是自然嘛，这是自然博物馆嘛。这位女士没有找到她的同感。

如果仅仅这位女士，或几位类似她的“淑女”这样的话，倒也属个别现象。首次要去北京出差的我的日本同事，找出那位女士写的游记中的这一段给我看，并说一定要去看看自然博物馆。后来他们去了，轮到我问他们的感受了，他们虽然没有那位女士那么激烈，但是说确实难受，与那位女士同感。我问他们，你没想着你进的是自然博物馆，那里是自然科学展览吗？想是想了一些，但是看了就觉得那是活的，感觉难受，接着就是“可怕，恶心，野蛮……”一串那篇游记中描述的感受。

我的这些同事，是30岁到60岁、出差旅游去过多国、阅历丰富的四条汉子。这种现象应该不属于个别现象了。任何人在没有任何准备的前提下，看到那逼真的实物标本时，可能都会一惊，会感到不舒服。但是，参观自然科学展览，带着了解自然学习自然的念头，面对的是作为学习对象在进行自然科学教育展物的时候，意识和信念会优于个人的本能感觉，一般都能够以较为平静的心情去对待。外科医生在手术台前，持有坚定的治病救人的原则和信念，面对剖开的腹腔、蠕动着的内脏、喷流着的鲜血，把它们作为工作的对象，就能够以平静的心情去对待。当然，北京自然博物馆的展品，远远没有达到外科医生手术台的程度，仅仅是一般人可以接受的标本而已。

那几位日本人在看到那逼真的实物标本时，应清清楚楚地知道那里是自然科学教育的地方，但是仍然跟着自己的感觉走。也许那时他们脑中浮现的是杀人剖腹的场面、交通事故被害人脑浆迸裂、内脏横流的情景。他们忘了这是什么地方，这个展品是干吗用的，自己到这里干什么来了，原来的念头不翼而飞。或许他们一开始就没有建立这样的意识，或许对“这是什么地方，这个展品是干吗用的，自己到这里干什么来了”这些问题也就是感觉了一下，没有在脑中建立概念。

氛围

在世界商场上，近几十年取得巨大成功的日本人，常常使人们感到困惑的是“决策速度慢”。日本企业在开创一个新的事业时，其决策过程非常繁杂。首先由想出主意的人提出方案，然后再同有关领导商量。这个领导有兴趣，愿意推进这件事，于是就开始了漫长而辛苦的反复曲折的迂回疏通工作。日语词是“根回”（ねまわし），意思可以从字面体会到。尽管这个新工作要由他的部门实施，但他还是得必须征得众多有关部门的理解和同意，有时还得到各个部门去“游说”，召开会议予以阐释，常常短时间内得不到结果，他就得不断往上捅，使劲给周围人灌输，最终可能“工夫不负有心人”。

与日本同样发达的其他多数国家，一个好方案，报到有关负责人那里，该负责人根据新事业的经营理念认为好、认为可行，于是定一个原则，就指令各有关部门行动。各部门根据这个原则，该怎样就怎样，说干就干起来了。日本的决策，多数不是由主要负责人“一锤定音”，多是在各有关的部门充分酝酿疏通、达成共识之后确定下来的。所以，日本少有“拍板”这么一说。日本人不善于应对突如其来的事情，对一个新东西，要花时间去与大家共同感受这个新东西是怎么回事，逐渐在头脑中建立概念，有关人员都了解或理解了，达成了共识，形成一个大家“一致同意”的推动这个事业的气氛以及氛围趋势之后，才开始动作。也曾有人认为日本企业的动作反应异常迅速，那是在企业内部调整已经完成，相关人员均已经首肯，推动那个项目的气氛已经形成之后。

通过集团内部的广泛疏通，花时间进行“模糊决策”，是日本集团决策过程的主流。他们对事情的原则和理念并没有多大关心，他们深知这些精神条文远不如集体的共同感觉及互相配合重要，只要有了大家均首肯的环境，那就等于这样的模糊决策完成了，也就等于新事业已经成功了一半。一旦通过模糊决策达成共识，在所有相关人物当中形成一个朝着共同目标进发的氛围和趋势，那将是一股不可低估的力量。他们不再东张西望，将一心一意、密切配合，高效率地达成其目标。日本人在决策时花大量时间，效率低下，但是决定后，几乎没有什么反复而能高效地实施。这时，真正驱动他们的主要不是这个目标的原则和理念等之类“虚无”的东西，而是在他们之间存在的共同命运的感觉而产生的互相依存和信赖，为了共同目标

街头酒馆

互相感觉的意图和倾向，逐渐形成的某种氛围。他们很少用原则和理念等再去审视他们的目标，事实上那个所谓的目标根本就是模糊的，实际上是各人都有那么一种感觉，有那么一种劲头，众人之间有那么一种空气，形成了这些人的整体趋向。这就等于达成了共识，然后谁也不去怀疑大家共识了的东西，只有随着这个空气（氛围趋势），跟着感觉、跟着众人，往前拱就是了。在这样的集团中，有谁言行反应有偏差，就会被认为读不懂空气，将被集团排斥。

日本作家渡边一雄博士曾说：“我们有政策，但是没有原则。”一般来说，按照日本人的观念，目的就是原则。日本不像同是非信教国家的中国那样，有从两千多年前开始一直延续贯穿至今作为中华民族及其形成国家的伦理道德标准、统治理论、人生哲学的儒学学说。也没有像欧美国家那样，有一直普遍信奉的基督教，一本读了近两千年的《圣经》，作为人们的精神支柱。更没有像穆斯林各国那样，有与上述两者年代差不多悠久的、始终被严守着的严格的伊斯兰教规。日本人所有的是日本土生土长的神话般的天皇精神以及祭祀天神崇拜天皇而无任何教义的神道教。神道没有系统的理念、没有教义，没有教人应当怎样或不应当怎样。虽然儒学（日本称之为儒教）曾经对日本产生过重要的影响，其部分理论成为日本的部分治国之本和做人的准则，但多为实用性的引用，适当地填补了日本政治统治理论和伦理道德方面的空白，并没有帮助日本人建立原则意识。

任何人类群体都需要某种精神上的东西来自控、管理、协调和统合，世界上多数民族都会利用人的思维活动创造和发展起来的人文思想、道德伦理、宗教教义和社会哲学等，这些人类精神之升华又是区别人类与动物的分水岭，还是作为一族人类群体精神文明程度的重要标志。日本人作为一族，没有形成完全属于自己的思想体系和精神文明，也没有比较彻底地加入某个思想体系和精神文明圈。虽然利用过并受影响于儒学和佛教，但是儒学和佛教终究没有成为“日本精神”或“日本思想”。而日本则树立起一个“神”一般的天皇，用一个信奉天神崇拜天皇而无教义的神道教，来代替思想、伦理、教义和哲学，作为日本的精神文明。日本的精神文明没有思想、伦理、教义和哲学，是一个在“神人”天皇的象征和统合之下，“八百万神”和仪式的、众人凑感觉、酿气氛，该做什么不该做什么都跟着大伙的感觉走、随着形成的氛围趋势浮动的精神文明。日本著名作家司马辽太郎对日本的无理论非原则之特征大加赞赏，认为如此乃日本人之大幸，日本国之厚福。

日本人最危险、最没有保证的就是他们的氛围或者说是空气。这个随着感觉大家一哄而上，形成起来就不断高涨、行动起来就不顾一切的群体气氛趋势，和平时是“和平呆傻”，干起活来像机器人，战争时就是绝对的野兽。如何能让世人放心呢?

国际上有这样一个笑话：“在国际会议上的至难之事，是如何让印度人闭嘴，如何让日本人张嘴。”印度人一张嘴就说起来没完没了，而日本人总是嘴巴紧闭一言不发。前者在国际问题上持有独自的观点，申述己见、评驳他论而滔滔不绝；后者往往没有自己的明确观点，或者有也不知如何表达，王顾左右跟强国随大流。有这样一个巧合，日本东京大学教授中根千枝在论述日本社会集团特征的著作《纵向社会的人际关系》中，也认为印度和日本的社会是较为极端的例子："由一定的个人构成社会集团的关键因素，极端抽象地分析的话，可以设定两个不同的原理——资格和场。也就是集团构成的第一条件，是构成集团的个人所具备'资格'的共通性和'场'的共有东西。在这点上，最为极端地形成对照的是印度和日本的社会。日本人的集团意识异常地被置于'场'，而印度人正相反，是置于'资格'……在这个意思上，中国与欧洲等的各个社会，不管哪边，都不那么极端，处于中间地位。"

这个"资格"是理论性的范畴，个性、概念、信念、原则。"场"大概是个物理概念，即空间距离。所谓集团意识"置于'资格'"，是以思想、概念、信念、原则来作为维持集团的纽带，众人以思想等的一致或相近而结成集团。所谓集团意识"置于'场'"，就是以空间距离、生活习惯等来作为维持集团的纽带，感受到距离（有共通性）近的人们，通过物理距离的感受再去体验理论认识上的感受，拉近思想的距离而达成某种一致。在"资格"为主的情况下，人人多追求所谓"志同道合"，清楚的表达，清晰的思路，明确的观念，坚定的原则，与他人交流而找到"知音"，从而结成伙伴以至集团，找到个人依赖集体的安全感受，以及同路人的集团的协同发展和追求。在"场"为主的情况下，人人多追求所谓自然的共通点，相同的习惯，类似的外表，同样的处境，同质的感觉，而感受到命运的一致，依存于伙伴以至集团所带来的安全感受。他们之间往往是暧昧的表达、模糊的思路、不明的观念，并不需要什么信念原则或共同爱好，通过互相感受形成众人都理解的氛围倾向，随着其倾向和趋势，进行同类人的集团的协同发展和追求。

9. 职人气质

“像日本男人那样拘泥于小物件的男人们，地球上应该是没有吧。”

日本著名国际记者、著名作家千叶敦子是这样形容的。她对比了欧美男人和日本男人，在采访企业要职的时候，发现欧美人多用在满大街头都是、在公司的文具库房里领得着的普通圆珠笔，一般少有对文具等小物件显示特殊的关心。可是日本人普遍胸前插一枝价值几十或几百美元的钢笔，包括墨水都要高级的，要德国造、美国造。

从文具开始，一系列的随身物品，日程手册、月票夹子、名片盒子、领带夹以及腰带、钱包、手表，追求精美昂贵的日本男人出奇地多。她这样写道：“女人，不论是日本人还是外国人，都对细微之处显示出特别的关心，这个特征不是日本女性特有的。日本男人就与外国男人不同。日本男人中，对世界政治局势将如何发展表示关心的人，和对拥有时髦精美小物品表示兴趣之人，相比之下后者要多得多，这是难以辨疑的事实。日本男人喜好小物件之癖，正是他们拘泥于细微之物的表现。”

千叶敦子还道：“不过，拘泥细微之处的癖性，正是日本人的优点强项。日本造的汽车也好，电器、手表、照相机也好，在世界市场上得到如此的信誉，是由于彻底地进行了质量管理。对神经可以够得着的细微之处，才是日本产品的强点。外国人总是厌恶并恐惧日本人这样的‘一丝不苟’(meticulousness)，这个不好也不坏的癖性，就是日本式的特征。”

日本在经济上取得巨大成功，日本制造的产品泛滥全世界。电视技术不是日本发明的，录音技术也不是日本发明的，但是，日本的电视和录音机等电器称霸全球，使得发明这些技术的国家——美国的这方面产业濒于灭亡。日本经济的发迹，有三个重要的内在因素。一个是日本人的集团精神、命运共同体的意识；一个是日本人自然感性导致的对外部新事物的敏感与好奇；一个就是日本人的职人（工匠）气质。

在日本被称作“财神”的华人投资家兼作家邱永汉在《日本人在亚洲的蚊帐之外》一书中这样写道：“日本人做东西向世界卖，以此而能够在世界上得到人气，我们知道，那些东西不是靠交际交流卖出去的。日本人向世界推销 Made in Japan 取得成功，不是因为日本人是有才能的推销员，而是因为日本做的商品优质。总之，日本人是向世界推销他们作为职人（工匠）的功夫技能，而成为大富户的。”

所谓日本的职人（工匠）气质，主要表现在两个方面：一个是细致，对事物细微之处的敏感和关心；一个是对技能（工具、武器、专业资格等）的信奉与崇拜。

工匠这个称呼，指的是做工活的手艺人。在欧洲，中世纪

人偶

到近代的工匠是十分有名的。他们做的金属器皿和工艺品，做的钟表及一些手工机械，都达到了极高水平，直到如今仍然是令人惊叹的手艺精品。在中国，工艺品中的玉石雕刻、象牙雕刻，鼻烟壶的内画，在芝麻上写上多少字，这些细工也一直是世界首屈一指的。那些工匠对他们用手加工的东西，需要有对细微之处的敏感，有要把这东西做到足够满意为止的执着。他们需要集中所有精力，不受外界干扰，手不颤抖地进行细微加工。

日本在传统工艺品方面，没有像欧洲和中国传统工艺品那样广为人知。可是，日本的漆器、陶瓷器、日本画等的精美和细致在世界上也是首屈一指的。只是由于日本历史上长期锁国，对外交流不畅，没有把其特有的工艺精品推出国门。另外，日本文明发展的滞后，被先于它发展起来并且覆盖它的中国文明给淹没了。直到近现代以来的工业时代，日本人的这个特征才显露头角。

对遗传因素的研究，发现了对应神经细微程度的遗传因素。日本人这方面的遗传因素含有百分之九十几，相比之下，美国白人同样的遗传因素只有百分之六十几。日本人从哪方面来看，都是对事物的细微之处有很强的灵敏度以及显示出很关心的人。如同眼睛小但聚光之特征，日本人对物的细微之处的敏感和兴趣是超常的。在看得见摸得着的事物上，很多别人觉得大概齐、差不多就行了的事物上，他们要细致地追究到底。而且他们能够做得精益求精、一丝不苟，有一股锲而不舍的冲动，尽一切可能，把事情做到使自己满意为止。

日本人普遍对与自己没有直接关系的事物很少关心，对身边的、与自己息息相关的事物倾注超常的注意力和精力。人的精力有限，如果时时去关心什么国际局势那样的与个人毫不相干的事情，必然占去一部分精力。从实用角度讲就是一种浪费，必然影响对一些周围细微事物的注意和关心。

在注意力和精力的倾注方向上，日本人具备明显的内向特征。这一特征在实用的事物以及物品的加工上，充分地显示出来。在搜集情报方面，日本人的细致与精明不得不令人钦佩。中国在 20 世纪 50 年代末开发了大庆油田，日本人根据一张王进喜的照片，就分析出大庆油田的准确地点。根据照片上王进喜身着厚实的棉装，断定是在零下多少度的寒冷地区；根据王进喜操作大型钻井机械，而断定离铁路不远，如此等等终于找到了大庆油田在黑龙江省的准确地点。在产品的制造方面，日本人的细致与精明更是令人咋舌。索尼公司借用引进的录音技术，开发出了盒式录音磁带，精巧便用，又推出了“随身听”的便携录音机，泛滥于世界各市场；日本生产的汽车小巧耐用、省空间省汽油，大受世人欢迎。这样的例子不胜枚举。

日本人的工匠气质的另一个表现是对技能和武器的信奉与崇拜。我们都知道，在进行侵略战争的时候，日本军官耀武扬威地挥舞战刀，致使多少人头落地。随着战刀的指向，日军一次次冲锋陷阵。战刀不仅是武器，持有者还像爱护自己的灵魂和孩子一样，供奉着它，保护着它。日本人对刀的挚爱，从武士的出现开始已有千年的历史。刀代表着作为武士的身份，并且还代表着武士的灵魂。

日本高山研究所所长原真在1983年1月14日发表于《每日新闻》上的题为《登山镐和日本刀》一文中写道："就像刀乃武士之魂一样，登山镐乃登山家之魂。在日本登山家当中，这是常挂口边的语言。外国的登山家们从来不说这话。恐怕绝对是杀人工具的刀，能作为持有主人的魂来被崇拜和供奉起来的风俗在外国是没有的。"

对日本人来讲，从事作业所用的工具或者武器，是他们的生存手段。他们以此来维持生活，来实现自己的人生价值，来向周围人宣示自己的存在。因此，他们的工具和武器还是他们的骄傲和精神寄托。武士用刀，就把刀当作灵魂，登山家用登山镐，就把登山镐当作灵魂。

日本历史上有一个著名的剑客，名叫宫本武藏。宫本武藏自幼好剑习剑，13岁时与其他剑法流派的著名剑客有马喜兵卫交手，取得了胜利。从此一发不可收拾，直到近30岁云游四方同各地的善剑武士剑谈60次，无一落败。宫本武藏欲报杀父之仇，在岩流岛海滩上与仇家佐佐木小次郎的决斗，成为日本民间历史上的美谈。武藏由东向西，小次郎由西向东，各向仲裁人施礼，面对祭坛上盛有盐粥的土缸，将决死交杯酒一饮而尽。武藏以长短双刀构天地，小次郎持三尺光刀置方圆，一阵海风兜起黄沙迷漫。小次郎一个燕子翻身，使出剑客的看家本领，但只划破了武藏的和服裙裤；宫本武藏返手，小次郎从肩到胸被一刀劈开。宫本武藏不仅擅长剑术，而且兴趣广泛，书法绘画、雕刻细工也是他求道的对象。他画的达摩图和雁行绘，以及山水、花鸟、人物等作品，据说大大超越了业余爱好的水平。宫本武藏受到日本民间的崇拜，宫本武藏的事迹成传说、成故事、成戏剧脍炙人口。

宫本武藏像

中国人崇拜关云长，是因为他的义气，因为他对桃园三结义誓言的执着，身在曹营心在汉，千里走单骑护兄嫂寻兄长不惜冒枪林剑雨。日本人崇尚宫本武藏，是因为他有超常的刀剑功夫和技能，打遍天下无敌手，他以他的技能成为英雄。日本人并不认为当官有权就伟大，日本社会不是一个官本位的社会。用司马辽太郎的话来讲，日本的达官贵人行到何处，未必能引起当地百姓的轰动，可是宫本武藏出现在哪里，高叫宫本武藏来也，百姓们就会簇拥在道路两旁，会奔走相告倾巷而出，争先恐后地瞻仰这一身怀绝技而名扬天下之人之尊容。对日本人来讲，掌握一门技能是至关重要的。武士要有优良的剑术技能，工匠要有精巧的手工技能，农民要有良好的种田技能，一门绝技胜家财万贯。

进入近现代工业社会，日本人对技能的崇拜和追求有了进一步的发展。从19世纪开始，日本为追赶欧美工业强国，拼命地引进学习技术。生产现场的技术人员及工人，孜孜不倦地掌握和熟练生产技能，把东西做得又快又好。这些现代的工匠们，如同他们的祖辈，对知识技能有一种强烈的依赖和崇拜的心理。他们不想，也许从未想过要走什么别的捷径以图更好的前程。他们一声不响地在需要他们的地方，精炼他们的技能，并利用这些技能在所在的集团中得到承认和尊重，实现他们的人生价值。从通过辛勤努力而带来的精美产品的畅销，使所在集团（企业）得到发展，来体验成功的快感，来感受个人生存的意义。这些人可以说是支撑日本发展、为日本创造价值的栋梁。

工匠在世界各地都有，但是多数国家一般只有工匠才具备那种对物质精益求精的工匠意识和执着。而在日本人中却是一种比较普遍的现象，使得他们做东西做得细致、精美、耐用，做得轻、小、薄。他们就是以此取得了经济上的巨大成功。

10. 外国人和日本人

内外有别

奥地利的旅游列车失火了，连续多少天，日本的新闻里全是这方面的报道，据说死了10名日本人。无论在哪里，不管是在日本还是在国外，发生了像飞机坠毁、列车出轨那样较大的事故或者恐怖事件，日本的电视新闻总要播放，首先关心的是日本人有没有死伤。若有，便开始了热烈的报道，从事故情况、死伤程度、救护措施、人名确认、家属的心情和表情等，第一报、第二报、第三报……连续数天。如果日本人没有死伤，不管他国人有无死伤，有关报道便立即消失了。如此关心本国人的安否，可见日本人对自己人的关心和上心。

就日本人与外国人而言，报道的程度和规模的差距之大，令人吃惊。使人觉得，日本人在关心“人”的时候，只有“日本”的“人”才值得关心，而且是大大地关心，那些非日本人是不值得关心的。在“人”字的前面，有没有“日本”二字，对日本人来讲是非常重要的。刚来日本时，还有些奇怪和吃惊，时间一长，这样的事情就司空见惯了。甚至觉得中国的新闻报道也应该这样，把自己人放到首位。

1999年以前到日本长期居住的外国人都有过经验，在领取外国人登录证的时候，被强制性地要求按手印。在如同信用卡的“外国人登录证明书”上，左端是照片，右端是左手食指指纹一比一大小的复印件。在日本地方政府机构外国人登录的柜台前，对第一次来登录的外国人，公务员小姐或男士拿出特制的油墨和指纹留取板，异常礼貌地请你用左手食指蘸上油墨，按规范按在板上。如果一次没按好，达不到规定要求的话，他们会道一声抱歉，请你再按一次。完成后，给你一张擦手纸，以慰辛劳。

日本法律规定外国人出门必须携带“外国人登录证明书”，外国人必须随时准备无条件接受日本警方核查，包括照片和指纹。但是，对日本人就没有进行这一屈辱性的类似对付罪犯的安全措施。虽然留取指纹的时候你没有犯罪，但要贮备着将来犯罪时容易控你、查你、抓你的依据。如果拒绝按手印的话，那你就犯罪了，或者驱逐出境，或者抓你、判你，关你若干年月，给予严重处罚。有些血气方刚的外国人拒绝按手印，“以身试法”之例不胜枚举。

要求没有犯罪的外国人按手印，这一在世界上稍微尊重人权、精神文明有所进步的国家早已停止的预防犯罪的措施，在日本这个物质文明超度发达的国家，仍大行其道。直到1999年，由于外国人的强烈反对，在内外舆论的压力之下，才对在日长期居住的外国人“开恩”，免取指纹。在日外国人指纹登录制度一直被认为是日本歧视在日外国人的别出新裁。外国人指纹登录法定于1952年4月28日，1993年的改正案只废除了在日韩国人、朝鲜人和永住者的指纹登录。1999年3月4日，日本法务省提出指纹登录制度废除改正案，5月21日参议院审核通过，8月13日众议院审核通过，改正案成立。至此这一持续了47年之久的具有歧视性的法律终于被画上了句号。但是随着“9·11”之后美国严苛的安保措施，日本本来就极其不情愿废止的一些律条立即恢复，原来是单手指后来是双手指留手印。只有外国人按，日本人不按。

日本人是世界上最挑剔的消费者（众多日本人自诩），侍候如此挑剔的消费者，日本的产业和服务业等练就了一身高质量的本领和无微不至的工夫。在日本，能够感觉到各方面都非常方便。有时感觉就像是在温室里，不由得使人感觉舒适，而

又觉得有些多余。《日本经济新闻》(1999 年 9 月 29 日) 登载了一篇杂文:

从海外旅行归来到达成田机场，让人想起“啊，回到日本啦”的是，行走在候机楼的自动甬道上，听到那每次都感到熟悉的声音的时候，那用日语和英语反复播放的内容是:“马上就到自动甬道终点了，请注意脚下安全。”这在任何外国的机场是听不到的。

在外国的火车站，时间一到，不给任何通知，车就启动出发的情况并不稀奇，使人觉得日本的公共设施和交通机构是否有些“亲切过剩”呢？在日本上班时乘公交车，启动发车总是伴随着一个女子的声音开始的:“驾驶时我们会十分小心，但是有时有不得不急刹车的情况，请站立的各位，抓好扶手。”对那些在公交车上打电话的人，提醒注意尽量不要使用，因为会给周围人添麻烦，还提请顾客要保持车内清洁……哪句话都说得挺对，没什么脾气。但这些都是必要的信息吗？不由得想扭扭脖子。在海外常驻的同事倒有些担心，日本社会特有的这样的信息泛滥的结果，真正能够得到重要的信息吗？这种担心对还是不对姑且不论，当今，提倡个人责任重要性的时候，那些“把手伸到你不痒痒的地方替你抓挠”的琐碎的“请注意”是不是应该考虑下岗了。

日本人的肠子长

好像日本存在只有日本人才能够理解的日本固有文化，而且这个文化特殊于其他民族的文化的意识。在精神上，日本有“日本精神”“大和魂”“日本自古以来的常规惯例”“日本式的人际关系”等等。只有在日本土生土长的日本人才能够运用和理解。日本人有自己特有的沟通方式，往往意会胜于言传，不用那些让人难于启齿的“是”或“不”之类斩钉截铁的语言，当然就引不起对方的强烈感触和明显回应，更不必看对方异常的表情而使自己尴尬不知所措。人人表面上都一团和气，以礼相待，常常想事情时不约而同，做事情时配合默契，互相依存互相信赖，有福同享有难同当。日本人集团协调性好，所以适合大批量规格化工业生产，于是经济得以腾飞；所以日本的犯罪率低，安全程度世界屈指可数，日本国民安居乐业；所以多数日本人只善于面对日本人，在与异族人接触的时候不知所措，或点头哈腰（对欧美人），或傲慢张狂（对穷国人），或一言不发。

他们认为世界上日本人最为勤劳。正是由于日本人勤劳，所以成了经济大国，而使得人们对劳动抱有幻想般的快感，并促使那些“猛烈社员”中邪般地干活，以至于背上“经济动物”的名称。认为日本人与外国人整个不一样的那些日本人，发愁如何才能与外国人进行沟通，而去请教这个专家那个专家。专家们呢，就说美国人是这样的，法国人是那样的，于是我们日本人应该怎样，又是研讨讲演，又是著书立说，形成一个不小的市场。他们坚定地“内外有别”，把外国人称作“外人”，这是日本人最常用的对外国人的说法。“外人”一般是指金发碧眼或肤色不同的人，即特指那些欧美白人和黑人。那些与日本人同样肤色、面容相近的外国人，以及那些长期在国外回来后带有外国气息、做不到与日本人心领神会的日本人，虽然不称之为“外人”，同样被当作“外人”看待。日本人对外人，以礼相待、敬而远之。

对外，日本人常常强调自己的特殊性。这样做有相当的实用意义。日本政府和企业以文化相对主义这一意识形态的武器，一方面对有不同文化的对方，宣称日本有与别国完全不同的习惯等，要求别国给予理解和照顾；另一方面，精打细算，打着自己的小算盘。

当需要劳动力的时候，如“二战”中，从朝鲜和中国强拉大批廉价或无价劳工到日本，足用酷使。当印度支那难民大量流出，各国商量分担接收时，日本则强调“日本是特殊的单一民族社会，没有接受异民族的传统”而拒绝接收。

多年前联合国派维持和平部队到柬埔寨的时候，日本派兵参加，架桥修路帮助当地恢复交通设施。当时柬埔寨尚有内战，随时都有伤亡的危险。日本人的生命比什么都重要，日本生怕日军战后头次出征就有人献出宝贵的生命，因而不顾脸面、不顾大局，硬选强要最安全的地方，以至成为联合国与柬埔寨当局安排部署的烦恼、事后世人茶余饭后笑谈的话题。

日本的产品在打入世界市场时，从来不说别国的什么什么特殊，而不适于日本产品销售和使用，钻一切空子把东西卖出去。当需要保护自己的市场利益的时候，这个不同就达到令人难以置信的程度。在一个有关日本建筑市场开放的问题上，要阻止外国企业进入，竟然说“日本的土特别”（因此，外国企业在这里难于开展建筑业务）。

当欧洲的滑雪板企业要到日本推销其产品时，则扬言“日本的雪特别”（所以，欧洲做的滑雪板滑不起来）。要抵制开放牛肉市场时，曾任日本要职的某人在与美国贸易代表谈判时，宣称“日本人的肠子长”（就是说由于日本人的肠子长，难于消化美国产的牛肉，因此不能进口美国的牛肉），最终落下话柄。事后该人多次被美国记者追问、嘲弄而无言以对，搞得狼狈不堪。

日本的很多企业在外国建点，成为跨国企业，但是，雇用的当地人极难晋升到经营管理层。在地处日本的日本企业中工作的外国人更是同样命运。于是说，日本企业如同日本社会，日本社会有不是日本人就不能明白的复杂的习惯，日本人的事只有日本人知道，不是从小就在日本生长的外国人不能适应，以此为正当理由。

如此文明发达的日本社会似乎对醉鬼很宽容。日本的醉鬼特别多，一到周末前夜，在酒馆里趴着的，在路边卧着的，在街道旁晃着的，在拥挤不堪的电车中满脸通红喷吐酒气旁若无人地打盹打嗝打哈欠的，随处可见。有个报道日本警察办案保护社会安全的电视节目中，一个健壮的年轻警察，背着一个烂醉如泥裤子一大片湿且不瘦的女子，喘着粗气嘟囔着“好沉！好沉”，往收容旅馆里送。对酒后失态，也比较宽容。最近日本的某国会议员因酒乱性，调戏妇女，被曝光而被罢官，这种严厉的处置，可谓凤毛麟角。日本男人集体组织的东南亚买女观光，早已经闻名于世；日本女人悄悄地分散着去东南亚购男旅游也于近些年大行其道。据日本通俗杂志形容，日本女人弄得印尼巴厘岛上一度没有失足女而只有三陪男。

典雅的日本料理套餐

日本人在公共场所，尽管有上下班电车罕见的拥挤，有购物、服务、交流等人与人之间的碰撞，但是吵架、打架却极为少见，各个显得温文尔雅，与世无争。日本人特别讲究卫生，日本社会安定，水之纯净高质乃世界第一。日本人一言以蔽之，把这些都解释为“因为日本有特殊的文化”。

日本人才是个人主义？

说日本人集团主义，没有自我。但是，日本社会同样是人类社会，是由具备独立思考能力，在性格、脾气、秉性、需求、欲望等方面都有所不同的个体组成，当然不乏个人主义的各种倾向。日本的有识之士在驳斥“日本人集团主义没有自我”之说时，拿日本同个人主义的欧美比较，说明日本的个人主义倾向，也有毫不逊色的表现，列举了不少实例：

在语言的运用上，英语的“我”只有“I”，而日语有“わたし”（一般的我）、“わたくし”（谦逊的我）、“ぼく”（自称哥们）、“おれ”（自称老子）、“わし”（老人用），至少达五种之多。英语的“你”只有“you”，而日语有“きでん”（尊敬语）、“あなた”（稍敬语）、“きみ”（不敬语）、“おまえ”（鄙称）等。这么说日本在有关个人的分类意识上，比欧美要发达，更深地区别复杂的自我概念和个性差异。

在体育运动直接接触交手对抗性的竞技方面，日本传统的竞技项目相扑、柔道、剑道等，都是一对一的，几乎没有集体项目。而西方的竞技项目，除击剑、摔跤等一对一项目之外，更受欢迎的是足球、篮球、橄榄球、棒球、冰球等，均是集体项目。在对抗性竞技方面日本不是更加个人化吗？

日本人对“私物”所示的关心，很多都在西方人之上。在家宅的构造上，日本的家宅入门之处有一块小的空间叫作“玄关”。在那里要脱鞋，之后上台阶才能进入室内，以保持家中清洁、内外有别。而西方的家宅没有“玄关”，进门穿着“土足”（日本对外出用鞋的说法）径直入室。在用餐的器具上，日本家庭习惯也是个人性的，这是妈妈的筷子，那是爸爸的饭碗，餐具的用主分得很清楚。西方家庭的叉子、刀子、勺子是大家共有通用的，不分哪个是谁专用的。

在上厕所的习惯上，西方式厕所的便器是坐式，同一个马桶垫板承担众人的臀部，不分男女老幼，臀部通过马桶垫板间接接触。日本式厕所的便器是蹲式，除了双脚触地之外，没有其他接触。怪不得不少日本人说西方式厕所“恶心”，以至于东京成田国际机场装备坐式马桶的公共厕所里，除了备有卫生纸以外，还备有一次性坐式马桶垫板纸罩，用以避免可能令人不愉快的臀部间接接触。

在宗教信仰供神方面，许多日本人家中都有神坛或佛坛，供奉神佛时多数是在家进行的一对一的个人行动。而西方人则是到教堂去，集体面对神灵祈祷、听牧师说教、齐唱赞美歌。日本人一个人能够毫不在乎地面对众多的各种神佛，而西方人则一个人无法面对即使是单一的神，而是众人一起同时面对那个单一的神。

在日本书店里的一般生活的书架上，大多数是书法、园艺、钓鱼、照相、木工、刺绣、料理等单个人能够享受的兴趣书籍，还有就是围棋、将棋、高尔夫、柔道、空手道等一对一竞争的以如何取胜为内容的读物。而欧美的书店里，多是什么童子军、扶轮社（Rotary club）等社交活动如何进行得更活跃、聚会和午餐会如何找出有趣的话题等的促进集团活动的读物。

说到将棋这一日本独有的棋艺，当吃掉对方的子之后，那个子成为自己的俘虏，还可以把它编入自方的战斗部队，以同样的功能再次上盘使用。而国际象棋被吃掉的子就不能再用了。这说明日本人在个人性上更为实际。

在对裸体的认识上，可以说人类都是比较一致的。日本有“钱汤”，也就是公共浴池，分有“男汤”和“女汤”。即使是在同性浴池，腾腾蒸气当中，日本人走动时，多用毛巾遮住羞处，用心细致，对个人隐私防守到最后一线。而西方人在太阳光下的海滩上，男女混杂在一起，一丝不挂，共享日光浴，打排球打网球，全然不顾个人隐私为何物。

在聚会的时候，日本人普遍能拿出自己的拿手节目，或说上几句，或展示歌喉。卡拉ＯＫ，这一从日本发明、走红世界、舒胸引吭表现个人的娱乐方式，日本人几乎个个拿手。这一在众人面前充分表现自己、发挥个性以完成自我体现的方式，却成了西方吃惊的原因。在日本的西方留学生最为恐惧的事情之一，就是参加这样的聚会。

日本并不是完全像人家说的那样，“以心传心”，口头定约，厌恶明文化。日本有“论理不如证据”的名言。日本人偏爱实证，办什么事情都要有称作“书类”的书面资料，到政府机构办个人事情常常听到“请提供书面资料”的要求。

日本的企业中，有“廪议”制度，申请经费时一定要写“廪议书”，要写明目的、用途、数量、根据等。还有一串方格空栏，是申请人、上司、上司的上司等从申请到批准的所有人盖章留证的地方。日本人偏好印章，几乎每个人包括中小学生，都有个人专用的印章。怪不得日本人成了中国印石篆刻的最大市场。日本还有印章登录制度，没在政府登录的印章不具备法律效用。

日本有非常准时的公共交通系统，每个公交车站或电车站，都有来车时刻表。日本人也都人人持有所乘车的时刻表，一丝不苟地参照书面根据，按时行动。一旦某电车有什么原因晚点了的话，车站就发放晚点证明书，迟到者向上司提供此证明，作为正当理由。这么说日本人并不是暧昧，并不是无目的情绪型的，而是清楚、规范、死认真的。

都说日本人以集团行动，常常以日本人好集团旅游为例，可是欧美的集团旅游也不少。日本人旅游团最显著的特征是，领队或导游手持小旗为明显标志，招呼本团游客向东向西。团员们头顶统一的帽子，佩戴同样的胸章，这不是证明日本人自发性的集团凝聚力差吗？因而不得不依靠各种标志来把散漫的游客们聚集起来，以免哪个走丢失散。事实上，集团旅游说明不了什么集团性的问题，因为集团旅游可使费用大大降低，参加集团旅游可以减少开销，不管哪国人，谁抗得过节省金钱的诱惑呢？任何人都把自己的利益争取到最大，把损失缩减到最小。为什么仅揪住日本的集团行动不放呢？

以与众不同为耻

《菊与刀》一书中比较了欧美和日本，认为欧美是“罪”的文化，日本是“耻”的文化。虽然不能对内容浩繁的某一民族的文化一言以蔽之，但是通俗易懂地说明了某种有代表性的特征。好像这样的区别与精神信仰、意识形态有关。

欧美“罪”的文化是建立在信教的基础之上的。在他们的心中有一个固定的神——基督，一本《圣经》包含了他们的人生哲理、为人准则、道德规范、好坏善恶。他们经常去教堂听讲经，唱圣歌，单独找神甫进行忏悔，并聆听教诲。基督教信徒们认为，违背《圣经》教义是“罪过”，死后将下地狱而永世不得翻身。他们怕有“罪过”，怕死后下地狱，时常忏悔自己。从理论上讲，他们在待人接物、采取行动的时候，“罪过”的念头常备于心中，按照《圣经》教义指导自己的行动。他们时时刻刻胸怀能使他们上天堂也能使他们下地狱的上帝。

而日本人没有那样的宗教，日本人普遍不信教。在日本曾经有过重要影响的佛教也只是部分人为了寻找一时的精神寄托，到寺庙去参拜一下，听一听根本就听不懂的和尚念经；在亲属去世时请和尚来超度一下灵魂，多数情况不过是流于形式的信教。连那些佛教的司教人员——大师和尚们也违反佛教的基本传统，喝酒吃肉，娶妻生子，广踏红尘。

在日本曾经有过更重要影响的儒教，作为人生哲理、为人准则、道德规范、好坏善恶的基准，一度成为统治阶层治理国家的指导思想，曾经相当地深入人心。但是日本人仅仅一知半解地理解，实用主义地利用，何况所谓儒教本身就不是宗教。日本有土生土长的神道教，信奉天照大神、八百万众神和天皇，但是，神道教只有神话传说，没有严格统一的教义，只被用来唤起日本人忠诚献身于“神国日本”之心，百姓们求拜天神以祈生子、升学、升薪、升官、生活幸福。

那离现实甚远的佛，一知半解并实用化了的儒，无精神内容的神道，对日本人起不了刻骨铭心的对天堂地狱的向往和恐惧的作用。日本人的人生哲理、为人准则、道德规范、好坏善恶是由现实中的人来感觉的。在行动的时候，什么该做什么不该做，做得好还是坏、是善还是恶，是由现实中人的感觉来评价的。日本人所介意的是周围人对自己怎么看，恐惧的是在周围人心目中自己的形象是否“寒酸”和“羞耻”，要争自己的“面子”，不能在他人面前丢“面子”。也许《菊与刀》的作者因此而说日本文化是“耻”的文化。

中国人和日本人有很多不同，但是在“耻”的问题上，好像多少有些类似之处。中国人也介意周围人对自己怎么看，在周围人心目中自己的形象是否“寒酸”，极其重视“面子”。中国人重“面子”，追求在自己关心的事情上不比别人差而要比别人强。例如，在上学时，努力争取有个好成绩，与其他同学竞争，一定要比别人好的意识非常强烈。在街头、公交车上等公共场所，因琐事发生争执，争执的双方谁也不让谁，在众目睽睽之下对骂声一浪高过一浪，哪个也不想栽给对方，不想在众人面前丢面子。邻居张三家买了电视，李四家置了冰箱，我王五不能太寒碜，节衣缩食也得买上台洗衣机。中国人追求自己不比别人差的同时，更关心发挥自己独特的东西。

而日本人在“耻”和“面子”上的意识不同，他们在追求自己不比别人差的同时，更关心自己做出来的事情不能与别人不一样，不管是好还是坏，是强还是弱。在公共场所，尤其是在日本独特的拥挤不堪的通勤电车上，磕磕碰碰的事情随时都在发生，发生争执应当是自然的，却争执极少；一旦发生争执，尽量息事宁人，被人看到自己那样激烈辩争的形象是一种

“羞耻”，因为大家都不那样。在学校里，学生之间努力拼成绩比高低的情形极为少见。因为成绩太好了，就突出了，就与大家不一样了。与众不同为“耻”，与众不同而被众人注目更为“耻”。

自然的忠诚

明治十七年的时候，日本请了一位德国的军事教官，由他来帮助日本建立德国式的参谋部系统。他以日本古代一次叫“关原之战”的战役作为战例，来进行如何进行参谋作业的现场教学。当他听了双方的布阵等情况，做出结论：“石田方胜。”当然这位德国教官对日本历史一窍不通。在场的日本人告诉他：“不，事实是石田方败了。”“能有那种事吗？从双方的布阵等情况来看，石田方是胜势，应该石田方胜。”“不对，实际是石田方败了。”“那到底是怎么回事？”德国教官迷惑不解地提了一串问题。表面上是如此如此……背地里也就是在舞台后面是这般这般……在场的日本人向他做了详细的介绍。“噢，是这么回事，那就没法子了。”德国教官总算明白了。原来，在仗打起来之前，暗地里通过疏通、恐吓、密谈、叛

九州佐贺的古堡武士

变、交易等心理、政治以及经济的手段已进行了激烈的遭遇战。这场战役不过是形式罢了。

日本历史上，国内的战争非常之多。战国时代，各诸侯君主为争夺地盘，打得不亦乐乎。可是胜负经常出乎人的预料，不是凭实力和智谋取胜，往往是某一方出现叛徒而导致另一方的胜利。欧洲人的战争，某一方实力强大或布阵得当，就取得了胜利。中国人的战争，某一方利用孙子兵法中的某些招法，战术巧妙，就致敌于死地。而日本，常常在最关键的时刻，由疏通和叛变来决定胜负。日本是同一民族的国家，地方不大，人数也不多，战争也没有多大规模。战争的双方均属一个民族，说同一种语言，都互相有亲戚和朋友。往往某人属于哪一方都无所谓，尽管日本有忠君献身的要求和传统，但是忠哪个君献身给谁，有唯一性，但在情感上这个唯一性又不是不可逾越的。不管怎么说，那都是同一个民族内部的事情。

奇怪的是，对外国，日本好像就没有日奸。在日本历史上，不论是生存于大陆文明的影响之下或“元寇袭来”，还是19 世纪中叶面对西方势不可挡的经济和军事威胁的时候，都极少有某个日本人为个人的利益谋求与外来者合作而损害本国同胞的。别的落后弱小国家如果面临日本那样的危机和灾难的话，其领袖中必会有不少人以牺牲同胞为代价来换取个人的地位，或聚敛巨额的个人财富，但是没有日本人会这样做。日本人中没有吴三桂、汪精卫式的人物，有的是恶贯满盈而受到审判、在服刑之前切腹自杀尽忠天皇的东条英机，有为日本富国强兵侵略扩张呕心沥血而被朝鲜义士安重根击毙于哈尔滨火车站的伊藤博文。这一点一直是日本人的骄傲，也是中国人所钦佩的。

但是世界上不出国奸或族奸的国家和民族不多，其中著名的据说还有犹太人。可是犹太人所不同的是历史上他们几乎没有自己的祖国，没有自己的一块安身的土地。多少年来，他们一直流落他乡，常常受其他民族的欺负。到纳粹德国时期，迫害犹太人达到登峰造极的地步。总算“二战”后，犹太人找到原来曾经居住过的地方建立了以色列国家，却与当地的巴勒斯坦人发生冲突而打打停停几十年。在他们的传统记忆中几乎没有停止过民族冲突，这使得他们没有悠然自在的余地。他们坚信只有依靠本民族的凝聚力才能使本民族生存下去，所以每个人都有对本民族的责任感。但是，也远远不如日本人来得整齐。

出奸的国家可就太多了。“二战”中，被纳粹德国占领过的国家，差不多都有过有规模有组织的国奸，最为著名的也许是法奸。法奸组织了傀儡伪政府、伪军，帮助德军稳定法国，在被占领时期仍保持其浪漫社交的传统，不少法国女人成了德国军人的情妇。以至法国解放后，巴黎等大城市的街头，出现了不少被剃了光头的漂亮妇女，这是法国人民对法奸的一种惩罚。

说日本不出日奸，没有历史验证，因为日本没有被异族侵略统治过，没有足够产生日奸的环境。唯一的一次被侵略，是元朝从海上攻击日本，但是没有成功登陆。唯一的一次被占领，是“二战”后被美军占领统治。在美国的占领统治下，要说日奸那就是一亿日奸，在天皇的投降谕旨下，日本人一夜之间都成了美军的忠实臣民。也有不少日本女人，或应国家号召，或贪图金钱，成了美国大兵的泄欲物。可是她们并没有被民众唾弃，反而还被认为是为国捐躯为国贡献，所以也就没有什么日奸可言。日本的辞典中连“日奸”这个词都没有，倒有一个似乎表达类似意思而相当婉转的汉字词——“非国民”和卖国奴。日本人的超常的民族凝聚力，以及日本人在“二战”中“一亿玉碎”的表现，使得世人觉得“日本不出日奸”。日本人对外族有一种自然的疏远和抗拒。称作日本人的这个圈子，对日本人来讲至关重要。对这个圈子，他们有一种自然自发的忠诚。

叶公好龙

日本的杂志《选择》（1998 年 7 期）说法国总统希拉克访问日本 44 次，喜好日本文化，希望国际会议常在日本开，以便能常到日本来云云，断定希拉克是“狂热的亲日家”。还认为在日本殖民地时代的台湾长大、又到日本上过大学、年轻时代就自认是日本人、后来当了总统仍是半个日本人的李登辉更是大大的“亲日家”。

还是那本《选择》杂志说，美国国防部长切利（后是副总统）在斯坦佛大学当教授时期，接收了来自中国的学生，加深了对中国的理解。1996 年中国试射导弹的所谓台海危机时，若那时的美国国防部长不是切利那样的“知中派”“亲中派”的话，会如何呢？使人毛骨悚然。日本人不仅喜欢给与自己有关的人安上“亲日派”“知日派”或“反日派”的头衔，还以自己的思维方式给别国有关人士安上这类头衔。

日本人在与外国人交往时，总好本能地区分对方是“我方”还是“敌方”，要区别出是“亲日派”“知日派”或“反日派”。如果外国人在日本居住了很长时间，或与日本人结婚，或喜欢日本文化、研究日本的传统，就被当作“亲日派”。而且还把亲日与知日混同起来，认为知日者必亲日。日本人接触人时具有“依存”心，凭感觉去想象，想当然地把与日本友好相处的外国人当作“亲日派”。日本甚至把那些为了本国利益与日本进行友好活动的外交官们称作“亲日派”“偏日派”（日本びいき，偏向日本之意），着实给那些外交官们添了不少麻烦。被作为国家代表与日本又友好又斗争的外交官，被日本称作“亲日派”“偏日派”，那么他们代表祖国进行对日工作的立场哪里去了？对日本文化有过深入研究、视日本为第二故乡、被日本称成“偏日派”、曾任美国太平洋军司令官的政治顾问、驻大阪总领事的齐里扬，代表各国驻日本的被日本称作“亲日派”“偏日派”的外交官们大发牢骚：“我本人研究日本古典文学时间不短了，那顶多是学术上的研究而已，以此为由把我看成是亲日派、偏日派，正经是给我找麻烦。你们记住，知日未必就是亲日，二者不要搞混了。”

日本人虽然喜欢亲日派，但是讨厌日本通的外国人。外国人就是外国人，要有个外国人的相，不管你怎么了解、理解甚至热爱日本，你毕竟或终究是外国人。外国人越装得像日本人，越招日本人讨厌。如果外国人口操并不流利的日语，日本人会夸奖你的日语说得很好，但是说得近乎日本人般流利的话，就要把你当作“怪异外人”。

被日本人当作绝对“亲日派”、把日本古典名著《源氏物语》和《枕草子》翻译成英文介绍给西方世界的英国东方文化学者维利，在日本期间，由于厌恶日本人的排外，回到英国后再也没有来过日本。与日本女人结婚、在东京帝国大学和早稲田大学执教过的日本名为小泉八云的英国人文学家，据说也一生被日本的排外所困扰。

岛国日本

1. 与世隔绝

从地图上可以看得清清楚楚，日本这一形状如狼如蚕的国土，是四面环海的岛国，这是日本的最大特征。现在世界上近200个独立自治的国家地区中，与邻国以海相隔的有39个，而人口1000万以上的岛国，只有日本、菲律宾、澳大利亚、斯里兰卡、古巴等7个。显然，在国土特征上，日本属于少数派。日本人要出国或者外国人要进日本的话，凭着两条腿是不行的，要么就飞，要么就渡。如果从中国到俄罗斯去旅游，是国外旅游，不是海外旅游；仅仅是离开祖国到其他国家去，并没有跨海。对岛国人来讲，只要出国必是“海外”。在岛国生，在岛国长，不能有跨越国境的体验，生长不出国境的观念。只有在乘飞机或乘船出去之前，在设在本国内的模拟“边境关口”办理出境手续，再经过长时间的颠簸，落地上岸，在设在他国内的模拟“边境关口”办理入境手续，以完成跨越国境的过程。

一般按自然划分的国境有四种。第一种是陆地上的国境，根据地形地貌的突出标志，例如以山脉为分水岭划分，然后可能的话用界碑或障碍物来清楚地标示这边是我国，那边是他国。其他三种都是水上的国境。河川国境，多用主航道来划分。一般河川再宽也就数公里，不难分辨。湖泊国境，以陆地国界延长划分，虽然有的湖泊宽阔如海，但有陆地作为参照系，容易定位。海洋国境，如果两国之间没有公海的话，就以中间线来划分。按国际惯例，领海距离为12海里。在两国的海洋中间线上，两边都是一望无际的海浪，两侧更没有任何参照系，你是处在哪国的领海里，哪里是国界，不依靠现代科学仪器，单凭人的肉眼感觉去测定的话，是不得而知的。

日本只有海洋国境，与距离日本最近的韩国之间的最短距离是23海里，那是有重要的国际航道之称的对马海峡。东北面是与俄罗斯交界的千岛群岛，西南面是与中国台湾临近的琉球群岛。离日本近的，或是以海洋国境、或是以公海相隔的只有韩国、俄罗斯和中国这三个国家。作为海洋国家，有相当大的便宜。除了12海里领海之外，还有200海里经济专属之权利。日本的陆地面积只有38万平方公里，是苏联的1/59，但是加上200海里经济专属权，日本的面积一下就增长了约10倍，苏联仅仅是日本的5.5倍。一向被认为国土狭小的日本，海陆加到一起，就成为世界上可数的面积大国了。在太平洋上距离日本本土正南端1700公里处有一个小岛，确切地说是一块礁石，日本称其为“冲之鸟岛”。这块礁石在涨潮时只露出水面30余厘米，落潮时总共才有9.9平方米。它随时都有被淹没的危险，一旦被淹没，日本将失去16万平方海里的海洋权利。日本政府拨款300亿日元，对该岛进行建筑维护，维护工程于1989年末完成。日本保住了这块礁石，就是占据了这块领土及其领海领空，外国船只要从其领海通过必须事先通报，外国飞机要从其领空通过必须得到日本政府的认可。方圆400海里是日本的国家主权或经济权利。那里的渔场是日本的，水下的石油矿藏也是日本的。按照国际海洋公约的规定，这块礁石不算岛屿，不能算作领土，有些国家不承认其为日本领土。于是日本朝野激愤，要在礁石上建立灯塔并要列入世界灯塔名录，还要派驻政府官员，欲以此达到合法化。岛国日本国土虽然狭小，但是通过利用岛屿，扩大“国海”，获取极大的海上资源、利益和权利。

矗立在海中宫岛牌坊

岛国日本没有陆地国境，也没有包括受陆地国境直接影响的河川国境与湖泊国境。在陆地国境的问题上，当事国的双方总有争议，往往引起边境争端甚至全面战争。克什米尔处于印度和巴基斯坦之间，两国为边境、宗教及民族等问题，打来打去几十年，仍没能够安定下来。伊朗和伊拉克之间，大动干戈10年之久，就是因为底格里斯河与幼发拉底河合流注入波斯湾的阿拉伯河的国境划定问题引起的。这场战争耗尽两伊的财力物力。以陆地为边境的国家，饱受边境问题的困扰和折磨，花了不知多少精力、人力和物力。即使在不发生武力冲突时，两国间为边境的划定也不知要费多少周折。而日本与外国没有边境，交界之处全都是海洋，因此没有与外国的土地边境问题，当然日本也没有国土边境冲突以及边境划定的困扰，而只有岛屿归属的争端。

由于有海洋这一天然屏障，日本不大受外来的侵略。从国家安全角度讲，外国不易侵略日本。“岛国是日本的幸福”，历代的日本人普遍持有这样的想法。大多数与别国接壤的国家，都有过边境战争，甚至被别国侵略吞并，因为一方的军队能够轻而易举地跨过国境线侵入对方国家的领土。历史上与具有侵略性的大国接壤的小国，是再悲哀不过的了。夹在俄罗斯和德国之间的波兰就是一个典型的例子，从 1772 年的第一次波兰分割到 1795 年第三次波兰分割，波兰这个国家从地球上消失了。波兰人民经过长期的独立运动，借第一次世界大战的契机再次复活，没过多久又被签订互不侵犯条约的苏德给瓜分了。“二战”后，波兰归属以苏联为首的社会主义阵营，也没能从老大哥苏联手中要回被夺走的领土。接壤的两国一般都要为保卫自己的国土煞费苦心，往往要在国境上设重兵把守。

我国的万里长城，就是为了抵御来自北方的侵略，从秦始皇到明朝，不断地加固延伸修造了近 2000 年，花费了多少人力物力。现在孟姜女哭倒长城的故事仍脍炙人口，如今那里倒成了世界的一大奇观、世人向往的旅游胜地。被拆除的柏林墙，就是最具象征性的东西德的边境。1390 公里的边境线上设有铁丝网等障碍物，埋设有无数的地雷，还有多少乌黑的枪口指向对方。韩朝之间的“三八线”上，双方陈兵百万威严对峙在 4 公里宽、248 公里长的无人缓冲区两边。那里没有人烟，致使那里的自然环境被保护得出奇的好，成了野生动物的乐园，以至于韩国有人提议申请世界遗产。

岛国与其他民族和国家之间有海相隔，要想踏上岛国的国土，首先必须越过海洋这一关。同是与大陆以海相隔的英国，与欧洲大陆最近的多佛尔海峡的宽度，是日本与亚洲大陆之间的 1／3，只有 32 公里，是水性好的人游泳都有可能过得去的距离。由于隔海距离的不同，英国也时常受到来自欧洲大陆的侵略，不像日本那样防守起来那么轻松。不过，英国毕竟比德国、法国等大陆国家要好得多，拿破仑和希特勒虽然横扫了欧洲，但终究没有登上英国的国土。古巴与美国对抗几十年，至今仍未被美国拿下。海洋屏障

浮世绘：仕女

的作用显而易见。

岛国的特征，带来一个重要的结果，即相对的与世隔绝。不宽不窄的对马海峡，既是屏障又是通道，使得日本与大陆之间呈和平交流不难、武力进攻不易的状态。日本小渊内阁时期的经济企画厅厅长（土界）屋太一对日本的地理情况有这样一段形容："形成日本国土的四个岛屿，与其他国家有一个不窄的海洋相隔。因此，大量的人群以集团组织性的、以军事和政治为目的的渡海是非常困难的，但是这片海也并不是宽到渡不过去的程度，即使是使用古代的航海技术。结果，日本列岛具备着军事和政治上的孤立性，同时文化方面的交流自古以来就存在了。幸运的是，在这不窄而又不太宽的海洋对岸的朝鲜半岛和中国大陆，是人类文明史上最早开化的先进地域之一。要说与日本有相似的距离与大陆相隔的国家，可举出古巴和马达加斯加这两个国家。但是，列举的这两个国家的对岸，美洲大陆和非洲大陆，那里的古代文明没有怎么发展，因此，也就没有传过去什么文化。这个意义是，使大量军队难于跨越程度的相隔，而又能使文化传得过来的程度的相近，这样的日本的地理位置，可以说是世界唯一的。"（《创造日本的十二个人》第11页）

早在公元前300年到200年的时候，日本通过这不远不近的海洋开始接触大陆文明。带有农耕技术和文化的人类登上了日本列岛，使得岛上的渔猎原始社会有了天翻地覆的变化，一跃进入农耕文明的社会。那之后，断断续续从大陆传来新的文明。在中国的隋唐时代，日本与大陆的交流达到了高潮，大量派遣遣隋使和遣唐使到隋唐去学习儒学、佛教、文化、技术等。由于有海相隔，文明的交流终归有限，在引进先进文明的同时，基本上是在日本列岛上的那些人自我繁衍和发展。到了17世纪，日本采取锁国政策，干脆断绝了与外界的交往。明治时期，日本开国，然后发动战争以至失败投降，至今经济发展而成为富有国家。即使日本战败之后，美国占领军控制了日本，也只有十数万关在军营里的大兵，偶尔巡逻和放风出来，在街头散发巧克力，在舞厅里搂着日本姑娘跳舞，到日本政府专门提供给美军的慰安所去睡睡日本专业妓女，他们的存在与绝大部分人民没有任何关系。

一般国家，或战争侵略、或民族迁移，都有过不同民族以及文明之间的交融。在这些岛子上，没有发生过有规模的不同民族的交流、不同文化的碰撞和融合。岛国日本的历史上唯有一次不同民族以及不同文明之间交融的机会，也就是唯一的一次外来的侵略攻击，那是13世纪的“蒙古袭来”。但是蒙古人的进攻失败了，最终没有登上日本的国土。确切地说，日本没有被侵略军占领过，其国土和人民没有受到过外国军队铁蹄的践踏和外族的统治和凌辱。日本人在外国的国土上对外国人曾经大规模干过的侵略、烧杀、奸淫、掠夺等罪恶行为，日本人未曾受过。

海洋的屏障、岛国上英勇的武士们，还有来得正好并且决定了胜负的“神风”，成功地保护了日本的“与世隔绝”。试想，元朝大军如果成功地登上陆地，形成占领的势态，那曾经横扫过欧亚大陆的蒙古铁骑，必使在中国的中原、俄罗斯、东欧和西亚所发生的情景在日本列岛上重演。日本的将军诸侯以至天皇都将受蒙古的统治，那里的人民将被强迫接受异族的同化，甚至改变自己的语言、服装以及风俗习惯。日本侵略朝鲜和台湾时，强迫那里的教育必须用日语，必须像日本人一样存活，要他们变成日本人。那么，“元寇”要是占了日本，日本人也会受到同样的待遇。那样的话，或许能给日本带来异样的新风，或许能使日本有一个比现在开放的文明。

虽然战争以及民族大迁移对人类是悲惨和苦难的事情，但是也带来大规模的不同文明的交融。在这样的交融当中，不同传统习惯、不同思想方法、不同语言甚至是不同肤色的人，互相了解彼此的差别，打开胸襟清楚地表达个人的想法，每个人不得不具有明确的个人立场来维持作为个人在多元社会中的生存。日本没有这样的交流，在整个日本历史上，可以说基本上日本人仅与日本人接触，很少接触其他民族，很少接触具有不同思想方法和生活习惯的人，而一直保持着自有的气质，仅在日本传统的暧昧和集团式人际关系的闷罐里打转。他们引进文化，也是用自己的手，根据自己的需要，按自己的改造加工方式来杂交自己的混合文明。这也正是被称作封闭、暧昧、集团依存性的日本特征的成因之一。

2. 单一的幸与不幸

在这片岛子上形成的日本国的最大特征是什么呢？乃单一

民族国家是也。历史学家井上清在《日本的历史》一书的正文第一段这样写道：

> 我们日本人，从能够回溯历史最古的时候开始一直到现在，是同一种族，在同一地方，即现在的日本列岛上生存过来的。在这当中，与若干其他种族有过混血，但是，没有发生由征服与被征服带来的种族交替，也没有大规模的种族融合。日本人从原始的野蛮时代开始，到如今的现代文明达到了一流水平，社会与文明没有间断地发展过来。这是日本历史的一大特征。

在日本列岛上生存的人是同一种族，都用日语，都信奉天皇信仰神道教，具有同样的生活方式。这样在日本这些岛上，人人都有同样的语言、同样的信仰、同样的生活习惯，都归属于同一个集团，以“我们”的意识结合起来的人类群体。从这个角度讲，日本是单一民族国家。

世界上，人口在1000万以上、类似日本的单一民族国家只有朝鲜（包括韩国）和葡萄牙。但是，日本与它们有着重要区别。朝鲜在中国有200万人，在俄罗斯有近40万人，他们基本上作为一个少数民族，自然地占一块地方在那里生活。葡萄牙人建立了巴西这个国家，葡萄牙语是巴西的国语，葡萄牙还曾与印尼和中国的澳门有极深的殖民地关系。日本人在外，比如南美，20世纪初有数十万日本人移居到巴西、秘鲁等国，并融入当地社会，没有形成一个日本民族，成了那个国家的人。秘鲁前总统藤森是当年日本移民的后裔，他是作为完全的秘鲁人当选的，与日本民族没有任何关系。日本民族只有在日本才有，日本语只有在日本才用，日本人、日本语和日本列岛，形成三位一体的组合——日本国家。其单一性、纯洁性是任何国家所无法比拟的。

与日本正相反的国家是南斯拉夫。南斯拉夫与七个国家接壤，那些国家是：意大利、奥地利、匈牙利、罗马尼亚、保加利亚、希腊和阿尔巴尼亚。国内分六个共和国，有克罗地亚、塞尔维亚、波黑、马其顿等。有六个民族，说四种语言，信三种宗教（塞尔维亚正教、天主教、伊斯兰教）。如此多样性的南斯拉夫与单一民族、单一语言、单一信仰的日本形成对照。

处在欧洲巴尔干地区的南斯拉夫正是由于多民族、多宗教的原因，历史上总是发生冲突。巴尔干地区被称作欧洲的火药桶，第一次世界大战就是在那里走火爆发的。当年那场战争——北约轰炸南斯拉夫及科索沃，就是由于那里的塞尔维亚族和阿尔巴尼亚族之间发生了民族纠纷，招致大国的插手干涉。在一个国家之内，存在多民族、多信仰，就容易发生民族间、宗教间的冲突和纠纷，往往还引起战祸。

日本的单一性，从某种角度讲也许是日本的幸运。当然，单一民族的日本，不可能有民族之间的纠纷，也没有发生过因宗教引起的战争，在凝聚民心方面，在国内治安方面，都不费什么力气。日本如今经济能够如此发达，也是托了日本人同质性的福。

事实上，日本并不完全是单一民族国家。日本人口约有一亿二千多万，99.9% 是日本人。北海道有一个土著的阿依努族，但是在日本民族的挤压之下，没有发达的文明，几乎被同化了。根据专家推断，人口只有 5 万人，能够自如地使用阿依努语言的人不过数人，他们已经失去了自己的语言和生活习惯，从一个民族变成具有民族色彩的群体。另外，还有一部分来自朝鲜半岛和中国大陆而长期在日本居住的人，有 70 万—80 万人。他们几乎都是几代居住在日本，多数取得了永久居住权或日本国籍。虽然他们日语说得比纯正的日本人不差，生活也与日本人没有什么区别，可是他们一直被当作居住在日本的外国人，没有被承认是日本人中的一员，被排斥在日本国民之外。

还有一个更大的外来集团——琉球（冲绳）人。琉球国本来是一个相对独立的国家，在被日本吞并之前是中国各朝代的附属国，为中国册封的朝贡之国。1609 年，日本 3000 萨摩军侵略并征服了毫无战意的琉球国，琉球国开始了被萨摩藩大名统治的时代，但仍与中国保持着附属国关系，形成双重附属国的状态。1879 年，日本明治政府不顾琉球王国及其宗主国清朝的强烈反对，用武力强行废除了琉球国的王国体制，灭掉了琉球王国，设立了冲绳县。冲绳人本来就不是日本民族，人家原本是琉球人、琉球民族。但是被日本吞并之后，日本彻底地进行强制性同化，琉球民族没有了，全成了日本人。日本不允许也不承认有规模的其他民族的存在，琉球就是一个例子。

可以说，日本社会是由同一民族性质相同的人组成的社会。当然，这一现象与地理和历史有着密切的关系。如前所述，日本离亚洲大陆不远不近，大规模的移民迁徙不容易，也是日本单一性的原因之一。

日本人到底从何而来，似乎至今没有找到答案。明治时期有学者认为，日本人的祖先是弥生时代（公元前 300 年开始）的人，前一时代绳文时代的人不过是原有的土著民族。绳文时代的人被从外来的弥生人驱赶到东北地区，变成现代的爱奴人。这个意思就是，弥生人这一外来民族是当今日本人的前身，他们是日本神话中的“天孙民族”。这个“自天而降”的民族平定了日本国土，建立了日本国，这与日本天皇神话中所述相吻合，是明治那个时期崇拜天皇、高扬天皇权威的政治需要。战后，天皇下了神坛，崇拜天皇的政治需要没有了，日本的学者们采取了把神话当作神话而不是历史的态度，并且随着人类学和考古学的进展，考证并确立绳文时代的人与现代日本人在血缘上也有联系的多种学说。一种学说认为，弥生时代有许多外来人移居日本。绳文时代的人并没有被所谓弥生人赶走，而是二者之间杂交混血，改变体质，又与后来进入这个岛国的外来人杂交混血，形成了现在的日本人。

还有一种说法认为，弥生人从海外漂渡过来的人很少。绳文时代的人本来是南方的，受到北方来的各种人的迁移以及文化传播的刺激，形成了弥生文化。以此为基干，形成如今的日本人。各种说法，谁也说服不了谁，哪方面也没有令人很信服的结论。只是有一点是一致的：绳文时代的人与当今日本人有血缘上的关系。这一下把日本人种及民族的起源时期上提了数千年。

那么日本人到底是从哪儿来的？存在着两个问题：一个

是日本人的祖先——绳文时代的原始人是从哪儿来的；一个是现代日本人的根是绳文人还是弥生人，或者是两者的结合。当今的日本人，经济越发达越想把自己的起源搞清楚。各路的历史学家、考古学家、评论家、作家等，都积极参与“日本人起源”的研究和讨论，于是出现了种种说法。

根据地理变化的研究，十多万年以前，日本列岛与大陆是连成一片的，北边与库页岛相连，南面与朝鲜半岛、中国华东地区及冲绳相连。那时大陆的猿人追赶动物，来到日本的土地上。由于地理变化，日本成了岛屿，那些人就被周围的海水困在这些岛上，自生自衍，形成日本最初的人类——绳文人。

弥生人的情况就复杂多了。弥生文化是以稻米耕种为主要特征的，所以日本人以稻米的传播途径来寻找弥生文化的由

日本古代市井模型

来。一般认为，稻米的传播有三个来源：从黄河中下游经朝鲜半岛到日本；从长江下游经东海到日本；从珠江下游一带经台湾、琉球到日本。1999 年，合作研究弥生文化由来的中日两国学者发表了研究结果：日本弥生人的骨骼与中国长江下游江南地区的人的骨骼相近，进一步证实了中国江南是日本弥生文化及人种来源之一的假说。秦朝的徐福带领 3000 童男童女东渡，为秦始皇寻找长生不老灵药，落脚在日本列岛而一去不归。他们对日本的弥生文化带来了什么样的影响，史书上没有明确的记载。但从年代来看，正好是弥生时代的初期，那时他们是最大规模移居日本的人群。

日本人寻根，绝不是停留在书本上，而是走出去，到可能的地方去寻找。北上，顺着库页岛，直指西伯利亚；向南，经台湾海峡，遍及东南亚；往西，过朝鲜进中国大陆。可谓能去的地方都去过了。有意思的是，有一个时期，日本人盯上了云南，寻根寻到了中国少数民族的村寨。发现那里人的体型像日本人，有些稻米耕种的方式像日本人，有的说话发音甚至用词像日本人，有的生活起居习惯也像日本人。当地的一种黄豆发酵的食物，很像日本东部地区人们酷爱的纳豆，其味道以及加工方式都非常地相像。于是在众多假说当中又多了一个日本的稻米耕种文明和人种源自云南的假说。

从日本人的起源和基因方面来讲，日本人绝不是“单一”的，或者绝不是“纯粹”的。可是长年的“单一民族”文明的积累，增加了日本人式的基因数量，使得日本人形成了强烈的“单一”“纯粹”的意识，日本人一向追求“纯粹”并笃信“纯粹”。日本人普遍认为日本民族是单一民族，不仅如此，还认定日本人是以遗传基因为区别的、与在地球上的其他民族或人类相当不同的特殊人类。特别地强调“大和”民族的特殊性，强调与他人的区别，“内外分明”，把自己看成一个完全的整体，以自己的特殊性结成日本式的集团，以这个强固的集团力量去与外族进行抗争。他们在做人之前，首先是作为整体“日本人”当中的一分子。因此，在民族意识的表现上，总是以“日本人”这个整体来对比其他民族和国家。在文明落后、遭到失败与挫折的时候，轻易地认定那是因为整体“日本人”的民族和人种低劣的问题，整体“日本人”都懊恼沮丧，一蹶不振。在军事上取胜和经济上发迹的时候，又轻易地认定那是因为整体“日本人”的民族和人种优越的原因，还要宣扬日本人的基因如何如何优良，而忘乎所以，傲视群族。

传统的节庆活动

日本这种单一民族的意识和做法，在国际上引起普遍的反感，而且也是日本人被人看不起的一个成因，这同时也引起日本有识之士的警惕，呼吁日本人在“人”的问题上要走开放之路。日本著名的免疫遗传学学者多田富雄指出：日本人的基因当中，含有与中国人、犹太人、非洲人共通的丰富的多样性。以基因的个别性为基础的多样性的人类，形成了日本人。以基因的共通性为基础，把日本人当作一个集团的观点，就忽视了其个别性。如果要做什么的话，首先，日本人应该摈弃把自己定位于以遗传来进行区别的特殊集团的观点。个人不是作为日本人的均一集团中的一分子，而是作为以基因的个别性证实了的个人，并再确认他在国际社会中的定位（《日本经济新闻》,2000 年 1 月 7 日)。

3. 村落文化

十种交往，八分制裁

日本火山遍布全国，南端鹿儿岛的樱岛，熊本的阿苏山，长崎的云仙岳，中部地区信州附近的烧岳，东北的盘梯山，北海道的昭和新山等活火山至今依然时不时地吐气喷烟。东京附近的著名旅游区箱根有一处胜景叫大涌谷，那里常年喷烟不断，吸引众多游人穿行于硫磺白雾之间，品尝在喷烟池里烤熟的鸡蛋。在那里能欣赏到大自然的实况，又可以体会坐在火山口上的心颤。

曾经帮助日本人抵御“元寇”侵略的“神风”，也年年肆虐着日本列岛。从入夏到秋高气爽、枫叶红遍的时节，台风总要到访，从南到北纵扫扶桑。台风携带着暴雨，吹倒树木房屋，雨水倾注于连绵陡峻的山脉之中，汇入窄短的河流。那本无宽度和深度的河床，顿涌滔浪，一泻而下，多少村庄、多少粮田顷刻间没入滚滚洪水之中。这“风”一直是日本人的心腹大患。

“温泉之国”是日本的别称之一，“地震之国”是日本的另一个绰号。1995 年 1 月 17 日凌晨，在短短的 22 秒之内，十多公里的高架公路突然倒塌，40 多万座房屋毁于一旦，5000 多人死于非命，这就是著名的阪神大地震。更有甚者，16 年之后的 2011 年 3 月 11 日，一次更大的地震袭来，引起空前的海啸，据说遇难失踪人数达两万有余。日本这条弧形列岛，地质学上说，是位于太平洋板块和欧亚大陆板块的交接处，两大板块之间相互挤撞，都要在其交接处体现后果。所以，日本地震连年不断，几乎每个月都能感觉到小规模地震，像阪神大地震这样规模

传统的节庆活动

的，十数年就会有一次。

有那么多的自然灾害，在这狭长多山的土地上，人群的迁移躲避几乎是很难的。对自然的肆虐，以个人和家庭的力量是抗拒不了的，必须依靠左邻右舍的互相支援、互相依存以及互相合作。这使得日本人懂得和为贵的道理，形成互相合作的传统习惯。

中世纪的日本农业生活需要村落的每个成员都要全力投入劳动，水稻的精耕细作需要无休止的苦力和不停的劳作，近邻之间必须互帮互助。每个村民必须置于集体之中，把全村利益放在个人利益之上，才能经得住自然灾害、交得起地主的沉重地租和应付其他紧急事件。村民们普遍有一种对外界无法预料的强烈的恐惧感，对本村及村内的人们有一种切身的依赖感。每个村庄都相对独立，形成一个自给自足的单元。

明治以前，除了贵族、诸侯、武士之外，一般庶民都只有名字没有姓氏，普通人的氏族意识并不强烈，而实用性的“远亲不如近邻”的意识却深入人心。日本人主要是同地域的人或者一起共事的人聚合起来结成集团，而少有以氏族或具有同类意识的人结成的集团。他们首先以肌肤来感受周围的世界，尽量迎合周围环境以寻求作为生物而存在的安全感。距离（单纯的空间距离）近的人由于鸡犬相闻、低头不见抬头见，当然地作为可以互相依赖并结成集团伙伴关系的首选；共同劳作之人，是除了家人之外共同相处时间最长的那些人。他们是赖以生存得到收获的直接伙伴，他们之间在劳作上互相协助，在精神上互相支撑，相互认为是距离最近之人，形成一种共同体式

传统集体舞蹈

的生活和生产方式。所谓共同体式的生活和生产方式，首先是人人都随时随地意识到必须融入集团共同体中去，不能从群体社会生活中脱离开来，不然将一无所有；在共同体生产中，相互协助，相互提供和分享技术、知识以及重要的机会。每个人为了自己能够被共同体所接受并有稳固地位，首先需要为共同体做出贡献，配合共同体中的其他人来稳固这个共同体。

这种村落共同体中，有个叫作“村八分”的传统。所谓“村八分”，一言以蔽之，是“十种交往，八分制裁”的制度。有十种举村进行交往的大事：生孩子、成人式、结婚、探望病人、葬礼、法事、火灾、水灾、远行、普请（建房）。谁家有这样的事情，全村人都必须来参与帮忙。一旦村中出现“不肖之徒”，全村人都要与他断交并对他及其家庭进行惩罚。惩罚方式是“八分制裁”。也就是断绝十种交往当中除了火灾和葬礼的八种。“村八分”不是用体罚和财物或者训斥等惩罚的方式，而是利用疏远和使人孤独的手段，把“背离”集团的人驱逐出集团圈子。左邻右舍以及全村的人置之不理，使其感到离群的不安和无助的恐惧，以达到惩罚的目的。在群体精神的作用下，全村的村民采取一致的行动，这在日本村落社会中极具威力。在这个互助共存的命运共同体中，在精神文明不发达、没有精神理念支撑个体心态平衡的人群里，被“村八分”惩罚的人等于“众叛亲离”，饱尝孤单之苦而惶惶不可终日，痛切地体验到“背离”村民群体的悲惨后果。或许因为火灾和葬礼这两种情况是家庭最为悲哀的时刻，又是最需要周围人给予帮助和同情的时刻，“村八分”还留有这二分的余地。违背集团的八分“教训”刻骨铭心，集团存留的二分“温暖”也刻骨铭心。这使人人都知道，集团的作用和威力。对日本人来说，“村八分”是最令人恐惧的残酷惩罚。这个“村八分”效应，并不仅仅停留在“十种交往，八分制裁”的范围。它以各种同样意义的相同或不同方式，渗入社会的各个角落，使日本人依赖群体、恐惧孤独，而对他人有强烈的依存心理和愿望，是日本式集团主义的一个成因。它作为日本人处理人际关系的传统习惯延续至今。

这个传统习惯是要求人们忠于团体和忠于在集团当中自己的职守。在一个由团体和派别组成的社会里立身，你就必须依附于某个团体。如果脱离了它而没有其他某个团体或派别收容你支持你，那么你就会被“村八分”惩罚，而完全处于孤苦伶仃、任人欺辱的境地。由于日本人自然而然地要求个人必须按照本团体的愿望去做，所以除了在本团体内，也就是说除了在他们的家庭和所在团体外，就再没有感到羞耻和不安的地方了。对陌生人或对自己无关紧要的人就不用怕寒碜，因此日本人在远离熟人的地方，尤其是去国外旅游度假时，抓住这个机会就彻底地放松一下。可以去问问马尼拉、曼谷及印尼巴厘岛的居民和导游们，日本旅游者的男女们在那里做了些什么。日本人一旦离开本国环境就不再有义务感和羞耻感了。

日本人忠于本集团。其有利的一面是能同心协力地一起工作，以及每个人对集团的高度献身精神。这种忠于团体的原则的进一步发展是讨厌并排斥个性、排斥个人主义和自我中心。也就是集团主义所具有的消极的一面，就是排外性，排斥其他集团，排斥与他们不同的人。以集团形成的宗旨信念为轴心，排斥不同的集团和人。以同乡为基础意识的同乡会，排斥异乡人。以同样爱好或想法为基础的团体，排斥非同样爱好的或者尚未确认有同样爱好而未被收容为本团体的人。以生产上的某道工序为基础的工作小组，排斥其他工序的工作小组，他们之间很少有跨越小集团（工作小组）的铁哥们。可是人是多样的，一个人可以是某同乡会的成员，同时他又是某个兴趣爱好团体或者某工作小组的成员。这一点，人类是共通的。不过，日本人在处理集团的关系上，倾向于小心地隐藏自我，谨慎而因时因地地释放个人特殊的那一面，与同集团的伙伴们一起营造并维护集团的稳定及氛围，以此来保持稳定、有效和形成其导向。他们在多个集团中，根据个人的需要，把这多个集团巧妙地分出主要与次要的层次关系，以主要为优先，周旋于这些集团中。以企业（大集团）为单位的各个小组（小集团），能够团结曾是排斥对象的其他小组，去排斥对抗其他企业。在大集团中，总有小集团、山头或宗派的存在。政党内公开的派别斗争异常激烈。1970 年田中角荣被日本自由民主党推举为首相时，就有田中、福田、三木、大平四大派别。如同村落社会，以村庄式的小集团为单位，村内通过内部倾轧和协调达成“精诚团结、一致对外”；这个村庄与那个村庄、若干个村庄之间，为水源、为道路等共同资源既互相争斗，又互相协调、妥协，达成共享资源、共同发展的目的。

日本式村落社会，最主要的特点是，在结构上是以近距离的人们结成伙伴，不是以信念和原则为纽带；人的个人主义存在于极度地依附他人之中，以人类的最基本需要——安全和生存为基点的互相依存，找到共同命运的感觉，结成超稳定（比其他各国和各民族）集团；充分利用这个超稳定集团的安定性，去适应和对付外部世界。

非理论的精神文明

同是非信教国家，日本没有中国那样从两千多年前一直延续至今，作为中华民族及其形成国家的伦理道德标准、统治理论、人生哲学的儒学。也没有像欧美国家那样，有普遍信奉的基督教，作为人们的精神支柱。更没有像阿拉伯各国那样有与上述二者年代差不多悠久的、始终被严守着的伊斯兰教规。也许由于一贯注重实用和实利，注重与自然的结合，日本没有产生思想和思想家的土壤。日本的历史不短，文化也不可谓不发达，但是，不管是《论语》《圣经》《可兰经》等哲学伦理教义之类，还是《政府论》《国富论》《法之精神》《民约论》等社会理论经典之类，这样影响人类社会与人类灵魂、具有人类通用性的杰作，却从来没有出现过。由于明治时期首次在日本翻译并宣扬《民约论》，在日本被称为东洋卢梭的中江兆民曾经断言："我国从古到今，一无哲学可言。"

任何人类群体都需要某种精神上的东西来自控、管理、协调和统合。世界上多数民族都会利用创造发展起来的人文思想、道德伦理、宗教教义和社会哲学等指导理论。这些人类精神之升华又是区别文明人类与未开人类的分水岭，还是作为一族人类群体精神文明程度的重要标志。日本人作为一族人类群体，没有形成完全属于自己的思想体系，也没有比较彻底地加入某个思想体系和精神文明圈。同是东亚民族的朝鲜（朝鲜半岛）也没有决定性的独立的思想体系，却较为彻底地进入儒学文化圈，用日本人的话来讲，朝鲜比中国还要儒化。日本虽然利用过并受影响于儒学和佛教，虽然儒学（日本称之为儒教）曾经对日本产生过重要的影响，其部分理论成为日本的治国之本和做人的准则，但多为实用性的引用，适当地填补了日本政治统治理论和伦理道德方面的空白，并没有使其成为占主导地位的思想理论基础和行为准则。并且，日本对儒学并不是全盘接受的。在我们比较常提起的"忠孝仁义礼智信"当中，"忠礼信"的观念可以说已经融化到他们的血液中了。但是，极其重要的"仁义"，在日本是没有市场的。被称作日本的孔子的圣德太子当年在接受"仁义礼智信"的时候就说，仁义这两个字怎么看也不太合日本的风土，日本重"和"，所以改为"和为贵，不忤为宗"吧。日本人也讲孝，讲究尊重长辈，但是他们的孝道和中华有很大区别。日本有正当遗弃老人的传统习惯，在饥荒的年月，养不起一家老小，于是就将老人背到山上遗弃掉。这里面有一种观念，即要求老人把生存的机会和希望留给晚辈。在这样的时候，属于万不得已，并不责备晚辈的遗弃行为。从这个角度看，日本对儒学的利用，相当的实用化了。

佛教的虚无和自省也对日本有着重要的作用，在日本能称得上是完整宗教（有理论、有寺庙、有神职人员、有众多教派以及大量信徒）——规模最大、影响最深的宗教，是 1400 年以前由圣德太子主持引进并推广的佛教。佛教在日本曾经非常深入人心，成为日本人时时超度或寄托灵魂的归宿之一。佛教中有着非常适合日本人心理和传统的东西。佛教虚无的精神意境，很招日本人的喜爱。日本人热爱和崇拜自然，利用佛教的虚无意境进行升华，在静态中虚无地进行冥索，磨炼身心，更深地去体验和享受自然。佛教的自省精神，非常符合日本社会的环境和要求。日本社会要求人们不要贪欲过大，不要以自我为中心，不要为己争斗，而要顺其自然，要顺应群体，要埋没个性，因此自省精神是最合适的实现方式。在日本，佛教经典的作用并不重要，重要的是对日本人所需要的、能够实用于社会生活的佛教进行教化的精神意境和实现方式。

达摩人偶。日本有新年请达摩人偶并画人偶眼圈祝年求福之习俗。

儒学和佛教都对日本有重大影响，以至于促生出若干日本文化的国粹国宝。武士用儒学的忠义，引佛教的虚无自省，忠诚主子，视死如归，崇拜武器，洁身自好，形成了一个特别的社会阶层，还形成了一个理论化了的武士道。日本茶道，行规范严格的备茶吃茶仪式，尝清苦涩洁之味道，在虚无中自省，体验把无限的能量注入虚无之中而繁衍的精神意境和喜悦享受。

尽管国际上把日本划入儒学文化圈，并且从宗教角度讲，日本属于佛教圈的国家之一，但是儒学和佛教终究没有成为“日本精神”或“日本思想”，没有把日本带入一个理论化的社会。日本的精神是日本土生土长的神话般的天皇精神以及祭祀天神崇拜天皇而无任何教义的神道教。从广义上讲，日本用一个信奉天神、崇拜自然、崇尚天皇而无教义的神道教，来代替思想、伦理、教义和哲学，作为日本的精神文明，起到思想、伦理、教义和哲学的一系列作用。

我们所知道的靖国神社，那里供奉着包括第二次世界大战战犯的所有明治维新以来为日本而献身的日本人的“亡灵”。每年 8 月 15 日，日本“二战”投降日的时候，日本的一些政府官员要去参拜，因此受到一些被日本侵略过的国家的反对，从而引起国际上的问题。这个靖国神社就是日本神道的重要祭奠场所之一。

神道教是以崇奉天皇为宗旨的日本最大的宗教，是日本唯一固有的宗教，传导神的意志、自然法则以及对祖先的崇拜。远古日本民族的原始信仰，是对应狩猎和捕鱼的生活与劳作，对海、对天、对地以及对山石树木、飞禽走兽的崇拜和祭祀。

随着稻米耕作文化的传入，促进了日本政治的统一及发展，形成了以稻米耕作为主的农耕礼仪。又以农耕礼仪为核心，以原始崇拜自然的意识为基础，形成了祭祀众多神灵的有现实主义倾向的宗教——神道。后来虽然又传入儒教和佛教，但是神道这一祭祀神灵的信仰经过复杂的变化和作用仍存续至今。神道形成于 7 世纪大化革新的前后。在大化革新之前，天皇势力统一了日本，需要一种能够神化天皇的信仰来支撑它的统治。正好在这个时候，中国大陆的道教和佛教的斗争以及道教的发展对日本产生了重要的影响。因佛教不能神化天皇，革新势力学习唐朝皇帝利用道教巩固政权的做法，将道教的教理和仪式同日本原始土著的崇拜信仰以及关于天皇家系的神话传说结合起来，经过加工逐渐形成以尊奉天皇为主旨、崇拜信仰代表自然的众神的神道教。日本最早的“史书”、公元 712 年成书的《古事记》和 720 年成书的《日本书纪》中大量记载了关于天皇家系的神话传说，是这种天皇神道教形成的标志。

天照大神像

根据神道的神话传说，太阳女神的天

照大神作为上天的主神出世，由于弟子的不轨及蛮横，女神藏身洞穴中，紧闭石门幽居不出。太阳女神隐身造成天地一片昏暗，不分昼夜。为此八百万天神在洞外鼓乐齐鸣，喧闹嘈杂，呼出太阳女神，使天地之间重见光明，神世间再归有序。从天照大神开始传到第六代的神武成为天皇，为日本史书中记载的日本的第一代天皇，在流传至今的天皇系谱中居首位。

神道一词，出自中国的《易经》："观天之神道，而四时不忒。圣人以神道设教而天下服矣。"大化革新以前百余年，《易经》已传入日本，并受到当时统治者的重视。其他道教经典后来也相继传入日本，其中许多教理对神化天皇的日本启国神话有重要影响。

神道只有以太阳女神的天照大神为主的数达八百万众神的神话，没有某个绝对的神、神的教诲以及神定的戒律。神道记载有八百万众神，事情由"那个时候在那个场所的大家"八百万众神来决定，就是神道的合议制，也正是现代日本特色的决策方式。

香火繁盛的浅草观音寺

神社是祭祀日本神道教的庙宇，一座大屋顶一面敞开三面封闭的建筑，里面没有神像供奉，只有一条粗大的麻绳从屋顶垂下。每到一年的末始，许多日本人都要到神道教神社和佛教寺庙等祭奠神灵的地方祈祷一番，在神社和寺庙的院子里燃起篝火，不少人还在那里出售或免费提供日本的米酒以及一些小吃，甚至敲锣打鼓地跳日本传统的祭神舞蹈。日本人到这些地方祭神，祈求新年的平安以及升官、升学、求职、赚钱、健康等。在叫作多摩中心的东京新卫星城区方圆不到一公里的地方，竟有两座神社和一座寺庙，其中一座神社和一座寺庙之间不足百米的距离。不管是神道教神社还是佛教寺庙，元旦前后那几天，都熙熙攘攘。人们向神前扔几枚硬币，合掌闭目，口中心中念念有词，然后也许再买一个护身符，或求个写着大

神社

吉、吉或恶等的运签，以完成新年的祈愿仪式。不笃信教或者根本就不信教的日本人，却清清楚楚地了解神道教与佛教的区别：在不足百米距离的神社和寺庙里有着明显的区别。属于日本“固有”传统的神道教神社主殿前，参拜的人排起了长队，在寒风中蜿蜒到神社外的道路上。而在属于外来宗教的佛教寺庙的主殿前，参拜者寥寥无几。可是寺庙的钟却大有吸引力，欲撞钟之人排起更长的队伍。寺庙还出售或免费提供有关佛教教义的印刷品，以示佛教与神道教的无教义有根本区别。不少人又拜神社又拜寺庙，不管是什么神、什么教，“心诚则灵”。

大觉寺

许多神社高悬日本国旗，因为毕竟那是日本的国教。与其他宗教不同的是，相当于教堂寺庙的神社，里面不供神像。基督教供奉耶稣或圣母马利亚，佛教供奉释迦牟尼或观音菩萨，中国道教供奉太上老君、玉皇大帝或关云长。日本的神社供什么呢？也许是神话中的天照大神，也许是天皇，也许是日本的自然，也许是可能自己也在其中的八百万天神，也许是……不要绝对的偶像，不要绝对的思想，日本的神道教牵引着日本的精神，其中没有思想、伦理、教义和哲学，像是在一个天皇的象征和统合之下，“八百万神”和议式的，感受外界的变化，对外来的东西“取好用之”（后章叙述），人人相互凑感觉、酿气氛，随着酿成的氛围趋势而浮动、冲动、飘动，可谓其精神文明。

4. 岛国根性

岛国根性是日本人形容自己的性格和气质特征时的说法。岛国根性一词最早见于 1895 年，久米邦武在《国民之友》杂志上发表文章，指出岛国根性的根本是一种恐怖心理，“仅仅认为浪涛就可以挡住同他国的生存竞争”。当时，对岛国根性的反思曾一度促进了日本向国外发展和制订“大陆经营”的政策。自近代以来，无论是极端欧化主义还是极端国粹主义，其出现都是由于日本缺乏客观认识世界的态度，根源自然是来自岛国根性。

1896 年日本著名学者内村鉴三撰文指出：“日本人的天下不过是远东的一串岛屿。人们盘踞在蜗牛大的国土上，沉溺于琐细的事物之中，不知尽志士本分。政治家、美术家、文学家亦不能摆脱岛国根性。”日本人认为，那种互相嫉妒、排斥、对他人的猜疑心，不顾大局，处处为小事处心积虑，卑屈与盲目骄傲，都是岛国根性的反映。从崇拜外国到国粹主义，从自卑感一下子可以变成唯我独尊，这些情感上的大起大落无疑是岛国根性的作用。

岛国根性是生存在这个岛国的人群经数千年历史沉淀形成的气质、性格以及价值观当中，与大陆民族的宽厚、大度、沉稳的精神状态相比显露出来的劣根性部分。当然，日本民族的气质、性格以及价值观当中也有非常优秀的部分。由于地理、历史、自然环境等原因，日本人形成了一些独特的气质和性格特征。

前章已述，日本人所具备的部分较为明显的特征有：

较多地偏向集团主义，易随群体盲动，具有极强的凝聚力。

习惯并善于暧昧，自己人之间以心传心。

热爱崇拜自然，依附回归自然，审美观以自然为本。

善于学习模仿、善于改造加工，不太善于创造发明。

灵敏的感受性显得大于理论性。

勤劳、勤勉，热爱劳动。

好奇心强，对发现外界的新事物敏锐，并欲念贪婪。

行动容易随着氛围（mood）而动，不大根据信念和原则。

注意礼节，重视人情，对所在集团表现忠诚，具有献身精神。

重视实用，对看得见摸得着的事物能琢磨得透透彻彻，并能做得精益求精。

日本整体所具备的特征是：

缺乏属于自己的理论，实用性地在日常中借用外来儒学和佛教以及西方哲理等，没有用哲学和伦理等来抽象概括的日本精神。日本不出大哲学家、大理论家。普遍不信教。在精神寄托和偶像上，具有一个象征天皇以及信奉天皇、崇拜自然的神道教。“万世一系”的天皇，是日本民族精神文明的精髓，又是日本人凝聚统合和奋发图强的关键因素。神道教是日本人的固有宗教，崇尚以天照大神为首的八百万天神以及“现世活神”——天皇。其源于自然，归于自然，因此没有系统的教义，只告诉人们要恐惧自然、崇拜自然和源于自然的那些神灵。

在公认的几大文化圈当中，日本文明被列为中国文化圈（汉字文化圈，儒学文化圈）之中，因为日本用汉字、崇儒学。但是，日本绝不是中国文化圈中的中坚分子（对比朝鲜半岛）。日本以其独特的杂交文化，应该算作跨在中国文化圈边缘的异己分子。如果对世界文明文化区域再进一步细分的话，日本也许该属于一个单独的文化区域。

日本文明的自我发展，其明显特征是平缓而“自然”。但是一旦受到外来刺激，将引起跳跃式的发展进化，迅速跟上时代的步伐。日本的自我文明也好，引进外来文明之后形成的杂交文明也好，从未有过领先世界的时候。这么一个文明过程，造就了日本长久的不安定心理。那就是日本深深自卑与盲目自傲的交织。

也许可以把日本特征的形成归纳为这样一个过程：

公元前300到公元前200年以前的数千年甚至数万年，是日本的原始时期，其中最后是绳文时代。绳文以前的人以及绳文人的文明发展极为平缓，对比世界四大文明，绳文时代落后达数千年。日本的多山靠海的地理环境以及雨水充足造成植物繁茂的生存条件，非常适宜人类生活。绳文人狩猎捕捞获取食物并不困难。这种依偎自然恩惠的情况，使得绳文人彻底地依赖自然。绳文人被封闭在这些岛子上，与世隔绝，极少与岛外人类的交流，因此没有外来的促使绳文人变化发展的刺激。依赖自然，顺着与自然相处共存的流程趋向，缓慢地进化发展，因而怠慢了对生产工具、语言文字的发展。绳文人原始的祭祀、祭天、祭地、祭物，多是感谢自然的恩惠，并祈求去病免灾。对自然的敬畏、崇拜以及宿命意识，深深植入绳文人的遗传基因。

传统节日活动

公元前300—公元前200年，来自亚洲大陆的携带农耕技术的人来到日本列岛，使得日本列岛上的文明发生了突变，使得日本进入脱离原始社会的弥生时代。弥生人带着农耕技术、青铜器铁器工具和武器，登上这片原始的土地，对那里的绳文人进行驱赶，并逐渐与绳文人融合。大陆奴隶社会与封建社会之交来到日本的弥生人，除了带来农耕、青铜器铁器等先进技术，还应当具有语言文字的能力，但是在日本的历史古迹中没有发现弥生时代的文字记载。也许曾经有过一个弥生人和绳文人互相同化的过程，弥生人在这块土地上，与绳文人进行交流，在语言上不得不去适应地头蛇的绳文人，所以没能发扬他们的语言文字能力。也许到日本来的那些弥生人，并不是中国战国或秦朝的最先进的人们，他们只会低级农耕技术，没有高级语言文字的能力。结果是，弥生人有如绳文人一样的对自然的敬畏、崇拜以及宿命意识，产生了日本的固有宗教——神道教的雏形。

当时人们的信仰，对应农耕、狩猎和捕捞等生产生活，有多种形式，随着水稻耕作的传入为契机，从政治上被统一起来，形成以水稻耕作为中心的农耕礼仪，形成以这些礼仪来祭祀自然中众多神灵

传统节日活动

的现实主义式的信仰。这种宿命的意识，使当时的人们几乎是任凭自然的摆布，自发性的生产力以及信仰理论化的发展非常缓慢。由于有了外来农耕文明的传入和普及带来文明的进步，使当时的人们对外来的新事物没有抗拒感，形成了自身因循守旧却易于吸收外来文明的传统。而过度的对自然的敬畏，使之缺乏自发地去揭示自然和改造自然的冲动。

岛上山多地少，雨量充足。人们在这有限的适于农作物生长的土地上，倾注所有的精力和心血。当近旁出现从汉到隋唐这样强大先进文明的时候，使得还处于蒙昧状态的人们感受到刺激和威胁，意识到自身的精神和物质文明的落后。人类进化到这种程度，需要具备适当理论的信仰生活，也需要在物质生产和享受上的提高。于是就从大陆引进佛教和儒教，引进社会统治制度，模仿生活方式和生产技术。当引进的佛教与传统的神话信仰发生矛盾，威胁到依靠神话维持正统性的作为统治者“大王”氏族的地位和权威的时候，用彻底的实用主义手法，“取好用之”，使得佛神两立双赢。这样就出现了两个空前，倭人们第一次开始接触有理论教义的精神信仰，第一次真正确立了从部落“大王”到“万世一系”天皇的坚固地位，并开始形成完整的国家机器。实际上这就是日本列岛上发生的第一次精神文明（公元六七世纪）。这第一次精神文明的成立就是建立在“取好用之”的基础之上，也是日本延续至今的实用性非理性精神特征形成的开端。其效果和影响造就了后来以至如今的日本和日本人。

这个开始的精神文明及向完整社会国家的发展，就是依靠从外部引进、通过“取好用之”而变成的文明，用这个便利的办法，一切得来全不费工夫。这对日本人善于学习模仿、不善于创造的特性的形成，起到了历史性的深远的影响。由于惯于“取好用之”的拿来主义，更多地致力于对引进的东西根据自己的好恶进行取舍改造，必然就怠慢了创造性的性格发展，也阻碍了精神文明的提高，导致日本缺乏自己的理论、哲学、教义等的文明。

对自然的崇拜和回归意识，以及重实轻理的习惯，使得个人不那么重视精神信念，致使缺乏相对的独立人格。并且，引进的外来文明是现成的，是先进的，那些具备最高水平文化、站在文明发展前列的社会统治者和精英们，在进行模仿和改造的过程中，由于是模仿和改造，就不大需要有特别独立的思考，不大需要具备创造性的突出个性，而采取非常实际的、大家合议式的发展模式和决策风格，这就形成一种不成文的习惯性的意识形态。统治者们以这种意识形态来统治社会，统治民众，带动社会前进。这种意识形态从对自然的敬畏和依赖意识加上外来动力而形成，再反作用到对自然敬畏和依赖的民众社会中。这可能就促成了非常实际的、众人合议式的、依赖自然的、人人互相支撑的村落文化，以及至今的日本团队精神或者说是集团主义。

岛国是日本人生存和进化发展的第一个环境特征，岛国使得日本人相对地与世隔绝。引进不少大陆文明为己用，可是没有过大规模的与外族的交流融合，促使列岛上的人们的思想方法、语言文字、生活习惯的单一性和纯洁性，人们互相了解对方的思维方式，所以不用清晰地表达就可达到理解的效果，这为日本人形成暧昧和“以心传心”的习俗奠定了基础。

在这样的集团中，人们不大需要进行清晰的表达，而往往以“以心传心”的方式进行影响和感受，较少依靠什么理论、信念和原则来规定和牵引，更少有突出个性的人物以其个性魅力带动大家。这些暧昧表达和“以心传心”的感受形成一种气氛，或者说是氛围。这种氛围弥漫在多数人的意愿和感受的酝酿之上，形成一种氛围倾向，引导这个集团的行动和走向。这个过程，很像是一个跟着感觉走的过程。众人找到共通的感觉，这个感觉就成为统一的“目标”和流向，使他们结成一心一意、同心协力的行动集团，其凝聚力在一定时间内是超稳定的。

另一个凝聚力，是日本非理性精神文明的作用。以神话以及传统使“万世一系”的天皇的精神象征，是日本文明有别于其他民族的特征，并作为与其他民族进行对抗的精神力量，自诩不亚于甚至优于其他任何民族的意识支撑。所以在世界上能够听到日本的声音的时候，往往伴随着“日本是以天皇为中心的神国”的回声。这个作用在近代以来，显示出其绝对的有力与有效。这个魅力，不是某个天皇的个人魅力，而是以天皇为活神及其背后的传统众神所代表的日本精神之魅力。同样，这里仍没有什么理论、信念和原则，只有崇拜、笃信和行动。在真实中有通过众人的感觉进行酝酿发酵形成的氛围，在虚无中有崇拜笃信作为脊梁的精神象征，凝聚起来而激发的集团能量是巨大的，几乎不可阻挡。近代历史已有过足够证明。

日本人灵敏的感受性显得大于理论性，当然不是与生俱来的，是在人的生长环境中形成的条件反射。日本的崇拜和回归自然的传统意识及习惯，使人更多一些体验感受，相应就少一些思考。如今在日本的中小学校教育中，对人与人的交往，让学生去适应社会的“自然”环境，比知识的摄取要重视得多。历史上文明的落后以及实用性的模仿，使得日本人的传统习惯重实际轻理论。重实际轻理论，使得人们较少夸夸其谈、较少想入非非；为在众人中得到好评，努力在劳作上体验和实现人生，显得非常勤劳勤勉。而且自然地可以把更多的精力用于劳作对象上，倾向于精益求精，延伸成了工匠气质。日本的进化和发展始终伴随着落后、学习、追赶、接近这么一个反复循环渐进的过程。日本人没有强烈的自我文明的自豪感以及固定的文明观念，而具备了主动接受外来文明的意识和习惯。加上自然意识带来的敏感的感受性，使其对外界新事物的好奇心旺盛，机敏地发现，积极地模仿，是日本能快速跟进的一大特点。

5. 天皇与神道教

民族的象征：天皇

2000 年 5 月，日本首相森喜郎宣称：“日本是以天皇为中心的神国。”引起世界和日本国内舆论界的大哗。

1998 年 10 月，韩国总统金大中访问日本，日本向韩国正式书面道歉谢罪。作为交换条件，韩国开放日本大众文化，重新起用“天皇”的称呼。以前，韩国因有被日本军队侵略和殖民统治数十年的深仇大恨，对日本天皇一直用的是“日王”“日皇”等称呼，一直不正视日本的天皇。日本的大和民族的高傲及对亚洲各民族的蔑视，不愿被他人认为是“犯罪民族”，而一直拒绝以书面的形式谢罪承认战争罪恶。现在终于以韩国“正视天皇”作为交换，正式对韩国进行书面道歉谢罪。1993年，日本平成天皇访问中国的前夕，日本的部分“爱国”人士要求确认中国发来的邀请上写的是什么，是“天皇”，还是“日王”“平成王”，尽管中国几十年来从未正式对日本天皇用过什么“日王”“平成王”的称呼。认为若是“某某王”的话，那就等于作为附属国的日本的“东夷之王”去拜见宗主国中国的皇帝，等于向中国俯首称臣，那就坚决不能去云云。可见，称呼“天皇”，对日本是何等的重要。

记得在20世纪70年代末，笔者出差在过长江三峡的船上，碰上一群辽宁大学的外国留学生。他们在老师的带领下，非常听话并规矩地进行毕业旅行。他们与同船中国人联欢的小合唱曲目是“长征组歌”。当中有德国人、日本人、美国人和英国人，他们积极主动地与同船的中国人攀谈，以练习正在学习的中文。其中一个日本女学生与几个中国人讨论起了政治问题，说到国家，说到社会主义，说到同是社会主义国家的中国和苏联如何不一样等。我在一旁插言：“资本主义国家也很不同，你们日本不是还有一个天皇吗？”这句话好像刺痛了她什么地方，她立刻撇开刚才一起交谈的众人，追着我向我解释天皇的问题：“天皇在日本仅仅是象征，如同摆设或装饰，没有任何权力，也不干预任何国家管理事务……”她那样激动而全力地辩解，使我多少有点吃惊。但是我知道，那是生怕因为有天皇，日本会被误解为是封建主义国家，或被误解是过去那样的有天皇、皇室、皇军、皇民的法西斯军国主义国家。虽然“二战”以后，天皇如同她所说，在日本仅仅是象征，如同摆设或装饰，没有任何权力，也不干预任何国家管理事务，但是，从她的表现可以看出，天皇在日本普通人的心目中占有多么重要的位置。

“《君之代》的君指的是象征天皇”，围绕日本国旗、国歌法案问题，日本政府做出了统一的解释。100多年前的明治政府高扬明治天皇以“富国强兵”，“二战”前的政府推举昭和天皇出任皇军大元帅，如今在国会通过法案把歌颂天皇的《君之代》由以前非正式的国歌定为正式国歌。直到“二战”结束以前，《君之代》的“君”指的就是天皇，1937年的教科书《小学修身书》是这样教学生的：“《君之代》这首歌，祝福我们的天皇陛下治理着这个御代（对天皇、皇帝、大王等的治世的敬称），千年、万年，不！不论到什么时候，到什么时候，都持续升荣”，“我们臣民在歌唱《君之代》的时候，祝愿天皇陛下万岁、祝愿皇室繁荣之情充满了胸膛”。（参考《朝日新闻》1999年6月13日《天声人语》栏）1984年时的文部相（相当于文化教育部部长）对《君之代》的见解是：“存有作为国民总体象征的天皇的日本国家，祈望永远和平之歌。”乃至这么说，不是不能理解为“君＝日本国”。可是，日本政府现在直接明确地宣告“《君之代》的君指的是象征天皇”，那就是说“君＝

天皇”，歌颂天皇的《君之代》被法定为日本正式的国歌。继百余年前振天皇之威，日本维新兴起进入帝国主义列强行列，80 年前遂天皇之意，发动战争称霸亚洲，使日本天皇大耀光辉。

明治时期的《大日本帝国宪法》中第一章规定，“大日本帝国由万世一系的天皇统治”，定义天皇为日本的主权者，作为元首总揽统治权；天皇的地位以天孙降临的神旨为据，因而“天皇神圣不可侵犯”。

现行的《日本国宪法》中第一条规定：“天皇是日本国及日本国民统合的象征。”为日本国之最高精神元首。

前一部《大日本帝国宪法》是在明治维新的高潮中，日本向“富国强兵”“脱亚入欧”进发的时代，由日本明治政府制定的。后一部是在日本“二战”投降之后，日本被以美军为首的联合国占领军完全控制、统治的时代由占领军的美国军事职员主持制定的。两部历史背景和内容有极大不同的宪法，都令人惊奇地在第一章节，就是有关天皇的规定——天皇为国家最高地位的人物，所不同的是，从掌有“统治权力”变成“统合的象征”。

明治时期以及后来的大正、昭和时期，日本为了发展和强大，成为帝国主义列强中之一员，集中权力、统合民心，而高扬天皇的权威，把天皇推到日本历史上的最高地位。在天皇这一有形无德（有实际存在的活神，无理论思想）的精神偶像和最高统帅的驱使之下，向富强并成为“受世界尊敬的国家”的目标突进，以天皇为最高统帅的军国发动了对外的侵略战争。

很多国家有皇室，从存在意义上讲，与日本天皇有重要的不同。英国也有女王和皇室，那与英国人的国家意识有关系，但对英国人的精神没有多大的影响。英国人普遍信奉的基督教的中心偶像是梵蒂冈的罗马教皇。英国皇室的确如同摆设或装饰，作为民族传统文化的一部分，代表民族的形象，象征着大英帝国以及英联邦。日本天皇在日本的作用，是与英国女王在英国的作用不可同日而语的。天皇不管是执掌实权叱咤风云的大元帅，还是无权无责似乎无所事事的摆设或装饰，并不是无所事事，如参加国家礼仪、外交事务、任命国家要员等，有时还很忙。天皇至少起到英国女王加罗马教皇的双重作用，作为一种集中而特殊的象征，始终是使日本的民族意识凝聚起来的重要因素。而且天皇还是日本人无教义无理论的宗教——神道教的精神偶像，是信奉神道教的日本人崇拜和信仰的对象。日本的这种自我民族意识和信仰，对外来的一切都是绝对稳定的，引进的儒教、佛教、基督教，不管是东方的大陆古典文化，还是西方的近代工业文明，都不能代替或超越天皇的存在和作用。

民族的灵魂

日本天皇不仅是日本民族的象征，还是日本文化的基点。直到 8 世纪才出现的日本最早的用日语写成的历史文献，也是日本公认最早的“史书”《古事记》，集中记述的就是民间口头流传的有关天皇的神话和传说。确切地说，《古事记》并不是正经的史书，而是民间流传收集成册的有历史内容的文学作品。那些神话和传说与日本唯一的固有宗教——神道教结为一体，形成天皇与宗教相结合的日本文化精神之髓。许多外国人无法理解天皇的存在意义及其作用，而日本人如是说：不理解日本人对自然的敬仰和畏惧之意识，日本人谨慎、修身、自省之精神，在虚无中感受和体验无限存在之性能，是无法理解日本天皇的存在及其作用的。

日本的民族主义右翼在宣传高扬民族主义、叫嚷要修改“和平宪法”、主张恢复军国主义的时候，利用最具有煽动性和最具有感情投入的口号是“拥护天皇”。好像天皇就是大日本民族主义、大日本军国主义的象征。的确，在“二战”时期的昭和裕仁天皇是这种形象，但是战后，昭和天皇从神坛上下来，回到人的行列，成为不再具有权威和杀气的温和老人。前新加坡驻日本大使李炯才在《日本：神化与现实》一书中说：“在我居住日本期间，裕仁天皇在外交官们的印象中是一个温和、柔声细语、不善言谈、和蔼可亲的人，是日本民族最好的代表。他的言谈举止像个典型的日本人。谁能相信如此温文尔雅的人却应该对第二次世界大战中日本占领中国及东南亚时所有野蛮和不人道的行径负责呢？谁能相信他应该对 30 万俘虏和无辜平民惨遭杀戮的南京大屠杀惨案负责呢？同样，人们也很难相信他还应该对签署宣战书和袭击珍珠港负有责任。”

如今的平成天皇，那次战争时不过还是个孩童。自他懂事起，就已经是和平发展的时代，不管是作为皇太子还是作为天皇从事国际外交礼仪活动和国内人民生活生产的巡访，都是他那水生物学者的以静、以慢、以稳为特征的绅士形象。他那平民出身的皇妃，与他珠联璧合，塑造了日本第一美满家庭的，也是日本人最喜欢看、认为最适合让外国人看的亲情和睦的形象。他们不但是最好的夫妻，在子女面前，他们还是最好的父母。他们的子女也均以不放不收、典雅适度的笑容，不张扬又不失热情的招手，稳重而又轻健的步伐出现在公众面前，是一群有极好礼仪训练和文化教养的顺男淑女。对于对日本皇室无特殊好感的我来说，从这个家庭看不出与日本的皇军、战刀、侵略、屠杀、强奸等野兽般的军国主义思想和行为有什么必然联系，而把他们抬出来以图日本政治上、军事上的强大以及军国主义的复活，多少有些损害作为当今日本民族象征的这个和睦家庭以及日本战后 50 年和平发展的形象。但是，人物是人物，天皇是天皇。作为天皇的某个人物如何，并不能说明天皇这一日本精神就怎样。

对日本人来说，天皇之所以重要，并不仅仅在于天皇是日本“万世一系”的皇室，重要的是他代表着日本的思想、日本的精神。日本人认为这是日本文明中唯一喊得出去、叫得响亮、能够与世界上任何文明相对抗，并且是其他国家与民族所没有的骄傲。

日本上智大学教授渡部升一在《日本人的脊梁》（Voice，1998／1）一文中道出了心声：

> 我痛感“皇神威严之国”的体会，是在德国留学的时候。昭和三十年（1955 年），我从还残存有战荒焚野的东京奔赴欧洲。到了德国一看，同是战败国的德国，却有先进的汽车工业，而且食品也很丰富。在文化上，有歌德、

有席勒，而且还有莫扎特、有贝多芬。即使被美国占领了，德国人心中值得骄傲的东西很多很多。

另一方面看日本，当时处于很难说有什么可值得骄傲的状态。曾经勇名盖天下的陆海军已经完全覆灭了，国土上又是战荒焚野，工业也贫弱之极，更无法认为日本有世界通用的文化和艺术。那时，能使我面对德国人及欧洲人能够挺起胸膛的东西，日本有从神话时代直接连结下来的王朝，这就是说，如同希腊神话的阿伽门农王朝延续至今一样，只有这个了。德国的学生们大多都读过希腊神话，我一这么说，全场愕然。虽然日本战败了，但是日本的王朝有一百二十四代，一说到此，对方无一脸不变色。如此以“皇神威严之国”来伸展我的脊梁。

可以看得出，天皇是日本唯一能够与别国的文明相区分、能够拿来从精神上与外国文明抗衡、能够使日本人引以为无上自豪的国粹。过去和现在，天皇始终是日本欲昂立于世界各民族之上、不管是军事还是经济上不择手段突进的大和精神的灵魂。

虚构的天皇

日本的天皇是当今世界上血脉承袭最长久的皇族，即所谓“万世一系”。日本人普遍笃信这个观点，并且引以为是日本民族的自豪和骄傲。

但是，从历史记载和历史科学分析上，所谓“万世一系”

是没有根据的。第一代天皇是神武天皇。公元前660年神武天皇登基及东征的故事，在日本的史书（《日本书纪》《古事记》）中有所记载，但这些书成书很晚（8世纪），其中有关早期天皇和建国的叙述，神话色彩甚浓。编撰者为统治者和日本民族弘扬精神而主观杜撰的倾向极为严重，至少在历史学术界可信度极低。至今，日本凡真正有科学头脑的历史学家很少有人相信日本历史上真有神武天皇其人。以神武天皇登基而开始的神武纪元即日本纪元也是完全脱离历史事实的。这个最令日本人引以为自豪的“史实”，是史书编撰者们根据中国的谶纬学“计算”出来的。谶纬学是中国秦汉时期流行的神学，根据阴阳五行等理论来预示未来吉凶。“辛酉变革”以及每隔21次辛酉年（1260年）天命将有一次大改变，这些观点都是谶纬学的主张。谶纬学可能在5世纪通过百济（朝鲜半岛）传入日本，历法传入日本则要晚至6世纪，在7世纪初的推古天皇时开始实行历法。于是，“史书”的编撰者们即从推古天皇九年（辛酉年，公元601年）上溯1260年，定公元前660年辛酉年为神武天皇即位年，为皇纪元年。史书的编撰者们就这样虚构了一个完整神圣的天皇统治系谱，为当时的圣德太子摄政推古朝革新政教而张目，并且成为日本文明之精髓延续至今。

天皇一词又是如何起用的呢？日本的第一代天皇神武，根据神话即位于公元前660年，那时日本是绳文时代。那个时代的人们还使用石器，以狩猎捕捞为生，不知道农业耕种和家畜饲养，处于没有文字文明的原始状态。当时的部落首领如何称号“神武”，又怎样自诩“天皇”，是不得而知的；事实上是一个部族的首领，那时的首领一直称作“大王”。“天皇”称号的产生和使用，最早要推到7世纪。考古发现最早在推古朝（7世纪早期，圣德太子摄政）的佛像背面刻有“天皇”的字样。完全用汉文写成的日本第二部史书《日本书纪》中记载，公元608年日本致隋朝的国书中有“东天皇敬白西皇帝”之说。据考证，“天皇”一词来自中国的道教，在中国为“上天最高神灵”、统治天的皇帝的意思，而与“地上君主”——皇帝一词进行对比使用是在公元674年。大概就在那个时候，日本的“大王”改名，为了不刺激中国，所以不用中国的“皇帝”的称呼，而又要从精神上压过中国，就用了不与中国重复而又使人感觉更为神通广大的“天皇”。“天皇”从字面上看，比中国的“皇帝”要显得“伟大”，但是这只限于使用汉字的国家，英文中不管是“天皇”还是“皇帝”，都是一个词“emperor”，丝毫没有显示出“天”字的内容。对精心设计这个差别、近代以来不停地向欧美宣示日本是亚洲最优越之国的日本人来说，也许又是一个遗憾。

日本的第一部由官方编撰的编年体正史《日本书纪》，以天皇皇室的神话系谱和政治上的功绩为中心，创造了公元前660年第一代天皇——神武即位，以及其后40代左右的天皇的神话传说，并将其作为“历史事实”。编撰《日本书纪》使皇室正规化，并自称“天皇”，其主要目的是向当时的先进国家——唐朝显示日本的存在和优越位置，对外扬示国威。编造皇家的辉煌历史以及使用神圣盖世之名称，以抗近旁的先进文明，以文明落后的自卑心理，促民族的自强精神。“天皇”这个神话般的称呼，作为日本精神的集中代表，在日本人的心目中，胜于天下万物，盖过宇宙神灵的“皇王”，至今仍为日本民族振奋与骄傲之源。

自日本的“大王”改称“天皇”开始，这个世袭君主的存在就模仿中国的习惯，依照中国式皇帝的作用定位。并且为以前历代多虚少实的40代左右的“大王”君主冠以称号。日本天皇的称号均采用模仿中国皇帝称号的双字构造，从中国古书中寻找吉利而圣明之言辞组合而成（例如，“明治”年号取自《周易》中“圣人南面而听天下，向明而治”句；“昭和”年号取自《书经》中“百姓昭明，协和万邦”句）。据说，平成天皇退位，下一位天皇的称号要从日本的古代典籍中寻找。从那时开始，日本照搬了除宦官以外中国的几乎所有皇帝君主制度，天皇君主制度名正言顺地正规化起来。

有形无德

虽然日本的天皇君主制度模仿了中国皇帝制度，但是，二者有着根本性区别。中国皇帝是“仁者”受天命，成为天子，替天行道。中国皇帝若是“仁者”，其家族系列得以世袭长存，若非“仁者”，则由新的“仁者”取而代之，发生“易姓”变故。中国皇帝直接掌权施政，以“施仁政”“得民心”为基本原则，以此来保住其地位以及子孙延续，生死攸关。日本天皇的地位是由特定家族系列独占世袭延续的，从未发生过“易姓”的变故。不管天皇有能还是无能、行善还是从恶、是持权还是傀儡，其地位“万世一系”，不可动摇。中国皇帝是权力和权威两方面的拥有者，一旦王朝更替，权力和权威均双双易主。在日本的历史上，多数时期天皇只有权威没有权力，从平安朝（9世纪—10世纪）开始出现权威和权力的分离，一定时期世俗的强者掌握统治权力，天皇所具备的代表日本的权威却从未动摇。因为日本历史上没有哪个家族具有那么悠久而丰富的神话传说，而且那些神话传说囊括了日本的自然、日本文明的起源、日本人的文明进化和发展。从没有文字的绳文时代开始，一直到开始自称天皇的封建改革时代，甚至延续至今。并且没有哪个家族作为现实中的统治者那么长时间地统治过日本，作为日本的自然和日本精神的集中代表，能够使所有日本人笃信这是日本唯一的、永恒的现世活神。更没有哪个家族能像天皇那样，代表了日本唯一的自生宗教——神道教，普遍并长年受民众的信仰和崇拜。日本的任何暂时的世俗强权，甚至那些能够“挟天子令诸侯”的枭雄们，也未敢将天皇取而代之。

天皇也曾经标榜来自儒教的“德治”，但是并没有“必须施德政”的原则和义务。日本天皇的神圣地位是“超责任”的，做得好，是天皇的圣明，做得不好，是下臣的失误。作为日本精神上的最高元首，永远正确。最为典型的例子是，明治时期的维新和发展，使得日本强大起来，把日本带入帝国主义列强的行列。其主要的动力和策划实施者基本上是众多维新志士，能够保持比较清醒的头脑签字画圈的明治天皇，在日本人的心目中成了明治维新的第一功劳者和日本历史上少有的“英君”“明君”。昭和时期日本发动的侵略战争，把亚洲和日本拖入战火，最终导致日本的无条件投降。先不说给别国带来了多少灾难，日本自身就有 300 万亡灵。当时侵略战争的主要指导策划者、日本军国主义国家和军队的大元帅——昭和天皇，在多数日本人的心目中仍然是日本的“英君”“明君”。因为天皇在多数日本人的心目中，如神一样地存在一如既往。

日本最著名的画家平山郁夫记述他平生唯一一次被昭和天皇召见时的情景：“那是我 40 岁左右时候的事情，拜见的时候我特别地紧张，感受到有极大的威光，不由得行施最敬之礼。我见过许多外国的首脑等伟人，见如此有威光的伟人还是头一次。深深感到终究是积了大德的天皇陛下。”（《This is 读卖》1997 年 7 月）

虽然天皇也像中国皇帝那样自称“天子”即“天神之子”，但是，对日本人来说日本天皇等于日本的“天神”本身。不仅如此，天皇还是日本人的精神依托。任何人类群体都需要某种精神上的东西来自控、管理、协调和统合。人文思想、道德伦理、宗教教义和社会哲学等，这些人类精神之升华又是区别人类与动物的分水岭，还是作为一族群体精神文明程度的重要标志。日本人作为一族群体，没有形成完全属于自己的思想体系和精神文明，也没有比较彻底地加入某个思想体系和精神文明圈。虽然利用并受影响于儒学和佛教，但是儒学和佛教终究没有成为“日本精神”或“日本思想”。日本树立一个“神”一般的天皇，用一个信奉天皇而无教义的神道教，来代替思想、伦理、教义和哲学，作为日本的精神文明，起到自控、管理、协调和统合的一系列作用。

在日本有重要变故的时刻，不管天皇掌权还是不掌权，为政者都要利用天皇的权威来统合全民族的思想和行动。天皇就像是日本民族必然而永远的统帅。

法国大革命时，法国人高举“自由博爱，民主主义”的旗帜，唤起民众。美国南北战争时，林肯提出统一南方、解放黑奴，实现民主平等的主张，与南部的腐朽势力对抗。苏维埃革命，列宁提出了建立工人阶级统治的社会主义国家的理想，推翻沙皇及其之后的资本主义政权。中国革命，孙中山提出“三民主义”、毛泽东提出“新民主主义”等革命口号，与封建势力抗争。各国在不同时代由不同的为政者或者领袖根据某种原则提出相应的口号和理想来唤起民众、统合民心，民众理解并拥护那些原则、口号和理想，抛头颅洒热血，为最终达到理想目标而奋斗。而日本，在明治维新时首先高树天皇的权威，来统合全民族的思想和行动，作为现实措施，推行“富国强兵、脱亚入欧”。“二战”的发动，又是以天皇的权威，为以天皇为代表的大和民族争夺生存空间，建立“大东亚共荣圈”。“二战”的结束，还是靠天皇的权威，投降诏书一纸令，原准备“本土决战、一亿玉碎”的日本全民，立即放下屠刀，停止了一切抵抗，温顺受过。战后的经济恢复，随后的经济发展仍然有相当的部分赖以天皇的权威。这么说很多人肯定会不同意，但是要记住，占领日本的美军忌讳天皇的权威，因此没敢废黜天皇，也没有追究天皇的战争责任，只是把天皇请下神坛，在宪法中规定天皇是不掌权的日本统合之象征。重要的是，天皇配合美军的“下神坛”、改宪法、发展经济的一系列措施。而且天皇到处视察，安抚民心，所到之处万众欢腾，加强了民众渡过难关、重振大和民族的信心和决心。天皇与日本民众一起渡过了难关，实现了经济的高速发展，直到今天其作用任何个人或集团仍然无法比拟。历史事实表明，日本人不是依靠什么思想、什么主义来指导行动的，常常依靠的是天皇的权威，依靠的是以天皇为代表的、一直说不清内容是什么的“日本精神”来收拢民心，并与外界对抗。“日本在政治上，掌权者（政府）需要负责任时，出面负责，一旦有重大事情时，只有依靠或借助天皇的权威，这是贯穿古今日本的历史趋势。”（《This is 读卖》1997 年 7 月）在重要时期，一向如此。

在七八世纪的时候，对外要向隋唐争取平等的地位，对内模仿隋唐而实施“大化改新”，将有关天皇的神话确立为正规历史，建立了正式的天皇制度和权威，以此来与强大的唐朝对抗。在 19 世纪后期，对外要防御欧美列强的侵略，对内要“富国强兵”而进行明治维新，把天皇拥到了最高地位，确立了天皇的绝对权威。20 世纪末，由于“第二次战败”（经济上），对外要维持世界第二经济大国的地位，更要遏制中国的崛起，以成为经济、军事、政治上的亚洲霸主，对内要打破延续至今的日本政治经济领域等的陈旧传统习惯，进行国际化开放化，进行结构性改革，再次起用已下神坛半个世纪的天皇，立法把歌颂天皇治世的《君之代》定为国歌，把源于“日出之处天子”的“日之丸”定为国旗，又要把国家命运紧紧地与天皇绑到一起。

面对以上种种，曾经是天皇的海军震洋特工队队员、由于天皇宣布无条件投降而得以存活、曾经是立命馆大学名誉教授的岩井忠熊发表如此看法：

> 我不认为那样的时代会轻易地再次出现，但是国旗国歌的法制化以及庆贺的气氛（平成天皇即位10周年庆典），是要使天皇和民众亲密起来的行动吧。在我看来，要延续天皇制意识形态以及拥护这样做的那股势力，是要把天皇作为国家的凝聚力来加以利用。在这个情况下，不知不觉地被那种气氛所吞没，作为民众的个人反对意见将会被那股氛围给封杀掉。（SAPIO，1999／11／24，P27）

昭和天皇生日为4月29日。日本国会众议院于2005年4月1日、参议院于同年5月13日，相继通过了把原来的“绿色之日”改成“昭和之日”的法案。5月13日由小泉首相签署公布，2007年开始实施。绿色，在这经济发达、环境污染严重的今天，是世界任何人都向往的。绿色预示着和平与希望，一个人的生日能成为“绿色之日”，是一种何等的褒扬和奖赏。作为日本历史上最具争议且在国际上普遍被视为战争罪首、在日本被广泛尊重的昭和天皇，生日被定为国家的“绿色之日”，可见日本人对天皇表现出多么深厚的敬仰和情感。可是这并不能令日本人满足，“绿色之日”表现的仅仅是环境与和平，没有表现日本精神，尤其是日本昭和时代的精神。如今日本要的也许不是“绿色”，而是昭和的面貌、精神以及效果。是日本皇军遍野？还是日本制造横流？或是天皇向世界展示昂扬姿态？

天皇这一日本文明的精髓，代表和促成了日本精神，能够统合日本的民心，使全体国民统一思想、统一意志、同心同德地建设和发展日本，使日本能够自立于世界民族之林。在现代社会，天皇是人不是神，只是作为象征存在。因此，很多时候人们感觉不到天皇权威的意义。更有很多人认为，日本已经是一个民主国家，天皇过去的那种作用已经不复存在。但是，日本天皇文化是日本的宿命、非理性、无原则、氛围浮动等特征形成的主要根源之一，它造就了如今日本国民性特征，其死灰复燃并非没有可能。岩井忠熊教授的担心，不应说是无中生有、空穴来风。

2017 年 12 月 8 日，日本政府在内阁会议上通过关于明仁天皇退位时间的行政令，正式决定明仁天皇于 2019 年 4 月 30 日退位。届时，明仁天皇将成为日本皇室近 200 年来首位实现退位的天皇。数年前，在天皇与安倍首相同在的某次活动上，突然有数人高举双手、高声山呼，万岁，万岁，其余人都热烈鼓掌。正在离场的平成天皇转身回望，露出吃惊与不屑的目光。此后不久，平成天皇以身体状态为由，提出了提前隐退的要求。

6. 武士道精神

日本人讲究“道”，作为信仰有“神道”，作为艺术修身养性有“茶道”“花道”“书道”，在竞技搏击上有“柔道”“空手道”，在个人修养以及行动准则方面有“武士道”。现在这个时候提起武士道，或许有人会说不合时宜。“武士道精神”曾经作为日本精神大和魂的具体体现，在第二次世界大战中以及战后，世界在评论和分析日本的时候常常提及。认为“武士道精神”是日本人尚武、好斗、残忍以及忠君爱国精神之精髓。最近这些年，“武士道精神”不大提起了。因为日本在战后一直处于和平状态，注重发展经济，没有与其他国家发生武力和流血事件。不少日本人更是不愿言及“武士道精神”，它能勾起人们的痛苦回忆，又是日本战争罪恶的标志之一，还有损现代日本的平和、温顺、安定的形象。

武士盔甲

日本有史以来，作为国民代表性的道德伦理行为准则著文立说而具有日本独特性的理论，也只有“武士道精神”了。

19 世纪后期，曾兼任东京帝国大学和京都帝国大学教授、当过第一高中的校长及贵族院议员的新渡户稻造写了《武士道》一书，成了明治时代的畅销书，而且畅销于国外。据说当时的美国总统罗斯福阅读过，并推荐给朋友，新渡户稻造还很引以为荣。新渡户稻造说，武士道本是精良之灵，随着时光的流逝，成为全体国民渴望与敬仰的对象，大和魂终于能够表现民族精神了。

书中的要点是：

● 武士道是武士阶层伴随高地位之义务。

公平战斗之信念是所有文武德行的源泉。

“懦弱者”“胆小鬼”之称呼，对健全人来说是最甚的侮辱言辞。

● 武士道之源：

孔子的教诲是适合武士的戒训。

佛教给武士道带来对命运安泰的信赖感觉、面临危险和灾难时的禁欲的平静。

神道给予武士道以对君主的忠诚、对祖先的崇敬和孝心。

知识乃获得智慧的手段。

● “义”，乃武士道光辉之最高支柱。

忘义即非勇，行正义为勇气。

武士盔甲

义乃对立于阴谋和谎言。

● “勇”，时时磨炼。

为武士者行武之时，战死者为忠诚，该死时死，该生时生。

● “仁”，为人上人之条件。

孔孟教诲，治民者应有的必要条件是为仁。

仁乃温柔好意，乃为母之德。武士之情感，最刚毅者是最柔和者，付爱者为勇者。

● “礼”，与人同喜，与人同泣。

“你是非凡之人，任何赠物均不适合于你。此物并非以其物的价值，作为我衷心的印记，请收下。如果说最高级赠品适于你的话，那是伤害你的品格的侮辱行为。”

● “诚”，武士不言二。

无真实和诚意，礼将堕为假意和演戏。

● “名誉”，为了忍耐痛苦和考验。

所追求的目标不是财富和知识，而是名誉。

● “忠义”，人为何而死。

轻蔑无操节的阿谀逢迎以及奴隶般的追随。

● 胜人者，为了胜己。

● “切腹”，生的勇气，死的勇气。

● 刀，武士的灵魂。

手持危险的武器，可意识到自尊心和责任感。

● “大和魂”，乃日本人之心。

日本的智力和道德，乃武士道所产生。

武士道是国民全体的憧憬，为国民之精神（大和魂）。

武士是在平安时代中期（9 世纪末）到江户时代末期（19 世纪末）以武力支配社会、奉侍于公共权力的那么一批人。从 10 世纪起，专以武力械斗为业的那些人，成为诸侯及达官贵族的家臣，犹如中国春秋战国时代的食客，为其主子从事家政及警卫，并以武力执行公务。他们开始被称作武士。武士们既然成为显贵的家臣，他们的行动听命于其主，对主子耿耿忠心。事实上武士成了有权有钱人的私用工具，少不了去为其主子报复私人冤仇，并且欺压平民百姓。由于社会上众多的武士出现，逐渐形成了一个称作武士的社会阶层，除了达官贵族，士、农、工、商，武士的社会地位最高。武士生存于达官贵族和平民百姓之间，作为统治者的鹰犬，负有特殊使命，形成了武士阶层独特的生活方式和价值观。首先是对主子的忠诚，对主子的毫无保留的献身；其次，作为斗士，为了武士的名誉，不惜做出个人的一切牺牲。有的武士成为诸侯、成为叫作将军幕府的为政者，他们直接以武力行施政务，所以还具备统治者的性格。因此武士还重视作为统治者的德行，其精神理论求助于来自中国的儒学，以儒学

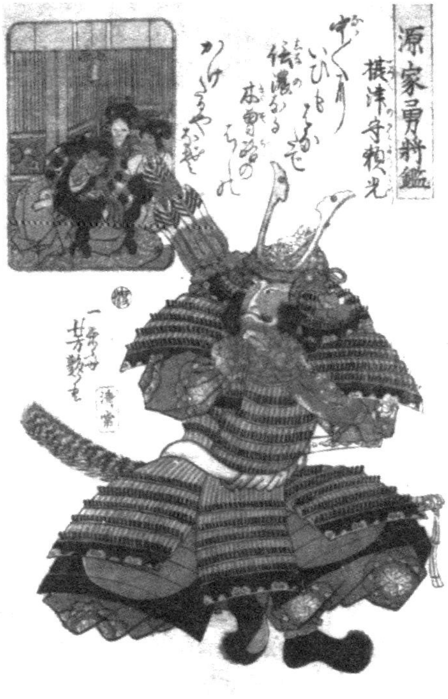

平安时代的武将源赖光

源赖光大战酒吞童子

的人伦之道为本，将人伦之道实现于天下，成为武士尽职的思想结晶，形成了叫作士道的传统。后来，从镰仓时代开始，士道传统有了根本性变化。士道对儒学的实用而肤浅的引用，未能达到精神原则的升华，却拘泥于死的方法。于是，从以儒学的人伦之道为本的士道，变成重视“死得纯洁”为核心的武士道，切腹自杀成了武士的最高终结仪式。武士是以武力分胜负的，寻求战胜他人时，武士道标榜的不仅是用武力去战胜他人，而是以精神上的优势胜人，认为能胜己者方可胜人。所谓精神上的优势是在容貌、语言、起居动作上表现出来，礼仪的端庄正确是武士的精神之一。武士们严格地进行自我修身养性，不得愧对武士阶层的尊严。武士精神，是日本最为珍贵的行为法宝。“二战”中，日本曾经坚信，日本的精神，即天皇和武士的精神一定能战胜美国的物质。

在“明治维新”后，由于社会进步的需要，武士阶层被废除了。那些武士们不愧是日本的精英，在“明治维新”的闯将和新建军队的将领中，多数是那些寻求进步的过去的武士。武士阶层没有了，但其精神尚存，就在武士阶层被消灭的时候，也就是“明治维新”取得成功的时候，代表武士之精神的“武士道”反而被发扬光大了，成了“富国强兵”的重要精神动力。

据说，在日本“脱亚入欧”“富国强兵”的明治时代，有个日本人为学习纺织技术到了英国。他找了各种途径想进入纺织企业弄到技术，多次尝试都失败了。最后他飞身扑向正在高速行驶的纺织企业老板的汽车，被撞断了腿，于是纺织企业老板请这位可怜的受害者当工厂的雇工。这位有心人努力工作，刻苦学习，技术到手，悄然离去，用学到的技术为日本纺织工业的发展做出了重要贡献。

在“二战”中武士道精神更是发挥到了极点。在日本靖国神社的游就馆（战没者物品陈列馆）里，有很多关于“肉弹勇士”的介绍与宣传。“肉弹”是拼死肉搏的意思。那里陈列的“肉弹勇士”，主要是第二次世界大战中，以自杀的方式与对手同归于尽的日本军人。其中有在 1932 年上海事件时，怀抱爆破筒攻击中国守军的“肉弹三勇士”；有头戴简易潜水器，手持绑上炸弹的长杆，在水中攻击美军登陆艇的伏龙特工队；有驾驶满载炸药的飞机、舰艇，冲炸美国军舰的“神风”特工队。从 1944 年秋天日本第一航空舰队司令官大西泷治郎中将在菲律宾创建“神风特别攻击队”开始，到 1945 年 8 月 15 日日本投降，仅空中特工队就击沉美军驱逐舰等军舰 16 艘，击

忍者

伤185艘，有3535名特工队员战死。创始人骄傲地称这些攻击队的每一个成员都是“没有世尘欲求的神”。忽必烈两度（1274年和1281年）攻击日本，均因被飓风摧毁了舰队而以失败告终，日本称那飓风是救了日本的命的“神风”，因此指望“神风”再次显灵以解救日本亡国之危。有人就此曾直接问过那些幸存（因日本投降而没有出征）的特攻队员，他们多数人认为，他们的行为不是听天由命，而是出于对理想的信仰，出于为国家利益的愿望，明知一去不复还。他们笃信天皇，行为遵循武士道，忠君爱国，确知他们的亡灵将被尊为神供奉在靖国神社，因此兴高采烈地为日本、为天皇捐躯。

在中国曾经有手举炸药包与敌人的碉堡同归于尽的董存瑞，也有用胸膛堵枪眼的黄继光。为祖国为人民舍身赴死的民族英雄在各个国家都有，但是没有像日本那样有组织地进行大规模的自杀攻击，而且那么多的年轻人明知必死无疑，仍自愿舍身赴死，可见作为“日本精神”的武士道是何等的有效用。战败后，日本人全神贯注地发展经济，和平时代，“武”字不常见了，其精神改换了形式，注入日本经济发展的劳动大军的灵魂，出现了全民性的现代“武士”（劳工和官僚）、身着西装革履的军队（现代武士）。

日本最大电子信息企业富士通公司的名誉会长山本卓真，曾经是“二战”时日本陆军航空兵“神风特别攻击队”的队员，在他即将飞赴疆场之前日，日本天皇宣告投降。虽时过境迁，其人仍然精神不改，被称作日本产业界的武士。他在战后的和平时期，钻研技术，经营企业，取得了辉煌成就，但他对日本的战败仍耿耿于怀。在一次由中国的干部和企业家组成的赴日参观团访问其企业时，他介绍当今信息通信技术之发展动向。在讲到信息通信技术的重要性之时，举了一个最实际的例子，令听众连连摇头。他说，日本之所以在第二次世界大战战败，是因为日本的信息通信电子技术落后于美国，可见信息通信技术是多么的重要。在 1998 年 8 月 15 日日本投降 53 周年纪念日（日本叫终战纪念日）那天，日本国家电视台ＮＨＫ播出 5 位名人讲述自己这 53 年经历的节目。5 位名人中，有律师、服装设计师、外交家，也有这位企业家。在电视上这位“武士”痛感日本电子技术比美国落后，以致战争以失败告终，因此决心加入电子企业，呕心沥血赶超美国。发展技术固然是好事，但是其动机实在令人恐怖。按照这种逻辑，如果日本在技术上足够先进了，力量足够强大了，只要为了日本的利益，是不是还可以再去奴役朝鲜几十年，再干几次南京大屠杀，报复美国，到美国的上空开他几朵大于蘑菇的莲花云？这种狭隘的“武士道”精神，如今在日本仍很有市场，这也是世人对日本不放心的原因之一。

日本战后经济复兴的规划设计者之一、已故前外相大来佐武郎在回忆录中这样写道：“不该只把身裹军服的军队当作军队。持有科学技术及身裹商用西装的人的斗争精神，是我们的肉眼所看不到的军队。”而正是这支“军队”，这些“现代武士们”，曾经在世界经济界掀起飓风，一度打遍天下无敌手。

可见武士道不是浮在半空、与日本普通人无关、仅仅为武士专用的传统，而是深深扎根在日本的传统的泥土里，把那些传统抽象概括精炼出来的理论。在人们的各种行为上，“武士道”精神作为日本文明之一，贯穿至今，影响了日本民族的性格和行为。因为将武士道总结集成使之发扬光大，新渡户稻造受到极大的尊重，与日本文明的奠基人、明治维新的重臣、诺贝尔文学奖的获得者同等待遇，头像被印在当今日本的钞票上。

如今，日本泡沫经济崩溃，不景气长达二十多年，举国上下一蹶不振，情绪十分低落。这引起日本有识之士的警惕，其中有人提出要以武士道来重振精神气氛，甚至曾经是日本人的李登辉也于 2002 年著书立说，以新渡户稻造的《武士道》为原型，写了《〈武士道〉题解》一书，提倡武士道应为日本人的新的精神支柱，在日本引起不小的反响，使该书销路极畅。

7. 自卑、自傲和自强

从日本历史上看，日本对外族一直有着异乎寻常的自卑意识和自强精神，两千余年间，长期保持着一个对先进文明的追赶型的体制和姿态。在追赶的同时，与其他民族进行交流、冲突和对抗。其心态，如前美国驻日本大使赖肖尔所说，如同钟摆，在优越感和自卑感的两端摇摆。

中华思想

“中国以经三千年历史磨炼的辉煌的文化、精神和思想，曾经一直持续先导于亚洲世界。那种自负心如今依然健在，中国人仍根深蒂固地持有以自己为中心立于世界的中华思想。”这是一本出版于 20 世纪 80 年代、汇集了各国 20 位外交官对日本的看法的《外交官看日本》一书中，介绍当时中国驻大阪总领事文迟对日本的看法的一段前言。对“中华思想”这个词，作为中国人在中国从来没有听说过，这也是从中国的辞海中找不到的词。到日本来之后才第一次听说有这么个说法，并且经常看到听到这个词，而且说这话的人都带有厌恶的口吻和表情。日本平凡社出版的《世界大百科事典》中，“中华思想”的词条是这样解释的：

“中国人自古以来持续持有的民族自负的思想。黄河中游，从事农业耕作的汉族从其文化发达起来的西周时代开始，对四邻的游牧民族持有优越意识。这种优越意识从战国到秦汉向统一国家转变的时期，成为定式化了的思想根基，称作中华思想。给自己冠以夏、华夏、中华、中国的美称，给文化程度偏低的边境民族以夷狄戎蛮的蔑称，并强调这样的对比，也称作华夷思想。”

“对自国的有强烈的自负和自信是形成中华意识的结晶，也是天下文化最为杰出、地理处于中央位置的矜持态度。类似的思想在古代巴比伦、埃及、印度等都曾经出现过，不过中华意识与它们所不同的一点是，有王道理论的存在和作用。天子之仁政波及四方，以达偏远的夷狄戎蛮（无所不至），终究个个必向中国归顺臣服。对仰慕华夏之来朝者予以欢迎，不忌通婚，为开放性的世界主义。不仅如此，如果夷狄戎蛮在礼仪和道义性方面提高了的话，华夏社会会解除对他们的差别对待，而接受他们。如果掌握了优秀的华夏文化，为王道国家的实现做出努力，出身即使是夷狄戎蛮，也可得到作为华夏之一员的待遇……《孟子·离娄下》，赞扬舜和文王，虽然是夷狄人，后来成为华夏的圣人。”

虽然“中华思想”是将近三千年以前形成的意识，现代的日本人在说到中国时仍常常提及“中华思想”。他们认为，过去的中国以强大先进的文明文化曾经给日本带来极大的影响，以至于左右了日本文明的发展。“中华思想”把他们看作东边偏远隔海的落后民族，蔑视他们，称他们是“东夷”、是“倭人”。他们还认为，中国人如今仍持有“中华思想”，虽然日本这一百年来在亚洲率先进入工业化社会，对以欧洲为代表的近现代文明比中国吸收得多而快，军事经济发展得比中国强大，又用武力狠狠地教训过中国，现在在经济技术方面还领先于中国，但是中国人如今自负于自己的古代文明，傲慢、居高临下的意识和态度仍旧不改，夜郎自大，常常无视日本，使日本人觉得自己仍被看作“东夷”和“倭人”。日本人对“中华思想”犹如一座大山压在头上，有不知何时才能翻身之感。

1998 年 11 月，中国国家领导人访问日本时，对日本对以前的战争罪恶只做口头道歉而不愿将道歉写入联合声明的做法表示不满，在包括日本天皇出席的宫中晚宴在内的各种场合，中国领导人强调日本的战争罪恶，强调“前事不忘，后事之师”，力促日本人要正确认识那段历史。日本某电视台的播音员在解说新闻的时候，怒斥那是“中华思想”的行为表现。

日本不仅说中国有“中华思想”，还认为朝鲜（包括韩国）有“小中华思想”。古代日本引进大量的中国文化，其中一条重要途径是朝鲜半岛，中国文化在朝鲜经朝鲜人改造后再传入日本。朝鲜人认为，朝鲜对日本文明的发展也给予过影响，在传统文化方面对日本也多少有一些优越感。“朝鲜的儒学者们自负朝鲜有与中国同样性质的文化，也持有把其他民族视为夷狄的思想。李朝前期，对朝鲜来讲明朝是大中华，呈‘以小事大’的宗属关系。后来，满族的清朝灭掉了明朝，1627 年，清朝攻占了朝鲜，朝鲜与清朝在政治上维持宗属关系，在精神上认为中国已经夷狄化了，自负自己是唯一的小中华。”

不管是“中华思想”，还是“小中华思想”，日本人都深恶痛绝。对中国和朝鲜、韩国的任何不利于日本的言行，往往要冠以“中华思想”或“小中华思想”的帽子，予以斥责。日本人为什么对“中华思想”那么耿耿于怀，那么强烈反感？日本人认为这种“思想”是以大陆的先进文明文化对落后的日本文化蔑视的精神表现。

历史性的文化困扰

历史上，在日本的身边兴起一强大而先进的大陆文明，尤其从隋唐开始，在日本自身文明没有成形时，先进的大陆文明文化就大批地传了过来。因以海为障，不远不近，普通文明交流不难，军事武力攻击不易。日本引进了文化和技术，多数时代没有成为中国的附属国，维持自己的相对独立性。日本一边对中国表示友好并学习模仿，一边争取平等地位，稳定自己的独立自尊。在这种怪异的夹缝中，日本过了二千多年。

约两千年以前，比日本自生文化要先进强大得多的中国大陆文化就开始随着人的流动经朝鲜半岛自然地传到日本。日本开始使用文字（汉字），种稻谷吃大米，引进中国式样的建筑技术和艺术、陶瓷的制作技术和艺术、毛笔书法及水墨画，还有孔子儒学、朱子学思想、佛教禅宗，以及至今仍作为日本唯一传统服装的和服等等。讲日本历史，离开中国史书就讲不下去。《三国志·倭国传》是详细记述日本的最早的历史记载，至今日本人仍在解读和研究，直到8世纪时才出现汇集了神话和历史传说的日本最早的史书，这就是《古事记》（712年）和《日本书纪》（720年），那以前的记载差不多都在中国的史书中。

最近这些年来，日本对中国古典文化的热度一直没有降温。日本人有兴趣的中国典籍首属《三国演义》，在日本叫《三国志》。实际上《三国志》是一部史书，就日本出的各种有关出版物的内容来看，显然是作为历史小说的《三国演义》——日本不但出了翻译本和改编简写本以及漫画连环画，还出版了各种带有分析解释的改写本，有专讲刘备、曹操、孙权等君主的，评谋臣的，说武将的，也有突出用人之术的、着重战略战术的、引用借鉴战例指导现代经营的。可以说是五花八门，层出不穷。有一个巨大的市场，以及众多的写作者供应商。接着就是《史记》故事的热潮，秦始皇、刘邦、项羽、重耳、晏子、信陵君、孟尝君等，添枝加叶，写成历史小说。然后还有唐代诗人和美女杨贵妃、宋代词人、元代成吉思汗，几乎应有尽有，好像就缺清朝的了。近年又出版了一本叫《苍穹之昂》的长篇小说，内容写清朝太监及宫中逸事。某女作家以《红楼梦》为题材，撰写题为《风月梦梦》的小说。这些有关中国古典的书，在任何书店均可以看到，而且据说差不多个个畅销。其种类内容之丰富，年代跨越之长久，在非日本本国的历史文学、典故、伦理道德教诲著作中独占鳌头，而且几乎能够与日本本国的这类历史文化书籍一比高低。

日本人喜好中国历史典籍，那深之又深、厚之又厚的哲理，对他们有无限的魅力。他们从中国的历史典籍中，欣赏宏大壮观的战争画卷、斑斓曲折的人生故事，领教机智贤明的韬晦谋略、深邃莫测的谚言哲理。他们在学生时代学习历史、国语古文、典故、诗词、成语的时候，接触了不少中国历史的精髓。中国的古典对他们并不陌生，只要变成日语，他们会像中国人一样领会和理解。尤其在社会上层，虽然不像一百多年以前那样，以会写汉语文章、读懂并欣赏中国诗词为知识渊博的象征，但是，那些搞社会科学的，要解释和揭示日本社会、历史的情况时，往往要到中国古典文献中去寻找根据以及连带关系。那些搞经营管理的，一生学习西方的先进经营管理经验和技术，取得成功再进一步升华之时，常常引用中国典故，一言以蔽之，精炼概括其经营之道。众多评论家、进言者向政府提供秘策，在外交上学用三国、春秋五霸、战国七雄的谋略，在治国上参考荀子、商鞅、韩非子的学说等等。日本的历史典故中，没有多少像中国的历史典故那样丰富多彩、宏大壮丽的内容。日本的纯自有文化没有规模性地发展起来，日本文化成了杂交文化，除了地理、文明程度的诸原因之外，中国文化的传入也是重要原因。中国的历史典籍，在解释人类社会、人的生存交往之道上，似乎是取之不尽、用之不竭；中国的传统技术，在当时世界的封建社会时代，也足够先进。这些给日本带来了文明和进步，但是在极大程度上覆盖和阻碍了日本自有文化的发展。日本人忙不迭地吸收消化，想用时拿来便用，或稍加改造也可满足当时的需要。日本人作为一族，自我发展、自我创新的意识及欲望始终没有得到满足，形成历史性的文明和文化的烦恼。

近半个世纪以来，日本和中国的交流逐渐增多，看到日本人对中国的历史典籍知道得那么多，令很多中国人吃惊；而他们对中国的现代情况了解之少，也令不少中国人吃惊。这是因为从百余年以前开始，中国封建落后，经济文化、科学技术均没有突出的发展，于是日本转向近代工业、现代科技发达的西方。

对欧美的自卑

日本近现代在经济、军事、教育、生活方式、社会制度乃至时装、广告等方面，几乎都是模仿西方，尤其是美国。日本人对这样模仿欧美，而且这个模仿比其他国家做得更像、做得更全面、做得更好，有一种掩盖不住的自豪与骄傲。

自从 1853 年美国黑船闯入东京湾迫使日本开国以来，日本的追逐对象发生了彻底的改变。一直雌伏于中国文明边缘的日本，突然发现一股全新而强大的文明势力杀了过来。那股势力驾着坚船利炮，带着先进技术，挟裹着近代工业文明的旋风，首先击败了近旁数千年不可一世的中国。粉碎了日本因锁国制度 260 余年未能发挥的、追随并摄取先进文明习惯了的癖性，从此踏上了全面学习欧洲彻底改革的“脱亚入欧”的不归之路。

日本有两座具有历史意义的建筑：四天王寺和鹿鸣馆。这是两座风格和年代截然不同的建筑，四天王寺是建筑于 6 世纪的佛教寺庙，鹿鸣馆是建于 19 世纪的西洋式的宾馆。但是二者有着相同的意义，它们都是在开始有规模地引进外来文明的时候建造的，并且相应地起到了时代的代表性作用。

四天王寺是日本建造的第一座大型寺庙。公元 587 年，圣德太子在讨伐叛乱诸侯的时候，为祈拜四天王企求胜利而于 593 年开始着手建设。623 年，新罗大使献的金塔、舍利以及幡匾装饰于寺内。648 年，僧侣阿倍仓梯麻吕在金塔内安置了小型四天王像，后来又打造了大型四天王像，朝拜祭祀四天王，以保佑和守护西部日本。四天王寺作为祈祷当时成立的律令国家和天皇安宁的官方大寺，得到了长年的尊崇和厚待。四天王寺建造的初期，圣德太子摄政，统治天下，推行了一系列改革措施，其中一项是从中国引进并在日本推广佛教。四天王寺成了当时日本对外引进佛教、进行佛事活动的中心。为了引进佛教和先进的中国文化，则有规模地向中国派遣僧侣和学者，也就是遣隋使、遣唐使，开始了具有历史意义的向外国学习引进的高潮。寺中还建有迎宾馆，迎接外来的客人。当时能作为客人来到日本的，也只有从中国大陆以及朝鲜半岛来的僧侣和使臣。“四天王寺”地处海边的大阪附近。据说当时圣德太子建造“四天王寺”的目的之一，就是要对外国——实际上

四天王寺

是对中国大陆的先进王朝显示力量。当中国的船一驶近，远远看去，中国使臣也许会这样想：啊，我们一直看不起的日本，原来有这样漂亮的寺庙，日本也有那么好的文化，日本不是那么落后的地方。圣德太子在给隋朝皇帝的国书中写的是“日出处天子致日落处天子”，对隋朝一边表示强烈的对等意识，一边又俯首称臣似的盛情款待隋朝使臣，派“遣隋使”去学习、进贡，表现了复杂的对外意识。鹿鸣馆是近代建造的西式宾馆。鹿鸣馆由英国建筑师设计，1881年开工，1883年落成，同年11月举行了盛大的开馆仪式。德川幕府在末期，受欧美的外部压力，签订了一系列的不平等条约。明治政府考虑到若要修改那些条约，与外国人的友好交往是不可缺少的，并且深知只有学习欧美方可富强，从而推行从风俗习惯开始的所有方面的欧化政策。首先从上流阶层入手，与外国使臣和商人（当然

鹿鸣馆

主要是欧美人）进行交际，设立官方的娱乐社交场所，那就是花费 18 万日元，内有客房、餐厅、音乐室、吸烟室、舞厅以及精美的女用化妆盥洗室，在当时最为豪华的西洋建筑。在盛大的开馆仪式上，发出 1240 多份请柬，采用非日本习惯的“夫妻招待”的西方礼仪发出邀请。之后，日本国内国外的外交官和名流们，常常在那里举办完全西式的游园会、舞会和音乐会，以及贵妇人们的慈善义卖活动。在封建的日本国土上形成一个西式小社会，那里成为日本欧化政策的象征，出现了所谓的鹿鸣馆时代。在欧美面前，当年建造四天王寺那种自我炫耀的矜持无影无踪了。为吸取全新的文明，日本掀起了欧化风潮，以至于 1887 年 4 月 20 日，不是在鹿鸣馆，而是在首相伊藤博文的官邸达到了鹿鸣馆时代的顶点：政府达官显贵们一个个就像演员似的装扮起来，出席化装舞会，与欧美外交使节及其夫人们共舞，培养西式素养、训练西式礼仪，以追求彻底的西化。

从那时起，日本就开始了全面对欧美的模仿和追赶，从政治制度、经济技术、文学艺术到生活方式，无一例外。连日本的语言——日语也随着时代剧烈地变化。一直到明治时期（18 世纪后期），日本还以懂得汉语、能够欣赏汉字诗词为高雅和荣耀，在讲话、写文章时，如果能多用一些汉语词汇，就被认为很有教养、很了不起。如今，汉语词汇虽然在某种程度上依然保持着重要的地位，但是，源于西方的外来语词已经要后来居上了。现代的日本人，尤其是年轻人，如果能够熟练而准确地运用外来语，特别是会用那些刚刚流行起来的新词汇，则会被认为是有教养、有风度、有水平。日语中的外来语多得惊人，说它泛滥成灾并不夸张。不要说理科、工科、医科、农科等科学技术用语中含有大量的外来语，就连日常生活用语也有很多外来语。中国 1973 年编的一本日语外来语辞典中的语词就近四万个，可见日语外来语到了何种程度，以至于日语的词语形成日本固有传统的词语、中国汉字词语以及主要从西方来的外来语词语之三足鼎立状态。日语外来语的来源有英、德、法、俄、西、葡等，当然主要来源是英语。日本在语言文明上，受到中国汉字的巨大影响，在近代以来则受到西欧尤其是英语圈的巨大影响。

在生活上，饮食方面学习欧洲西餐礼仪，用刀用勺用叉。学习西餐中吃面条的礼仪，用舌用唇用牙，无声地将面条连裹带卷地送入口中，不露牙不张嘴，默默咀嚼。日本人传统的吃面条习惯是，舌唇牙巧妙配合，形成一条通道，用气使劲那么一吸，发着声，痛快地将面条吸入，可谓日本人的一大享受。日本料理中，有一种冷面蘸汁的吃法，最适合于发声吸入，那种享受是东方面条发源地的中国料理所不能比拟的。学了西式吃法之后，不少日本人追求西洋文明，忍痛割爱，在日本的小面馆里，那种发着声痛快地吃面场面逐渐少见了。

日本人的偶像当属美国的大牌明星，电视广告中经常出现施瓦辛格、莱安的形象。日本人有钱，可以请这些世界上最贵的面孔来替他们宣传商品。更主要的是，日本老百姓喜欢并崇拜那些明星，那些形象备受日本社会的追捧，所以宣传效果极好。美国曾经最红的小生布来德 · 彼特到日本参加他的新作发布仪式，日方特意安排了媒体照相的活动。他如同时装模特，在台上漫步弄姿，台下数百镁光灯狂闪，由于欲摄其英姿的单位过多，不得不安排了两个场次。这样的情景，在世界上实属罕见。

欧美文明如同当年中国文明一样，覆盖到日本的头上。我们中国人有“崇洋媚外”“外国的月亮比中国的圆”等斥责盲目追攀外国的说法。我到了日本发现，日本人的“崇洋媚外”大大超过了中国人。相比欧美，日本人自愧不如，在人种上不如人家金发碧眼身材高大，在交流上不如人家开放幽默调侃潇洒，在文明上整个一个跟着人家亦步亦趋，唯有在做东西上有超越人家之势，还被人家说成是“经济动物”的工作虫。不知这种被压之形态何时才能够翻身。

寻找自我

日本人酷爱日本人论，都说像日本人那样喜欢“日本人论”或者“日本论”，也就是说像日本人那样喜欢本人论或者本国、本民族论的民族或国家在世界上是没有的。虽然没有精确的统计数字，但是也可以估算出关于“日本人论”或者“日本论”，有不下数千种著作出版。在日本街头的书店以及图书馆的书架上，到处可见有关“日本人论”和“日本论”的书。这在日本已经成为学者分析研究的一大学问、百姓注目关心的一大话题，伴随着日本人的学习、工作和生活。

有关“日本人论”“日本论”的论述，可说是无所不包。有《日本人的意识构造》《日本人的心理》《日本人和日本文化》；日本精神病医生写的分析日本人精神情感的《“依存”的构造》；美国人写的《菊与刀》《日本第一》以及日本人与美国人、与英国人、与中国人、与朝鲜人、与犹太人、与德国人、与俄国人……以使日本人能够认识自己。甚至还出版了专门论“日本人论”“日本论”的《“日本人论”“日本论”的系谱》《“日本人论”的方程式》之类的书，总结整理各种说法，分门别类，集约成册，帮助人们更好地了解和学习各种“日本人论”和“日本论”。

有趣的是，那些“日本人论”和“日本论”的书的作者除了日本人以外，绝大部分是先进国家的欧美人，极少有中国、朝鲜等不发达国家的亚洲人或其他洲的作者。给人的印象是，日本人很关心欧美人对他们怎么看，并不关心在身边、历史文化关系深远的中国人和朝鲜人对他们怎么看。

“二战”后，日本国内开始了日本人论的高潮。美国人鲁思·本尼迪克特写的《菊与刀》成为外国人写的日本人论的经典作品，日本人争相阅读。由于战败，日本人以前一直坚信的“二战”中支撑日本人精神的“日本精神”之价值观崩溃了，日本人在战前战中持有的“日本是世界最优秀民族”的优越感变成了自己什么都不是的劣等感，一度从精神上丧失了信心。日本对主要战胜国并派驻占领军统治日本的美国，由过去的仇恨和蔑视一瞬间变得无法用语言形容的憧憬和崇拜。对 1947 年写成、1948 年在日本翻译出版的美国人写的美国人如何看待日本人的《菊与刀》，日本人怀着自虐般否定自己又拼命寻找自己的渴求心情，想知道在此书中自己被写成什么样，自己到底是什么样。这本远离生活娱乐、一般大众很难读懂、美国人写给美国人看并以让美国人了解自己的敌人为初衷的社会人类学著作，在日本竟售出了 230 万册。以此为契机，日本人论在日本形成了巨大的市场。东京大学教授中根千枝于 1967 年出版了揭示日本人际关系的《纵向社会的人际关系》一书，开了日本人写日本人论的著作大畅销之先河，到 1996 年 1 月为止，加印达 94 次。一位自称犹太人写的《日本人与犹太人》成为大畅销书，书中“日本人觉得水和安全是不花钱白来的”一语成了社会流行的名言。传言作者是某日本作家为了赚钱而冒充犹太人写的，可见其市场的诱人之处。

《樱花树》，月岗芳年，创作于 1878 年

“日本论”“日本人论”不仅流行于社会，而且进入学校。日本高中二年级国语教科书中的现代文部分，有“随笔”“小说”“评论”“诗歌”四个栏目，其中评论栏目有五篇文章，四篇是与“日本论”“日本人论”有关的。文章作者均是日本的

著名学者，说日本的文明感觉渐渐接近于欧洲文明感觉而感到欣慰的“文明的场”，谈日本人人际关系的“依存对方的自我规定”乃日本人之独有特征，论日本人美感意识与欧洲人美感意识比较的“日本人的美感意识”，还有述日本通过海与外国进行文化接触、交流及碰撞的“海上之路”。

日本人喜欢自己论自己，喜欢别人如何论说评价自己，可以追溯到有关日本的最初记载——中国的史书。懂得一点历史的日本人都知道，叙述日本历史的时候，离开中国历史、离开中国的史书是不行的。由于古代文化发展落后，日本人从中国的史书上得知对早期自己的叙述、社会发展情况、与外界的交流以及各种评说。这就使日本人能够接受别人叙述记载自己的历史，主动地到中国的史书上寻找有关自己的记载，进而愿意到别国的书中去寻找自己的影子。

在日本流行的外国人写的“日本论”“日本人论”以美国人写得最多。日本人面对“上帝”一般的美国人论日本人时，亦喜亦忧。一册《日本第一》，如旱遇甘雨，似雪中送炭，把日本人送上了天堂。书中大大赞扬日本的政治、经济、社会及企业的制度，推崇日本人的集团配合、勤劳忍让的品行，认为现在的日本与大部分欧美先进国家相比，成功地阻挡住利己主义和虚无主义的侵蚀，日本将是世界第一，日本时代即将到来。此书在日本大畅销不言而喻，它使日本人终于找到了感觉，以为自己真的成了世界第一、成了比自己一直崇拜着的欧美更为优秀先进的国家和民族。日本人在受到这类赞扬时，一边不知所措，一边又欣喜若狂，把这本书当作美国人终于对日本开始怀有某种敬意的历史性纪念碑似的作品。但是“日本第一”代表不了美国人论日本人的主流，几册日本礼赞，不过是沧海一粟。

半个多世纪前，美国占领军司令官麦克阿瑟一语“日本的精神年龄12岁”，为“日本人野蛮人论”潮流的象征，“现在（40年代末）的日本12岁，初中一年级差不多的水平。但是，终究初中生要毕业进高中，再成为一个像样的成人进入社会。大概最后能成为像美国那样的伟大的大人之国，日本的国民们，朝着这个目标努力吧”。至今，这个潮流仍经久不衰，经济、科技问题就不用说了。这个潮流认为，日本在文化、意识形态、生活方式等方面都比欧美先进国家落后，学阀财阀官僚横行，众多而又无信念的政党和政客山头林立，为政者无气力、无原则、无责任，被逮捕起诉的前总理照样当选议员，公私混同黑吃公款，如同经济动物干起活来不顾死活等等。这些论说中多认为日本人特殊、“异质”，与欧美如何不一样，其中带有不少批评、轻蔑甚至污辱性的内容。日本人对此多少有些反感，但是因为那是美国人说的，既然他们那么说了，自己也许就是那样吧，也当作当然的事情欣然接受，不得不说这是日本人对欧美人的自卑心理和劣等感觉在作祟。

日本人一边倒地以欧美社会作为日本社会的比较对象，寻找自己的时候参照欧美人解释的日本形象，了解和解释欧美人的时候，也是通过欧美人的眼睛来观察。因为日本的政治、经济是受美国左右的，军事是受美国控制的，文化学术人员的交流是以美国为中心的，发展进步是以美国为榜样的，崇拜和追赶的对象是以美国为目标的。

日本人普遍拜读的美国等国人写的“日本人论”，是日本人如何如何特殊、各色；日本人写的“日本人论”，解释或反驳欧美等人的观点或者自行揭示日本人的情况时，也是日本人怎样怎样特殊和各色。日本人在从欧美人眼里寻找自己的影子同时，自己论自己的时候，强烈地并强迫自己认定自己与其他民族不同，又极其渴望别国尤其是欧美各国的赞许和认同。他们从民族自尊的角度考虑，强调自己的特殊，在何种地方优于外界，又时常莫名其妙地指责自己与欧美的不同和不足之处，以激起追赶欧美的决心。

欧洲资产阶级革命、工业发展、大航海、殖民主义侵略，使得国际之间的交流频繁起来，文明的差距感明显起来。一直在中国文化影响下的日本，发现并痛感落后欧洲，开始明治维新，富国强兵，脱亚入欧，紧跟先进，以树立在世界上的自强与自尊地位。日本对欧美产生如此技术力量和工业能力的社会系统吃惊不已，因而以欧美为榜样发展经济。在眼看就要追上欧美的时候，日本走上了军国主义之路，结果以惨败而告终。战后，在美军的占领下，日本向美国化发展，在美国的指导下，建立了宪法、民主管理制度，恢复并发展了经济。日本人仰慕欧美，在学习欧美当中，不时地否定自己的某些部分，经常有意识地比较测量在物质和精神上与欧美人的距离与差距，对确立自己的特性、文化的个性与价值而苦恼之极。因而对照欧美，定义和评价自己，对自己的形象进行自问自答，并顺着欧美人的视线，调整自己的姿态，借助欧美人的看法来寻找确认自己的所在。

自强不息

日本与朝鲜同属于汉字文化圈的国家，但是不同的是，朝鲜作为一个彻底的儒学国家，比日本更紧密地与中国文化结下不解之缘。可是朝鲜独自发展了文字，几乎可以不用汉字，自己用得方便又保持了民族自尊。日本在最关键的文字上仍大量使用汉字，在文字上没有突出进展。语言仅仅是一例，其他还有很多。日本的国粹学者们也承认日本文化是混合文化，是杂种文化。日本纯自有文化的发展形成也许可以用“夭折”这个词来形容。日本忙于学习模仿，完全属于自己的文明发育不全，日本人自我发展的能量燃烧未尽，自有文化还没有怎么发展起来的时候，就相当程度地被来自大陆的先进文化给覆盖了。对此日本人好像心中有一种不可名状的挫折感，并困扰至今。

中国人有极强的文化自豪感，汉字文化圈覆盖了包括日本在内的东亚和部分东南亚。欧洲人以基督教文明而骄傲，近代发展到巅峰。美国人由多民族移民组成，它以欧洲移民为主，自认为是欧洲文化的分支。朝鲜人自认是汉字文化圈中的一员，利用和普及儒教文化比中国都做得彻底，而且发明了几乎可以完全代替汉字的完全属于自己的语言。对日本最重要的几个国家和地区在文明、文化的问题上，基本都在精神上处于安定状态，好像只有日本这个问题还没有解决。

日本有人不愿承认自己是中国（汉字）文明圈的一员，尽管这在世界上得到公认，是无法扭转的现实。但是，日本又拿不出实在的独自文明出来，以证明日本文明是世界上独立先进并具有普遍意义之文明的证据。冷静下来，日本人自己都难于自圆其说。对日本人来说，与世界各种文明不同并值得引以为骄傲的是日本有个天皇，通过神话而得到神化，历史悠久、万世一系。天皇是日本最独特的文明（与外国不一样），至今仍是日本总体的象征。遗憾的是，天皇仅仅对日本人有意义，却无法说明日本文明的先进性和普遍性，某种程度上，还被当作日本封建落后的话柄。在文明、文化的问题上，千年以来，日本不甘心又无能为力。在这种复杂心理的驱使下，左顾右盼，东碰西撞，至今也没有找到使自己的精神安定下来的位置。如饥似渴地学习模仿、自我完善并变换跟进目标，学了那个撇这个，仿了这个贬那个，不停地环顾四周注意别人怎么看自己。随着别人的目光调整自己的位置和姿态，极度追求旁人对自己的好评和承认，表现得时而极度对自己的文明的缺乏自信，时而又过于自信。情况好了自己就是地球上最优秀民族，情况坏了自己就是地球上最劣等人种。时而自傲时而自卑，如同钟摆在自卑和优越之间游荡。

古代日本怀有的对中国文化的落后感和自卑感，近代开始怀有的对欧美文化的落后感和自卑感，直到现在仍然强烈地存在，如一块心病在日本人的胸中时时隐隐作痛，困扰着他们。有史以来，日本的文化、文明，一直落后于外国。日本几乎没有自然地输出过属于日本创造的文明与文化。换句话说，没有哪个国家或民族通过学习日本的文明与文化来提高自己的。日本缺乏创造过带有人类普遍意义的辉煌灿烂文化的自豪感和优越感，而具备极强的对先进文明的自卑感，和由这个自卑感反弹产生出来的极强的自强心与自尊心。

日本人怀着自卑与自尊交织的心态，在接受外来文明的同时，又极力地维护自己的民族意识和传统文化，维持其国家所具有的同一性（思想方法一致）、纯粹性（单一民族）、连续性（千年一贯）的集团及社会，努力把对先进文明的自卑转化成自强的力量。

早年的日本被称作“倭”，中国史书最初记载日本为“倭”的是《汉书 · 地理志》。其中记述，乐浪海中倭人，分立为百余国。一直到 7 世纪后期，日本人也自称“倭”。“倭”的日语读音之一是 yamato（やまと），读音同是 yamato 的还有“邪马台”和“大和”。“邪马台”是日本两千年前的一个小国家，中国史书《三国志 · 倭》中有详细记载。“大和”也是早期日本南部一个地区的称呼，并且这个称呼一直成为日本民族骄傲的象征。日本民族有大和民族之称，日本精神有大和魂之意。为什么管日本叫倭？可能早期中国的使臣出使到那里，看到那里的人身材矮小，脊背弯曲，于是便以其特征形容，用“倭”字来记录当时尚无文字的“邪马台”人，以后就把那片岛上的人们称作“倭人”，那里的国度称为“倭国”。

开始，日本列岛上的人欣然接受“倭人”的称呼，后来随着与大陆文化交流的加深，学习引进汉文而逐渐知道“倭人”的含义，以及随着日本国力的逐渐强盛，开始不满意“倭”及“倭人”的称呼了。7 世纪初，日本统治者圣德太子致书隋朝，开始改变自己惯例的称呼。据《隋书》记载，公元607年，日本“其王多利思比孤遣使朝贡。其国书曰，日出处天子致书日没处天子，无恙云云”。炀帝看后大为不悦，对管外交的大臣鸿胪卿说道：“蛮夷书有无礼者，勿复勿闻。”（《隋书·列传·东夷》）日本人将此举作为日本第一次敢于挺直腰杆说话的千年壮举，如今仍津津乐道。每当日本与中国有龃龉之时，总要温习这段光辉历史，作为精神支撑。

“日本”这一国号可能从“日出处天子”之说引申而来。在《旧唐书》中写道：“日本国者，倭国之别种也，以其在日边，故以日本为名。或曰，倭国自恶其名不雅，改为日本。”《新唐书》中记载：“咸亨元年（公元670年），遣使贺平高丽。后稍习夏音，恶倭名，更号日本。使者自言国近日所出，以为名。”

根据日本大化元年条“明神御宇日本天皇诏旨”云云可以推测，在日本三大变革之一的大化改新这一使日本成为完整国家的变革中，为一改旧俗，振奋民族精神，统治者将国号从“倭”改为“日本”了。

日本作家、曾经担任过文化厅长官的三浦朱门因撰写《思考日本的国家像》一书，获得日本民族主义气味浓厚的“正论大奖”，他在领奖仪式上的讲演中，说了这样一段话：

> “日本”这个词，我国何时开始使用、外国开始称呼“日本”的，是与“日本何时成立的”是同一个答案。看看与新罗交流的记录及日本书纪，日本一词的使用好像是

> 7世纪末到8世纪初。可以说这个时代叫作日本的国家诞生了。7世纪，大中兄皇子（天智天皇）推行了“大化改新”。那是从外国吸取文明的举动。“日本”一词写起来是“日的本”（日出之处），因此，是比以前使用的“倭”要好得多的称呼。对外宣传“自己国家好的地方”，同时积极吸取引进外国文明来整理内部，这能够看作爱国主义式的思考和国际感觉。（《产经新闻》1999年4月8日）

可是“日本”这个词，并不是所有日本人都认为是自尊的称呼，有人认为那是自卑的称呼。其道理是，之所以叫日本，意思是位于日出之处，对谁来讲是日出之处呢？当然是对在西边的大陆，也就是古代的隋唐、现在的中国。自己的国名居然用中国人的目测看去的地理位置来命名，这能说是自尊吗？还能有比这个更自卑的吗？还不如用“倭”，至少“倭”是以人的特征来表述的，而且还是当时的实际情况。

就“日本”这个国号，历史学家网野善彦在《日本**とは**何**か**》一书中说，日本的使者出访周（唐朝武则天的国号），“被周的官人问到为何变更国名，使者好像做了‘日本乃倭国的变种也’，‘倭国自恶其名不雅，改为日本’，‘日本是以前的众小国及倭国的土地合并而成’等回答，武则天就承认了这个国名。由此，中国大陆各王朝的正史就从以前的《倭国传》《倭人传》变成《日本传》了。从此，日本这一国号，在东亚的范围里被正式承认了”。有人说，是武则天给日本起的国名，不是没有根据，至少武则天当政的时代承认了“日本”这个国名，使国际上对其称呼从“倭国”变成了“日本”。

日本维护自己的自尊，在主张日本文化和民族的优越性时，总要先否定中国文化对日本文化的形成与发展的影响，然后再否定中国文化，利用中国文化的糟粕对比出日本文化的优越，来高扬日本文化和民族精神；否定某种东西来肯定另一种东西。日本之所以要极力地否定中国，是因为对日本来讲，来自亚洲大陆的中国文明在历史上是对日本影响最深最长的文明，至今尚未能摆脱这个巨大的阴影。只有否定中国文明，才能够找到自己文明的独立性和优越感。那么为什么不去评说或否定伊斯兰文明呢？因为伊斯兰文明对日本没有关系和影响；为什么不去评说或否定以基督教为基础的欧洲文明呢？因为欧洲文明在这一百多年以来才真正对日本产生影响，而且强大的欧美文明以其先进性和开放性，正在备受日本人的崇拜，并且正在越来越厚实地覆盖着日本。

欧洲和美国的近现代文明是如今对日本影响最大的文明。19 世纪列强横行于世界，强烈刺激了日本，日本为保疆土防止列强的入侵，发起了明治维新的社会大改革。在达到富国强兵的时候，开始了对近旁弱国的入侵，以超越欧美列强的凶狠和残暴，争抢殖民地，爆炸般地在三四十年间，加入列强的行列。从此，日本在东亚翻身了，长达两千多年的对大陆文明的落后和自卑一笔勾销了。以前曾经是先进民族的中国人和朝鲜人成了日本的刀下鬼、膝下奴。日本人不是一般的扬眉吐气，得到了从未有过的满足感，从深深的自卑陡然变成不可一世的优越。日本人的目标在这一瞬间转变了。开始崇拜欧美、学习欧美、要加入欧美，随后又为争夺利益打击欧美。到了20世纪30年代，日本从自强到疯狂到了登峰造极的地步，全面开展了对华侵略战争，与德国、意大利结成法西斯同盟，挑起了太平洋战争。20世纪40年代初期，日本皇军长驱直入、所向无敌，老牌帝国主义英国的军队在新加坡缴械投降，美国的太平洋舰队在珍珠港折戟沉沙。日本人的自信达到了顶峰，大和民族乃地球上最优人种，大和精神天下无敌，活神天皇统治的神国有天神保佑。可是事实是，疯狂的罪行必遭疯狂的惩罚。两朵蘑菇云的升起和关东军的覆灭，使得日本天皇精神遭到最终的失败，昭和天皇不得不宣布无条件投降。战争的失败，使得日本人的精神状态跌入深渊，在几年以前还觉得是人类上上种，这一下子就变成了下下类，从上到下整齐划一地成了主要战胜国美国的崇拜者，他们发挥“实用地追随强者”这一日本人的历史传统特点，一下子俯首帖耳耿耿忠心。失败和挫折，并没有泯灭日本人的自强之心，他们紧跟美国，卧薪尝胆，以图再兴。果然，在战后三十到四十年的时候，以其经济实力，再次登上世界之巅。日本在经济上的发达，曾使日本人忘乎所以，以经济金钱之利器，再次向世界大开“杀戒”。但是，由于日本在“二战”战争中的罪行，使得日本很难受到周围国家的信任，美国更是从政治、军事等方面束缚着日本。虽然日本在军事上和经济上都有过发达时期，但是，在文明、文化方面的缺憾依然存在。这个在历史上对中国、在近现代对欧美的千年遗恨造就的自卑感依然刻骨铭心。如同军事和经济发迹一样，日本寻求尊重、寻求自强时呈现一种急于求成的心态，也在文化问题的处理上表现了出来。

当今世界，欧美文明的先进性似乎是公认的，日本在经济上紧随欧美达到了与欧美并驾齐驱的程度。于是在文化方面，日本特别地热衷于向欧美方面进化。世界上有个诺贝尔奖，日本在经济发达、腰缠万贯之后，就设了一个世界文化奖（高松宫殿下纪念），有绘画、雕刻、建筑、音乐、影剧共五个项目，全部是诺贝尔奖所未设的奖项，并颁发可观的奖金。所奖的是那些最能显示和平文明的、标志人类思维发达的文化结晶；这是当今世界欧美风格流派占压倒优势、日本所缺并在“入欧”过程中要提高自身文明程度、向欧美靠拢的重要部分。该奖在日本泡沫经济达到巅峰时（1989 年）开始，每年一期。从得奖人来看，一般必有一个日本人，偶尔出现过印度人，然后就是清一色的欧美人。1999 年 10 月第 11 期颁奖，绘画得奖者是德国人，雕刻得奖者是美国人，建筑得奖者是日本人，音乐得奖者是加拿大人，影剧得奖者是德国人。从这个奖的设立和颁发情况来看，在日本人的心目中，文化只有欧美才有，只有欧美人和日本人在为世界文化做贡献。日本发达有钱了，通过这个奖，花钱换回上品的感觉，并以此告示世人，日本对世界文化发展的贡献硕果累累，乃世界文化之乡。

不仅在经济方面，在文化方面，日本也想以“亚洲的代表”自居。的确，经济发展接近欧美的日本，在文化艺术上有不少得到欧美人承认的成就。日本人中出现了乐队指挥小泽征尔、作曲家坂本龙一、电影导演黑泽明、小说家夏目漱石等。他们的才能得到世界的公认，在以欧美为代表的文化艺术领域，为日本谋得一席之地。由于日本经济的发达，有钱去学、去仿欧美现代流行的东西，比如流行歌曲，模仿美国的唱法、乐器、舞台布置以及动作和伴舞风格，在亚洲形成了领先趋势，显得比亚洲其他国家更接近美国。一些日本歌手带着美国风格的曲目到亚洲其他国家去演唱，受到当地喜爱现代流行歌迷们的热烈喝彩。这时日本宣传界就宣称，“日本在向亚洲各国输出日本文化，东亚各国正在受日本文化的影响，正在向日本化发展”，透出一种掩饰不住的“翻身道情”般的兴奋和喜悦。可是，遗憾的是，日本真正传统的、需要特殊演唱功力、能让人感受到日本特征的日本演歌，却迟迟走不出国门。

忧患意识

在跨世纪之际，日本的小泉首相提醒人民，各个家庭都要存储多少天的饮水和食物，预备能够维持一段时间的现金，以备发生危机的时候可以应付。这个危机是 2000 年问题。运营在社会各个角落、发挥着管理和控制生产生活系统的计算机，将在跨越年度的瞬间由 99 变成 00，会引起计算机的混乱。由计算机管理和控制的电力、供水、金融、商业等系统会随着计算机的混乱发生问题，导致停电、断水、取不出钱来、买不到东西等严重问题。

日本人和社会常存着一个忧患意识和危机意识。日本人从小学就开始的德育教育宣教的是，日本国土狭窄，缺乏资源，唯一可以利用的资源是人。日本全国工厂化了的今天，如果与海外的交流完全切断，原材料和能源进不来，做好的产品出不去，内外市场就完了，一亿两千多万人的一日三餐从何而来？一旦发生重大灾害，没有纵深回旋余地的日本是很难经受得起的。在日本，像《日本沉没》《饥饿列岛》那样的小说大畅销、电影大卖座。不但各方面渲染这个问题，日本的普通人也极其关心这个问题。

在忧患意识之中还存有根深蒂固的被害意识。他们受地理条件之害，国土多山而面积狭窄；受地理状态和气候环境之害，多火山、地震、台风；受地理位置之害，被圈在一片岛上，与外界隔绝，因而形成一种岛国根性。他们受文明发展进化的自然之害，以至亚洲大陆的文明启动得较早，覆盖了日本两千年。近现代的欧美文明，在日本人不知不觉之中突然出现，牵着他们、压着他们也有一百余年，也许还要到永远，使得日本人形成一种不稳定心态。

所以他们忧患，他们自强不息，一次次地寻找优越民族的感觉，锲而不舍地追求世界的尊敬和承认，从军事上、经济上、文化上，甚至从人种上做出了大大超过必要的长期不懈的努力。从这情形以及使之发生的日本人的心态，可见日本人的自卑、自傲和自强，是如何地交织、纠葛在一起，当中该蕴藏着多么巨大的能量。

勃兴

1. 原始的突变

日本是一个历史悠久的国家，虽然公元前的历史记载极少，但是据出土文物的考证，有数千年至万年的人类文明的迹象。到农业文明之前，日本是绳文时代。绳文，顾名思义，是用绳子结来记录和传达信息的。

到公元前3世纪至公元前2世纪，日本列岛上没有农业、畜牧业。绳文人唯一饲养的动物是狗，狗在世界各地都有，又是人类最初的朋友和帮手。根据出土的绳文遗迹中有碾压用的石臼和石斧等工具，有人推定当时有可能栽培了芋头之类的植物，也许出现了原始农业的萌芽，但是证据不足。在被海孤立的日本列岛上，绳文人自然地、极其缓慢地发展了近万年，一直处于原始状态。与此同时，世界先进地区进入农业耕种、畜牧饲养和金属制造的阶段，并在此前发明了文字。使用文字，是这个社会脱离“未开化”的决定性标志。

在公元前3世纪至公元前2世纪之间，日本文明发生了突然的变化，开始了农业耕种。公元前200年左右的一段时期，扶桑列岛告别持续了一万多年的新石器时代。根据出土文物考证，这段时期之前，除了粗糙的绳文土陶偶像，遗迹多为祭祀日月、风雨、山川、星辰的场所，农耕的迹象极少。这段时期之后，却出现了大量精致的铁制兵器和农林工具，土陶的特征也发生了巨大的变化，显露出明显的农耕和使用铁器的迹象。这个铜矿资源丰富的岛国，却没有产生青铜器时代，而是跨越了青铜器时代，直接进入铁器时代。

绳文时代的土器

弥生文化不是接续绳文文化发展出来的，无疑是外来文化。从绳文文化到弥生文化，找不到在日本列岛上渐进发展的痕迹，所以只能断定弥生文化是外来文化。文化是由人类传播的。弥生文化能够在日本列岛上生根，能够盖过那里原有的绳文文化，并且能够很快地扩展普及，如果没有相当数量的弥生文化的人移居是不可能的。

弥生人的来源，可以说没有任何历史记载，倒有生动的传说。公元前3世纪至公元前2世纪左右，正好是中国秦汉的时代。《史记》中记述，方士徐福东渡，也许就是弥生人的来源。秦始皇命徐福渡海去寻找长生不老之灵药，3000童男童女随行，一只庞大的船队向东驶去，从此再也没有回来。在日本有着比中国更丰富的关于徐福的传说。徐福在日本叫作新宫的地方登

徐福像（在日本和歌山县新宫市的徐福公园）

岸，这个地点，又恰恰与日本神话传说中第一代天皇神武登岸的地点吻合。日本还有徐福的墓碑（立于1834年），徐福被作为一个知识和医药之神以及水神、农神甚至日本神武天皇受到人们的膜拜。在中国的正史中到徐福上船为止，在日本的传说则以徐福下船为始。徐福是否真的在日本下了船，无法验证，但是古代的中国和日本民间传说又没有沟通，关于一个人的传说隔着汪洋大海竟相通，可见其中必有极高的可信之处。如今在日本，对徐福的考证成了对渡来人的考证，在各种有关渡来人的传说神话中，徐福显得最为可信。依照那个时期的水平，自然性的文明扩展不会有如此的速度，显然是伴随着扩张、征服，具有很强的人为性。具备成熟的先进文明的弥生人积极主动地向“未开垦的荒地”进军，同时对土生土长的原始绳文人进行征服。

外来的弥生文化就这样覆盖了日本列岛。外力使得日本列岛发生了突变：从以狩猎捕捞为主的采集经济变成以有规模地耕种水稻为主的农业经营经济；从土器石器时代变成铁器青铜器时代；从少数人小集团的移动生活方式变成多数人大集团的定居生活方式；从没有贫富和阶级差别的社会变成有贫富和阶级差别的社会。

徐福上陆纪念碑（日本和歌山县新宫市的阿须贺神社）

2. 走出混沌

日本文明的真正开始是在公元 7 世纪前后的律令制度——“大化改新”时代。其历史背景是，6 世纪末到 7 世纪中，在中国大陆相继出现了隋朝、唐朝等统一的中央集权国家，其强大的实力影响了周边各国，尤其是朝鲜半岛的诸国。当时日本的朝廷通过遣隋使、遣唐使以及与朝鲜各国的交往，得知国际环境的激烈变动。那些受到从中国归来的留学生以及受到这些留学生教育的青年贵族们要求进行国政改革。

从弥生时代到大化改新，日本经历了一个长达八九百年的奴隶社会。从弥生时代开始的农业经济缓慢发展。作为文明发展标志的金属文化，同农耕一样，在日本也没有经历一个自然的发展过程。由于汉朝已经大量使用铁器，日本受其影响迎来了金属器的时代。尽管日本铜矿丰富，日本却没有经历青铜器时代，而从石器时代直接跃至铁器时代。在对外关系交往方面，根据文字记载，最早的大概就是汉光武帝刘秀授予倭奴国金印。之后，邪马台国的卑弥呼遣使赴魏（三国的魏），受赐“亲魏倭王”的称号。从此，日本与晋朝、五胡十六国、南北朝时期的各国进行频繁交往，朝贡受封。几代倭王被授过安东大将军、镇东大将军、征东大将军等。在这些交往中，中国的文化，尤其是文字，被引入日本，成为日本的文字和官方语言。随着平定分裂和战乱，杨氏家族建立了大一统的国家——隋朝。就在这个时候，在日本发生了巨变。

经过漫长的蒙昧时期以后，日本经济文化的发展以及倭王世族的统治趋于严整，王室和统治阶层的政治权力斗争日趋激烈，使得日本具备了变革的条件。近旁统一的中央集权国家——隋朝的出现，使日本感受到威胁和刺激。由此日本开始了社会改革，开始了文明的开化。

当时，随着航海技术的发展，大陆文明经朝鲜半岛和东海流入日本。先进的大陆文明震撼了列岛，正好日本的经济文化也发展到了可以接受这些文明的程度。在这些舶来文明中，除了佛教都是可以实用的。

佛教同儒学一同传到日本。推广佛教文化，其意义并不全在佛教上，重要的是推行佛教。那以前，日本人信仰的是崇拜自然的神道。这种神道完全流于自然，没有规定什么教义，纯洁而朴素地拜天求神，是传统的土著神话，代表着统治者的正统和威严，涵盖着民众崇尚自然的追求。佛教在印度诞生，经西域传到中国，进行了中国式的改造，再经朝鲜半岛或者海路传到了日本。著名的鉴真和尚 11 次东渡的悲壮事迹流传至今。当时的日本经济文化已发展到一定程度，但缺乏有理论的精神信仰文化，这对整个社会和个人都是一个缺憾，并且阻碍社会文明的提升。佛教在日本列岛登陆，给日本带来一股新风。如同其他新生事物一样，有推崇的，也有反对的，固执神道的势力极力反对佛教的引进和普及，因而在日本发生了空前绝后的以宗教为起因的战争（并非真正的宗教战争）。最终推崇佛教的势力取胜，佛教得以在日本普及。

达摩坐禅偶。达摩是中国禅宗的始祖，传说在嵩山少林寺坐禅面壁 9 年修炼而成正果。苦修成果的佛教大师在日本深入人心。达摩坐禅偶是无手无足的不倒翁，是人们企求生意兴隆开运发迹的吉祥之物。祈求时，在一只眼上画黑圈，祈愿达成时，再在另一只眼上画圈，以示圆满。

灭掉排佛派之后，天皇又面临着深刻的政治矛盾。天皇从天

鉴真和尚像

皇血缘氏族中选任，天皇氏族是天照大神的子孙、神武天皇的后裔之说，是基于神道神话的。否定了神道，只从天皇氏族中选任统治者，就没有了依据。那个时代传入日本的中国文化，绝不仅仅是佛教，儒教、道教乃至神仙思想也传进来了，当然，中国从古就有的重要政治理论——易姓革命也一定传了进来。那个时代的中国，正是隋王朝刚建立不久的时候。经过南北朝的动乱时期，总算是实现了全国统一。因此，这个时候比任何时代都能更多地感受到易姓革命的思想。这期间，佛教传到日本来了。所谓“万世一系”不必要、德贤能者为天皇的观点，对天皇家族来讲有累卵之危。

作为天皇直嗣的圣德太子在593年开始摄政，进行了一系列奠定日本国家民族的历史性举措。他组织制定《十七条宪法》《冠位十二阶制度》等国家统治制度，从贵族支配的国家转向由官僚制度整合的行政国家。据《日本书纪》记载，包括圣德太子直接撰写若干条的十七条条例完成于604年，一般称之为“十七条宪法”。文章以正规的汉文写成，据有关专家鉴定，其文体有先秦、汉魏遗风，并同后周苏绰的六条诏书和北齐的五条之文有相似之处。其中引用了《诗经》《尚书》《孝经》《论语》《左传》《礼记》《管子》《孟子》《墨子》《庄子》《韩非子》等儒、法、庄老等诸子经典和《史记》、《汉书》等史书，以及《文选》、佛典等书籍中的许多语句。可以说它在思想上、文体上几乎没有统一性，汇聚百家，不伦不类。《十七条宪法》的第一条为“和为贵，无忤为宗，人皆党有”，是日本的传世名言。以此建树治人、治国的精神文明，开始有了管理制度和统治官僚，从蒙昧无序部落群向完整的国家转变。今天的日本是官僚主导的国家，圣德太子时代就是其起源。

圣德太子

携以著名的“日出之处天子，致书予日落处天子”为前言的致隋国书，遣隋使作为日本第一个正式外交使节到了中国。明确日本与中国、与朝鲜半岛是一样的独立国家，显示了自强自立的立场，开了自强自大的先河，也是日本持续至今的强国梦的初景。“日出处天子”之说，又是其后定国名为“日本”、立国旗为“日之丸”的理论根据。

就在神佛矛盾、天皇家族世传被质疑的危难时刻，颁布了崇敬神道的“敬神诏”。其重要意义是，信仰、推广并研究佛教，并不否定日本古来的神，而要继续推崇神道。圣德太子作为个人是佛教徒，作为政治家是天皇家族的一员，又必须是神道神话的卫道士。作为从理论上、伦理上解决这个矛盾的手段，琢磨出了神、佛、儒和平同立的“习合思想”（日本著名作家屋太一在《创造日本的十二个人》一书中这样论述）。使得宗教这个绝对排他性的信仰问题，在日本共存共荣了。这意味着日本人同时可以有多种信仰，解决了神道与佛教的矛盾，保护了天皇的地位，所以日本人把他当作孔子一般的伟大思想家。他的思想仍渗透在当今日本人的骨髓中，成为决定日本人的宗教观甚至世界观、价值观的要素。这所谓“习合思想”，就是佛教进来的时候只取佛教好的东西，不喜欢的地方忘掉就行了。以后基督教一进来，觉得有意思的就用，于是只取用圣诞派对（Party）和在教堂举行结婚典礼，而葬礼就在佛教的寺庙举行。属于神道传统的盂兰盆会（日本传统祭祀）也去，初旨（元旦拜神）也去。这些截然不同的沾宗教边的各种活动，日本人干起来丝毫不觉得有何矛盾或不对劲。

圣德太子利用遣隋使引进先进文明，并提出了“取好”（いいこととり）的思想。既然连宗教那样严密的东西都能够“取好用之”，对其他就更能够“取好用之”了。因此，从中国隋唐时代开始的学习引进连绵不断。到了明治时代，西洋文明来了，立刻就能引进先进的机械技术，修铁道，拉通讯网，引用议会制度，制订征兵制度，技术、制度、学校全成了洋式的，但是不引进西洋的自由思想和家族制度，称之为“和魂洋才”。

6世纪至7世纪是日本的内外局势使之必须变革的时期，而圣德太子等人承担起这一使命，达成这个伟大的变革——推古朝新政，塑造了直至今日的“日本”。把蒙昧的倭国带入文明萌芽的时代，使日本的精神生活依靠外来文明跃上一个台阶，造就了日本的求实务实唯实、无理论无原则的民族精神特征。

为政者从“大王”变成“天皇”。历史事实未必如口传神话那样的“万世一系”，天皇统治并不是从公元前660年开始的，中间有过多次易姓变故。圣德太子若干代的前辈偶然当了政，就利用民间流传的种种神话，虚构其长期统治的历史。而后，圣德太子自冠“天皇”之号，在民间宣扬其正统性和历史性。引进中国的统治制度的时候，摒弃中国的有德者为天子的易姓革命的思想，以巩固其世袭统治，树立氏族统治的权威，为天皇氏族永坐天下奠定了基础。同时编纂日本最早的史书《天皇记》、《国记》（后来焚毁）、《古事记》、《日本书纪》，以史籍确立“天皇”的正统性。果然功夫不负有心人，从6世纪末开始的由圣德太子摄政的推古朝以来，也是日本有文字历史记载以来，天皇没有发生过易姓变故，天皇氏族的一统天下至今的确是血统的“一千四百年一系”。由此造就了天皇活神现世偶像的天皇以及制度，成为日本人引以为无上骄傲的文明精粹，更促成了天皇“一呼亿应”的国民性特征。

武士的时代

虽然日本模仿唐朝的模式建立了国家机器，但是并没有完全照搬唐朝的统治系统。在井上清著的《日本的历史》(68 页) 中这样评价：“律令制全面模仿了唐的体制，可是没有像唐朝制度那样以考试在全民中选用官吏，而是以前代的支配阶层和身份来垄断官吏，这是与唐朝制度的重大不同。由于大化改新不是像唐朝那样用实力灭掉前王朝再建立新王朝，而是旧国家的君主和支配阶层把他们的国家形态改革换新。”在唐朝的统治系统中，非常重要的是“科举”制度，任用官吏用考试的方法选择提拔人才，“学而优则仕”，那些有政治、文学、历史知识的人被委以重任，掌权治国。这种“科举”制度是“以文治国”的重要基础。

日本没有引用“科举”制度，除了上述原因之外，还有另一个现实的问题。日本人在引进文明的时候，以“取好”、实用为特征。事实上并不是“科举”制度不好，只是对当时的日本不实用，因为日本的文明发展没有达到能够进行科举的水平。中国的科举有千年以上的社会文明基础，具备了比较普遍的英才教育以及相应的文化水平。而日本的文明刚刚开始，不具备社会文化基础。即学即用的国家机器的建立，只是模仿了实用的统治手段，却没有采用支撑唐朝模式的国家机器的人事制度——科举，更没有以文治国的社会环境与概念，这使得日本朝另一个方向进化发展。

这另一个方向，就是日本的武士的产生、武士社会以及尚武精神的形成。日本武士出现于10世纪，大规模的武士阶层形成于11世纪。形成的原因，首先是统治社会的文力不足，缺乏系统的统治理论以及广泛的文化基础，从而形成了长达800年的“以武治国”的历史。在这个武士社会，以身为武士的将军执政，天皇无权无责而成为偶像。将军氏族统治世袭传承，但是随着权力斗争和势力的变化，时而“改朝换代”，改由别的氏族的武士将军执政。

武士社会在一百多年之后，遇到了极大的危机——“蒙古袭来”，指1274年和1281年两次蒙古（元）军对日本的袭击。由于都遇上了风暴，日本人度过了危机，同时也失去了有规模地与外部世界交融的机会。

在抗击元军的战斗中，虽然有风暴的“神助”，但是日本武士们英勇善战，成功地阻止了元军登岸，为保家卫国立下了不朽功勋。由此，武士的价值得到普遍的承认，武士的身份地位得以巩固和提高，武士社会得以确立。长期的武士统治，以武力以实力说话的统治，助长了日本人崇尚武力、信奉实力、不擅长理论的传统。武士社会结束于明治维新，而日本的武人（武士或军人）支配的社会，一直到第二次世界大战后由美国占领军实施了手术，才正式宣告结束。但是积淀了近千年的尚武传统，以武士阶层的要求规范等形成的日本文明之精粹——武士道，依然影响着今天的日本。

3. 日本帝国的崛起

从锁国到开放

从 6 世纪到 19 世纪的明治维新，日本社会经历了一个漫长的封建社会。特别是德川幕府统治的江户时代（1603 年—1868 年），260 余年一直保持着锁国的政治体制，几乎没有战争，与外部极少来往，比较安定悠闲地发展属于日本自己的东西。江户时代是日本封建社会的成熟期，又是日本近代资本主义的准备期，为随后的明治维新摄取西方文明、使日本急速地发展奠定了基础。

江户时代对日本有三大重要意义：一是确立了日本的绝对独立；二是完善了日本的封建社会制度，为进一步发展做了准备；三是形成了日本独特的文明和岛国根性。江户时代的锁国，是为了建立像中国明朝一样封闭、繁荣的王朝，因此断绝与外国的来往，保持绝对独立。模仿中国明朝把农民死死地钉在土地上的做法，把日本人死死地圈在日本岛上。在江

歌舞伎

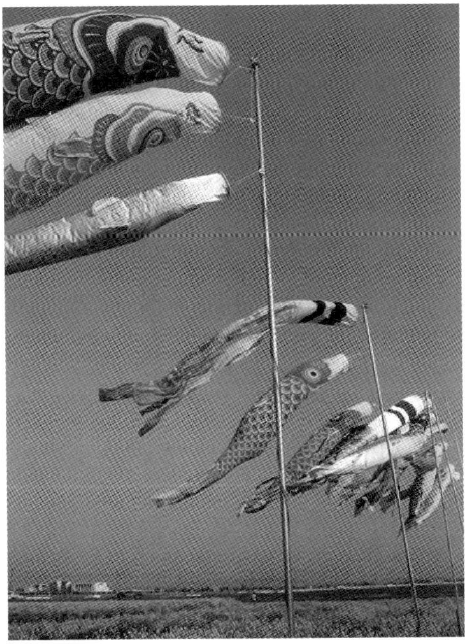

鲤鱼旗。端午节前，有男孩的家庭树鲤鱼旗于自家门前，祈愿男丁兴旺、健康成长。此风俗自江户时代起源。有说参照了《后汉书》中“鲤鱼登龙门”、孔子之子孔鲤。

户时代的初期，德川幕府面临关系存亡的重大问题：是投入明朝的中华秩序圈，还是脱离出来保持绝对独立？在困难的抉择当中，幸运地被中国的变化给解决了。努尔哈赤击败了明军，突破山海关，杀入北京城，灭掉了明朝。明末清初的战乱，使得明无力、清无暇对外。被侵占的朝鲜不情愿，却不得不向清廷俯首称臣、朝拜进贡，背后则与日本保持友好关系。刚刚建立的清朝也没有要求日本加入中华秩序圈，这样，日本自然地从中华秩序圈中脱离出来。对日本来说，在17世纪前期，东亚几乎一直以中国为中心的传统国际秩序就此完结。中国的压力减轻了，欧洲也因政治、宗教的对立，对亚洲的接触减少了，日本周围的国际关系呈空白状态，使得日本能够根据自己的需要和立场，确立国际关系。于是日本征服了琉球国使之成为朝贡国；与朝鲜缔结和平条约确立对等关系；

与清朝没有缔结国家间的关系，只许可中国商人在长崎进行航运和通商；对西洋人，排斥基督教，让荷兰垄断贸易；严厉限制外国船贸易，对日本人严格控制，对从国外回来的日本人予以严惩，连一直困扰中国和朝鲜半岛沿海的倭寇也大幅度减少了，于是开始了所谓“锁国”的时代。

如上所述，历史上日本第一次彻底地脱离了以中国为中心的传统国际秩序圈，完全成为一个独立国家，从精神上、制度上得以自主。这使得日本可以以日本为中心，营造一个自己的小世界，通过扩张，确立了北含千岛列岛，南括琉球群岛，从东北到西南达三千六百多公里的空前大的疆土。

江户时代锁国延续了二百多年的“太平盛世”，使得在以前吸收大陆文明的基础上改造发展的文明得到日本式的净化和完善。在引进中国水墨画的审美观以及技巧的基础上，发展出浮世绘，并使之具备了日本独特而鲜明的风格。浮世绘大师葛饰北斋的作品对法国印象派艺术家，尤其是保罗·高更产生了很大影响，并被美国时代生活出版公司出的《人类1000年》一书选入“风云人物

浮世绘·仕女图

100”之列。精耕细作的农业传统，影响了手工业的精益求精，形成日本的做工之人普遍的工匠意识。二百多年中，日本人很少与外国外族进行有规模的交往，基本上可以不顾国际上的风云变幻，在日本的单一民族、单一语言、单一思考和生活方式的环境下，埋头致力于几乎自给自足的生产生活方式。

打开国门

在封闭和锁国的封建社会之中的中国清朝和日本德川幕府还在致力于巩固封建统治的时候，欧洲发生了资本主义大工业革命。由近代工业发达而强大起来的欧洲列强，把手伸向东方，伸向中国。1840 年的鸦片战争，清朝以失败告终，割地赔款，开放港口。鸦片战争的消息最先由荷兰商馆传到日本，引起日本各界极大的震动。日本的幕府认识到，比日本强大得多的大清国居然都被英国的炮舰击败，何况小小岛国日本呢？1853 年 6 月，外国来的四艘船身涂成黑色的军舰（“黑船”），出现在江户湾（东京湾）的浦江水道，带来美国总统要求日本开国的国书。在武力恐吓之下，幕府以中国为教训，和平地接受美国的部分要求，不割地赔款，而开放港口。这比挨打割地、丧权辱国而被迫开国的中国要好得多。这个过程有外内两个原因。外因是，在很大程度上，中国做了日本的挡箭牌。对从印度洋过马六甲海峡进中国南海向东进行殖民主义扩张的英国来说，到中国比日本近得多，而且中国的市场规模比日本要大得多。日本从中国的失败中领悟了列强的实力，虽然在精神上受到冲击，但是在心理上有了准备。内因是，日本的文明一直是处在中国汉字文明圈的边缘，从没有成为一个多国地域文明和势力的中心国家，有史以来一直接受外来文明发展起来。在精神上，日本没有中国那样的认为自己是世界中心、世界最强国的观念，因而易于接受优于自己的外来势力和文明。

“明治维新”

美国的舰队督促幕府签约时在江户湾示威而幕府无能为力，弄得江户城人人惶恐不安一片混乱。于是日本明白要拒敌于国门之外，必须有强大的军事力量，要有坚船利炮，于是开始走上“富国强兵”之路。

虽然德川幕府采取开国政策，推行“富国强兵”的方针，但是日本的封建体制气数已尽，不适应时代潮

明治时期绘制的酒吞童子题材的画。酒吞童子，日本传说中平安时期著名妖怪、鬼族首领，亦是“百鬼夜行”中最为人所熟知的妖怪。是一个有着英俊少年外表的妖怪。传说，他专门勾引处女，勾引到手后，便将她们的乳头割下来做食物，是一个处女杀手。因为嗜酒，称为酒吞童子。在“酒吞童子退治战”中，被平安时期名将源赖光用名刀童子切安纲斩杀。

流，成为社会进步的障碍。在日本开国的过程中，就有人开始了有规模的“倒幕”运动。随着江户时代的德川幕府被推翻，封建社会体制崩溃，迎来了日本的近代大改革——“明治维新”。

“明治维新”是在非欧美国家发生的第一场大规模成功的资本主义革命。1867 年 1 月，孝明天皇病逝，太子睦仁亲王即位。他取中国《易经》“圣人南面听天下，向明而治”句，改年号为“明治”，发布《王政复古大号令》，取代德川幕府的新政府宣告成立，开始了挟雷掣电般向资本主义社会的突进。

明治新政府主政伊始，就提出了“殖产兴业”“文明开化”“富国强兵”三个纲领性口号，其中“富国强兵”被确定为建国总目标。“强兵”的主要措施之一，是全面引进学习欧洲的军事技术和组织机构。虽然武士制度被取消了，军人骨干仍然是由过去的武士组成的，治军的军魂仍旧是武士道精神。

日本的全盘西化，给日本带来了大发展、大变化。从明治时代开始不到 30 年，日本就跨进了帝国主义列强的行列。日本人学习先进的能力令世界瞠目，与同是东亚地区的封建国家——中国的停滞不前形成鲜明对照。从被迫打开国门到革命成功，用了 15 年的时间（1853 年到 1868 年）；中国从第一次鸦片战争到推翻清朝辛亥革命成功，用了 61 年（1840 年到 1911 年）。

再崇天皇

在资本主义革新的过程中，并不是所有领域都推行西化，在日本最关键的地方就有例外。在政治上，树立天皇的权威，推翻幕府的封建统治，建立天皇制资本主义制度。天皇制属于旧制度，用这个旧制度来实行改革，最终复旧的“尊王”与进步的维新一并取得成功，这在世界史上是少有的。如同7世纪圣德太子把佛教与传统神道神话进行调和，使外来先进文明和天皇神道两立双赢一样。明治政府强力推行变革，社会上思想极其混乱，国内面临各地要求变革和支持幕府的造反带来的混乱，对外又有欧美的炮舰兵临城下，可说是内外交困。明治政府要把人民的思想和心收拢起来，就要设立一个精神偶像，因而把寂寞了数百年的天皇搬上神坛，企图借用“神圣”的天皇来控制国内的权力，宣传天皇统治这一古代政治神话，对外又以之扬其国威，以解决内外的危机。

明治政府于1872年发布太政官布告，决定把传说中的神武天皇即位日为国民节日，称为纪元节。战后日本政府于1967年将这个日子定为建国日，并且作为国民节假日沿袭至今。事实上，神武天皇即位是子虚乌有的传说，根据记述神武天皇即位神话于8世纪编撰的《日本书纪》中的历法也没有明确是2月11日，而只是根据神武天皇即位日是辛酉年正月元日“换算”的。公元前660年辛酉年正月元日，公历为2月11日，也就是说，这个日子应该是中国农历的正月初一。这个没有科学根据的日子，成了日本国家和国民最重要的节日。

此外，还利用宣扬崇拜天神、自然、祖先和天皇的神道，加强天皇的权威，将神道定为国家宗教，神道的祭祀场所——神社也全归到政府的管辖之下，并大兴土木，到处建立神社，使每个人都能很容易地找到参拜包括天皇在内的众神的地方。

在神社举办传统神前婚礼的日本青年

为了使人民及军队能够为天皇献身，于1879年6月4日将原来的东京招魂社进行彻底改革，改称靖国神社。只要是为日本而战死的日本人，都要作为神灵供奉祭祀起来，这样可以使日本人放心地为天皇、为日本而战、而死。由此建立以天皇为最高统帅、忠于天皇、崇拜天皇、为天皇献身的军队。如今，靖国神社里竟然还供奉着第二次世界大战时期的战犯。

明治政府把外来的强大压力和影响，变成实行全面社会变革的动力，鼓起了社会和人民自强不息的勇气。当局告诫人民，在这列强横行的时代，要想生存，独立于世界之林，只有跟随天皇，团结一致，以神国之英躯抵御列强，加速自身的变革，以适应和追赶世界的新潮流。

“脱亚入欧”

在明治维新取得成功，综合国力明显增强，逐渐可以和欧美列强平等对话的时候，同是东亚国家的中国和朝鲜，仍在封建统治的苟延残喘之中，不断地受到欧美列强的侵略。日本率先进行了变革，一跃成为超过中国和朝鲜的东亚最强国。日本人开始盘算改变自己的地位。在日本国内，就自己的地位以及对亚洲的态度发生了争论。一种观点是“兴亚论”，要把日本的成功推广到亚洲其他国家，把自己当作亚洲人，带动亚洲的发展。另一种观点是“脱亚论”，借着维新的东风脱离亚洲，加入欧美列强的行列。

福泽谕吉在 1885 年 3 月 16 日撰写的《时事新报》社论中，以脱亚论为标题提出了“脱亚论”的观点。这篇仅有两千多口文字的短文，主要意思是：“以西洋最新文明为基础的列强势力打向世界，具有不可阻挡的必然性。日本要达成独立，只有导入西洋文明，脱离亚洲的旧套，得到列强的承认。另外，中国和朝鲜仍沉迷于东洋的传统，所以难免被列强分割。日本不仅要努力不让列强把日本看作中国和朝鲜的同类，还应该在列强进行分割的场合，不考虑它们是为邻国，要毫不客气地参与分割。”

曾任政府外相的井上馨也这样表述：只有实现西欧化，才能使我国欧洲国家化，使我国人民欧洲人民化，使欧洲式国家在东方建立起来。只有如此，我国才能取得在外交条约上同西方各国处于完全平等的地位。只有如此，才能使我国独立、富裕起来。

由于有了脱亚入欧的理论，日本从起初以抵御列强侵略为目的的“富国强兵”，变成加入列强的行列，完全把自己当作非亚洲国家，处处向欧美列强靠拢，并开始了对邻国的侵略。

侵略之路

维新的成功，经济军事力量的增强，使得日本的野心开始膨胀。日本要像欧美众列强一样扩张领土抢占殖民地，首先把矛头指向曾经在文明上给过日本极大恩惠的中国和朝鲜。

日本扩张的第一个动作是武力吞并琉球，接着“征韩”和并吞台湾。1894 年朝鲜发生内乱，朝鲜政府请求清朝出兵，而日本却借机出兵朝鲜，认为这是挑起与中国的战争的大好时机。做了多年充分准备、组织机构完备的新兴军国主义日本，对这场战争是赌着生死举国投入的，其结果显而易见。甲午战争以日军获得全面胜利而告终。由此，日本从被欧美列强压迫的国家变成压迫别国的国家，天皇制日本对外的基本矛盾，已不是压迫者欧美与被压迫者日本的矛盾，而转化成压迫者日本同被压迫者朝鲜、中国的对立了。被朝鲜和中国的文明“压”了数千年的日本，第一次“扬眉吐气”了。

甲午战争使日本成为亚洲最强的国家。日俄战争得胜又打败了欧美列强之一、号称世界最强的俄国陆军，震惊了世界，一举使日本进入列强的行列。可是这个瞬间暴发的新兴国家，在侵略和扩张的道路上比其他列强走得更远，而且其行为更为凶残。此后又发动了对中国的侵略和太平洋战争。对这支法西斯军队的强悍和“善战”，裕仁天皇大加赞赏。日本国民也掀起了一阵阵战争的狂热，每当日军占领一座中国城市，男女老幼便上街提灯游行欢呼庆贺。

与英美等强国开战，不同于与技术落后、指挥混乱的中国军队，日本军方深知这一点。由于重视精神作用，日军作战中总是企图依靠偶然性取胜，而缺乏科学性分析，虽偶有成功，但总体上带有极大的冒险性。所以有西方评论说："日本所进行的战争不是经过缜密计划的战争，而是孤注一掷、听天由命的战争。"

奇袭珍珠港之后仅半年的时间，日军在太平洋地区就由进攻转入防御，从此开始节节败退。在陆地上，中国的抗日战争拖住了日本陆军的后腿；在海上，美日两军一次次争夺岛屿，一场场激烈的海战，使得日本的"绝对防卫圈"越来越小。

"二战"时日军慰安所。两边文字是"圣战大胜热烈欢迎勇士，身心奉上大和巾帼英雄"。

美军于 1945 年 8 月 6 日在广岛、8 月 9 日在长崎投下了原子弹，顷刻间两座数十万人的城市消失了。8 月 9 日百万苏军向驻扎在满洲的"皇军之花"关东军发起进攻，势如破竹。面对从未见过的杀人武器的如此威力，以及皇军的最后本钱关东军被赶尽杀绝，在东京大本营激烈的战与降的争论之中，裕仁天皇做出最后"圣断"："反对者的意见，诚属可嘉，但朕经充

1945 年 8 月 6 日，美国在广岛投下的原子弹

分研讨世界之现状与国内之现状，朕认为把战争继续下去，实为不妥。”8 月 15 日中午，广播电台传出天皇低沉而阴郁的声音：“朕已令帝国通告美、英、中、苏四国，愿接受其联合公告。”至此，日本于 19 世纪末在国际上第一次露头就开始对周围国家的疯狂侵略，以及后来在太平洋发动的野蛮侵略，以彻底的失败而告终。

4. 奇迹的出现

战败的恩惠

日本天皇裕仁亲自通过无线电广播《终战诏书》“玉音”，宣布无条件投降。1945 年 8 月 15 日，对日本人来说是“最长的一天”。在广播时，成千上万的人跪倒在天皇住所前沙石地面的广场上，痛哭流涕，仰天长叹。

9 月 3 日，在东京湾的美国军舰“密苏里”号上举行了

1945 年 9 月 2 日，标志着“二战”结束的日本无条件投降的签字仪式，在停泊在东京湾的密苏里号主甲板上举行。

日本投降的正式签字仪式。日本外相重光葵代表天皇和政府，日军参谋总长梅津美治代表日军大本营，与美、英、中、苏、法、荷兰、澳大利亚、加拿大和新西兰的代表签署了日本的投降书。

随后，以麦克阿瑟为司令官的盟军（事实上是美军）对日本实施占领。日本的行政、立法、司法的全权归属占领军司令部。

由于战败，军队数量、军费开支都被控制得很小。日本的安全由占领军负责，可以安稳地在美国核保护伞之下，不愁外来侵略。由此，日本得以专心全力地发展经济，为日本的经济

1945 年 8 月 15 日投降日，日本民众跪在皇居外。

崛起奠定了基础。

在占领军的控制下，完成了全国的土地改革。打碎封建主义生产关系，解放农村生产力的土地改革，是一场极其激烈的斗争。要是在其他主权国家，要经历长时间的争论、多次的反复，甚至可能发生内战流血才可能完成，而在日本，用了不到 3 年。美国占领军以其绝对的权威，发起并引导甚至强行控制这场改革，使得反对改革的保守势力几乎没有反抗的能力。这样，因战争失败而被占领的日本，没有任何损失地在三年之内走完他国需耗费大量人财物以及时间才可能走完的土地改革之路。

1950 年 6 月，离日本列岛只有数十公里的朝鲜半岛爆发战争，驻日美军几乎倾巢出动，为美军提供战争物资的任务就落到了日本的肩上。当时日本经济虽有恢复，但是由于依然贫困，国内市场很小，外汇奇缺，正苦于找不到经济发展的刺激，千载难逢的“朝战特需”不唤自来了。有多少苟延残喘的工厂开工了，有多少饥寒交迫的失业者上班有收入了，大把的美钞滚滚而来。人称特需成了日本经济起死回生的“神风”和“天佑”。仅仅几十公里的对马海峡，那边血肉横飞硝烟弥漫，这边隔岸观火滔滔进钱。这场朝鲜战争，从经济角度讲，结果是四输一赢（中、美、南、北朝鲜输，日本赢）。由此，日本经济不仅恢复了元气，而且有了极大的发展，为日本经济的崛起奠定了坚实的基础。

保留天皇

昭和天皇裕仁是日本的最高统帅，身为日本陆海军大元帅，对日本侵略军犯下的滔天罪行负有不可推卸的责任。一些国家提出的日本战犯名单中头一个就是昭和天皇，美国政府也认为昭和天皇是战犯，应予追究。日本国内的少数民主势力也纷纷集会游行，反对天皇制，要求天皇退位。一时间全国上下一片混乱，昭和天皇的地位甚至生命也岌岌可危。在这个形势下，昭和天皇的命运，就掌握在占领军最高司令官麦克阿瑟的手中。当时已经解除日军的武装，应当没有什么可怕的了。但是美军恐惧日本天皇的权威，这个恐惧不仅美军有，日本附近以及与日本有关的国家这一百年来也一直有。天皇对日本人来说意味着什么，美国人此前领教过了。一声投降的“玉音”，700 万将士即放下了武器。如果废黜并追究天皇的罪责，就等于摘除日本人的心肝。装备精良的美军可能将面临比“自杀特攻”更为激烈的“战斗”。麦克阿瑟认为，“天皇顶百万大军”，“如果联合国审判天皇”，会招致日本人“长期对联合国抱有愤怒和憎恶，其结果会引起几个世纪相互复仇的连锁反应。我认为一切日本人都会进行消极或半积极的抵抗”。甚至“引起地下活动或造成游击战争的混乱形势”，“从分裂的民众中间发生共产主义的组织活动。对此情况，占领问题就与过去不同了，我们至少需要上百万的军队和几十万行政官员及确立战争补给体系”。而这些美国已是难以做到了。要保持占领军对日本统治的稳定，保留天皇制度是至关重要的。当时美国在远东与苏联对峙，需要一个安定的日本作为桥头堡。而且，日本的广大人民对战争的怨恨都指向军部，而非天皇。各大报纸的民意调查显示，支持天皇制的高达 75%—85%。基于种种考虑，麦克阿瑟敦促美国政府最终不予追究昭和天皇的战争责任。

1946 年元旦，按照占领军的旨意，昭和天皇发表了《人之宣言》，申明昭和天皇是人而不是神：“然而朕与尔等国民同在，常欲利害与共，休戚相关。朕与尔等国民之间的纽带，始终依相互之信赖与敬爱而结成，而非单纯依神话及传说而生。且非基于以天皇为现御神（现出人形的神）、以日本国民为优越于其他

1945 年 9 月 27 日日本天皇与麦克阿瑟初次会面。

民族之民族，进而有统治世界之命运的架空观念。”由此，天皇从“神”转变成人。天皇就这样以由“神”转变为人的方式得以保留下来。1946 年 2 月，美国占领军司令部的民政局长召集他的 25 名部下，指示要在一周内拟定出新的日本宪法草案。这些人中没有一个是宪法专家，有人认为“日本的宪法应该让日本人来写”。但这是美国占领军司令官的指令，小人物们只有执行命令。新草案用了一周的时间，在这些外行人手中出笼了，几乎没怎么改动，就成了日本直到 21 世纪仍然有效的宪法。制定宪法的美国军人充分照顾到日本人的传统。1946 年公布的“日本国宪法”如同明治时期的“大日本帝国宪法”，第一条就是关于天皇的条款，不同的是让天皇以另一种方式存在，规定：天皇是日本国的象征，是日本国民统合的象征，其地位基于拥有主权的日本国民的意志之中。

世界第一

一次接待来日本访问的中国部长级干部，坐车经过皇宫对面的街道，我指着其中一座大楼（日本生命保险公司大厦）说，那是当年美国占领军司令官麦克阿瑟的司令部。那位干部问，日本人对麦克阿瑟怎么看，我不假思索地答道：“如再生父母。”曾任经济企画厅厅长的（土界）屋太一写的《创造日本的 12 个人》一书中，唯一的非日本人就是麦克阿瑟。日本人对麦克阿瑟给予极高的评价，认为麦克阿瑟领导的美军占领了日本，也给了日本以新生。若不是麦克阿瑟脱口说出“日本精神年龄 12 岁”那样令日本人极其丧气的话，麦克阿瑟在日本人心中就是完美的英雄了。

经过 1945 年到 1954 年的经济恢复和改革，一个满身疮痍的瘫痪病人已经被调养好，以虽不健壮但跃跃欲试的身躯和激情出院了。从 1956 年到 1976 年，日本完成了一次爆炸般的经济大飞跃。在这 20 年中，日本经济年均增长率将近 10%，从一个贫弱的战败国一跃成为世界经济大国。国民收入增长速度与主要资本主义国家相比较：1960 年到 1971 年的增长，日本为 507%，西德为 295%，法国为 241%，美国为 204%，英国为 188%，显然日本的速度遥遥领先。1958 年日本的国民总收入是当时美国的 7%、英国的 51%、西德的 60%、法国的 70%。到 1966 年，追上了法国，1967 年超过西德和英国的水平，跃升为世界仅次于美国的第二经济大国。欧美人用了 200 年达到的水平，日本只用了三四十年，这一成就，被世界叹为奇迹。

日本的新干线

日本的飞跃，首先应当指出，是在特殊的历史条件下发生的。那就是在美军的占领下，在丧失主权的情况下，按照美军所允许的并由美国控制的发展轨道行进。由于美国的军事保护，节省了大量军费开支，美国提供了经济技术援助和巨大的市场，同时日本又借助美国发动的两次战争的特需，大发朝鲜和越南战争之财。“二战”后，东西方进入冷战状态，美国把日本当作遏制中苏的堡垒，扶持日本，把日本作为冷战棋盘上的棋子。

当然，光有外因是不能发展的，日本的内因起了决定性的作用。虽然战败，工业设施遭到毁坏，但是，战前战中的军事工业高度发达造就的技术人才、工业生产和管理的意识保留了下来；从 100 年前的江户时代就相当普及、“明治维新”开始高度重视发展的全民教育水平保持了下来；日本人传统的工匠气质和群体勤勉的精神没有被动摇。这些都是发展经济的软件基础，一旦有了可发挥的硬件环境，便如鱼得水。

再有一个重要的内因，就是日本人的精神和士气。在日本进行侵略战争高扬民族精神的时候，曾经自认为日本人是世界上最高级人种，聪明、团结、实干、凶猛，所以能横扫亚洲、太平洋。战败之后，又对自己的人种产生了怀疑，比较战胜国的美国人等，油然而生出深深的劣等感和自卑感。原来为达成“受世人尊敬”的千年“悲愿”，不择手段地冲锋陷阵，到头来不但没有“受世人尊敬”，反而遭到世人的唾弃，引导日本人行动指向的氛围从高峰落到了谷底。这种心态如同弹簧，被压得越紧，其反弹的力量就越大。那种极端的劣等感和自卑感反弹出强烈的自强心，并再次产生追求“受世人尊敬”的巨大能量，要在新的起跑线上再次冲刺。于是，日本在美国给划定的和平发展经济的跑道上，几乎是心无二意地迈出了新的步伐，而且其速度、力量、凶猛令教练兼裁判的美国人瞠目结舌。

本来，日本就具备适于集团行动的村落文化，其集团凝聚和内部配合是日本自身发展以及与外界对抗的重要法宝。由于战败的冲击，使得日本要重新寻找自身的价值，传统的自卑自傲以及自强心促使其寻求再次崛起，要忍辱负重，卧薪尝胆，埋头苦干。这样，在这个特殊的历史时期，日本人的凝聚力和群体指向自然地达到了空前的高度。战败的耻辱转化为团结奋斗，要在不流血的战场再次找到日本民族的价值和荣誉。

日本人这个时候的冲动，不再是明治以来纯粹的以天皇为中心之神国的疯狂。天皇文明培植的日本精神传统，在新的

长崎和平公园和平祈念像

历史条件下，虽夹杂着一些民主自由的吵闹，仍表现出一贯的务实精神。这一点也许就是“江山易改，本性难移”。本性难移，任何人任何民族，应当说是同样的。可是日本人在传统本性上的固执，和面对现实的善变，是其他民族难于比拟的。在新的形势下，面对现实，从实际出发，显示出极大的灵活性和活力。当他们认为“老子天下第一”的时候，一切均固执在精神传统上，在“二战”中固执在皇国精神之上，失去务实的理智，自不量力，一拼到底。当他们认为“小子天下第末”的时候，以其精神传统为原动力，在具体事务上灵活变化，快速地转身上路，如此的特点在现代工业的发展上大放异彩。

到了 20 世纪 80 年代末，日本经济发展到了顶点，成了世界第二经济大国，人均年收入曾经世界第一，而且成了世界上最大的债权国、世界上土地最贵的地方、世界上效率最高的生

东京海景

产集团、世界上最值钱的劳工群体、世界上最有钱的旅游者、世界上最安全的社会治安、世界上最公平的高收入分配。多少个第一，多少个最，日本成了世界上罕见的金元帝国。日本还创造了一系列生产经营的套路，丰田的看板经营，保证产品质量的全面质量管理（TQC），集体配合的管理方式等，使得工业革命的鼻祖——欧洲，日本现代的师傅——美国，日本古代文明的老先生——中国等，都向日本企业躬身求教。日本不仅能做东西会卖东西发财，而且还创造了促进生产经营发展的某些文化，并影响了世界。

在这几十年中，日本的劳工们以一种忘我的精神，低工资、长工时，忍耐着精神和肉体的疲惫，没有牢骚怨言，默默地苦干。这是外界尤其是欧美对日本的看法。那些嫉妒日本急速发达，不愿接受非欧美人种崛起现实的人们，把那些勤劳的身影说成是经济动物，是机器人。而那些似乎“苦大仇深”的机器人们，却抱有另一种观点：“我们有眼泪，有艰辛，有苦涩，但是看到我们的企业发展了，我们的家庭富裕了，我们有眼泪，也有喜悦，还有自我满足，我没有白活。”这是一个退休的企业员工对我说的。当我问到他对“经济动物”的感受时，他还用颤抖的手指着傍晚在街头酗酒作乐发泄劳作积怨的人流告诉我，你去看看那些人们，我说的这话在他们脸上都写着呢！

果然，日本的企业发展了，个人富裕了，国家腾飞了，在这几十年间，日本达到世界第一了。日本人的确有喜悦，还有自我满足。日本人有钱，花数百上千万美元，竞购拍卖的世界名画屡屡成功。一幅梵高的向日葵，被日本一保险公司以千万美元这一令其他竞购商们目瞪口呆的天文数字买走。日本的地价值钱，东京的主要商业区银座的地价曾达一亿日元一平方米。日本全国土地的价格可买三个比它面积大二十余倍的整个美国。日本的股价更是冲向云天，几年之间一个劲儿地往上涨。日本人投资、放债、抢购、赚钱，一切都出乎预料地顺利，什么美洲、欧洲、亚洲都不在话下，日本的经济所向无敌，日本统治世界经济的时代到来了。

繁华街新宿

20 世纪 90 年代初，日本的经济开始衰落和萧条。曾经在 1989 年攀升到将近 3.9 万点的东京日经股票指数，不到一年时间跌至近 2 万点，2003 年竟然跌到了 8000 点左右。令人不可思议的高地价掉下来了。泡沫经济的崩溃，造成日本连续多年的零增长、负增长。有名的山一证券公司倒闭了，有名的百货商店集团 SOGO 倒闭了，许多企业优化组合，几十年罕见的高失业率出现了。许多泡沫经济弄潮儿的巨大财产不知所去了，给银行留下了巨大的不良债权（呆坏账），于是又严重地拖了经济运转的后腿。这 10 年中，在大洋的彼岸，富于创造的美国人兴起了信息革命的浪潮，依靠信息技术的应用，持续了多年的稳定增长，其信息应用水平以及带来的效率，把对手日本抛到了后面。在这一轮的商战中，日本败了，以至于有日本人惊呼，这是第二次战败，而且败得够惨。近旁的落后国家——中国的经济在这 30 年间也突飞猛进，使得日本感觉到了威胁。实际上，日本基本上只对美国和中国介意，原因是这两国都太大。周围有亚洲四小龙的崛起，但是日本人不认为那是威胁。只有美国，有先进的技术和产业以及规模。中国虽然贫穷，但是蕴藏着极大的潜力。美国走在日本的前头，中国崛起追赶日本，这就足以使日本人感到威胁。日本人在思考，如何再找回昔日的辉煌。如今的日本，开始怀疑其经济起飞的法宝。

使日本得以迅速发展的重要内因之一，是日本式的集团配合精神，从制度上的保证措施是终身雇佣和论资排辈，把人钉在特定的企业这个集团中，让他们安全放心地为企业贡献一生和受惠一生。这样人们在集团里，埋头苦干就够了。日本赶上了大规模物质生产的历史末班车，以其特殊润滑的车轮，驶出了高速度，把车开到了前头。可是，日本式的集团配合精神也阻碍了个人的主观能动性的发挥，阻碍了创新和改革。

使日本得以迅速发展的重要内因之二，是日本人的工匠气质和精神，做东西能精益求精，可是“眼睛小而聚光”，容易拘泥于一点，影响视野的宽度。

使日本得以迅速发展的重要内因之三，是日本人的好奇心和勤奋好学的精神，扫描外界的各个角落，搜寻引起好奇和值得学习模仿的东西。他们没有历史的包袱，没有不能够接受的认为是先进的东西，这给日本带来了无限的活力。可是，当日本发展到它所认为的顶峰，就觉得没什么可学的了，以前的虚心和好奇心也就减弱了。

有趣的是，在日本发生了戏剧性的类似历史的重演。当日本落后的时候，看准一个目标，全力以赴地学习、模仿、追赶；一旦接近目标或达到并驾齐驱的水平，日本人就满足了、得意了，那个目标就消失了。需要自己去开创新的合适的道路或者说是文明的时候，就不知如何是好了。于是继续在那使其崛起的轨道上冲锋，直至干出违反客观规律的事情，最终又遭到失败。从明治时代开始崛起加入列强，到不自量力地发动战争以至战败是这样；战后经济起飞，建立起经济大国，到不自量力地突进导致泡沫经济的崩溃也是这样。

在当今信息时代，曾经使日本经济突飞猛进的法宝——日本式的集团配合精神、终身雇佣和论资排辈等制度，似乎不合时宜了，甚至成了前进的绊脚石。这个现象还波及国外。某中国企业与日本的大电器公司合作生产冰箱多年，由于这些年中国市场竞争激烈，经营效益一个劲儿地下降。为了扭转亏损局面，中方把委托给日方的经营管理权要了回来，对合资企业进行了改革。改革的主要对象就是日本集团主义式的经营传统。其经营传统实际上就是准大锅饭的方式，大家都互相依赖、协助，一起干企业，而收入上却是论资排辈，干好干坏都差不多。改革之后，收入与业绩挂钩，激发了工人的积极性，提高了企业的活力；同时挽留日方的技术人员继续搞新品开发，使得企业重现生机。日方对这样做也予以赞许和支持。在这所谓“第二次战败”之中，日本人开始反省了。

日本自卫队在驻地阅兵，民众在周边观看。

也许是规律

从历史上看，日本的发展主要由于四次大的变革。

从绳文时代的渔猎原始社会到弥生时代的农耕奴隶社会，是由外来人带来的社会变革。

律令社会及“大化改新”是受到强隋盛唐的影响和刺激引

发的社会革新。日本模仿隋唐建立了统治机构和律令制度，从蒙昧的部落群一跃变成天皇统治的完整国家。“明治维新”是受了清朝鸦片战争失败的刺激、欧美列强的武力威吓和先进工业文明的影响引发的社会革新，从而使日本由诸侯割据的封建社会一跃为天皇制君主立宪的资本主义社会。

“二战”战败后，由战胜国美国对日本实施外科手术，注入美国式的“自由民主”并给予极大的支援，使它在几十年中发展成为高度发达的国家。

这些重大变革都是在外力作用下促使内部发生的变革，而其过程和结果都是在很短的时间内完成并达到目标的。这形成了日本发展变化的特点。日本从没有表现出文明发展的自我创新改革能力，一向依赖外部先进文明的带动和刺激，才发生变革。当日本受到外力作用而认为必须改革的时候，会在很短的时间内，不经过什么反复，几乎是一次成功。

5. 尴尬的国际化

“国际化”，这一日本发明、只有日本采用、当作一个口号、掀起一场旷日持久的运动的名词，已经问世多年了。由这个特殊的说法，又派生出一个系列，“国际化社会”“国际化时代”“国际化企业”“国际化学校”“国际人”“国际交流”“国际感觉”“国际意识”，等等。在这个“国际化时代”里，需要有众多的“国际化企业”和“国际化学校”等“国际化”机构。日本国民都要积极参与进行“国际交流”，以培养“国际感觉”、具备“国际意识”，努力成为真正的“国际人”，把日本建设成“国际化社会”。

实际上，“国际化”这一说法，来自20世纪60年代末期国际上提出来的“脱国家关系”(transnational rclations)。“脱国家关系”的本意是，考虑到当今的国际社会的实际，以前以国家单位为本体已经不适应了，要有超越国家民族的、比国家单位更有权威的组织来协调各国之间的事务（最典型的是欧洲共同体)。可是，日本的“国际化”这一概念的内涵已经远远不是“脱国家关系”了，而从一个完全跨国的意思，演变成日本国内的事情了。在高度发展的狂飙之后，再次使日本人手挽手地齐步走，或者说是新的风潮，就是“国际化”。

何为国际化

什么是国际化社会，日本人要有怎样的国际感觉和国际意识，如何做才能成为国际人，至今没有明确的答案。在国际化事业推进的高潮当中，有人对日本的大学生就国际化问题进行小测验，以“国际化”为关键词，做联想游戏，描述“国际化”是什么，把能想出来的都写出来。结果是多种多样：提高英文水平、到国外去旅游、阅读有关其他社会的读物、与外国人交朋友、出国留学……把这些归纳起来，分成国际化的手段和国际化的目的，结果是全都装入手段的筐里，没有一个是属于目的的。问他们：为了什么要进行国际化？却沉默无答。

国际化成为日本从上到下全民的时髦关键词语已经有了

不短的时间，使那些来到日本的外国人迷惑不解：为什么单单日本要国际化，其他发达、不发达国家都没有日本这样的国际化运动？也许日本是单一民族、与外相对隔绝的岛国，虽然大量吸收了外来文化，但是对外深入的直接碰撞交流太少的原因吧。在欧洲，几千年来一直有着各民族的交流和争斗，各个国家的疆土不断地变化，国家的民族内涵也在不断地变化，各民族间的融合持续至今，政治、经济与文化的地图没有停止过涂抹更换。而美国本来就是一个移民国家。美国国家形成之初，就是一个多民族争斗、融合的熔炉。日本近邻中国，几千年来一直都是多民族之间相互影响交融的，虽然汉民族统治历史较长，但也有蒙古、满族的统治时期。离日本更近的单一民族的朝鲜半岛，也由于在地理上与亚洲大陆的连接，与大陆民族有上千年的相互影响。所以这些国家没有必要推行什么国际化。

封闭数千年的日本在一百多年以前打开了国门，富国强兵，脱亚入欧，进入世界帝国主义列强的行列。后来又争取生存空间，建立大东亚共荣圈。战败后的几十年中，日本为再次崛起以求得世界的承认和尊敬，全民一心，卧薪尝胆，国民收入倍增，经济高度增长，大量价廉物美的产品涌入世界各国市场。在经济上与欧美并驾齐驱了，因此也引起贸易摩擦。以美国为最大市场的日本，把美国折磨得苦不堪言。美国标榜自己是自由经济的领头羊，冷战又需要日本作为坚定的美国一极的一员，因此给日本提供了不少方便，扶持日本发展，即使有种种摩擦，仍对日本采取比较宽容的态度。但是，民间和舆论对日本持严厉的态度，说日本人是经济动物，封建、封闭，日本人在世界的形象从脚踏皮靴、腰挎战刀的皇军变成眼中满是金钱而躬背劳作的守财奴和暴发户。日本人在战后的和平时代为了自尊而苦干，到头来非但没有得到向往已久的尊敬，却又背上了一个恶名，仍不被欧美所接受。为了在人种方面不被歧视，不再被欧美人指责是“异质”、特殊、不开化、封闭、排外，日本人意识到不光在实力上要“脱亚入欧”，而且必须在文化上“脱亚入欧”，要进行面向欧美的“国际化”，要成为从经济技术到文化、生活方式都与欧美一致的国家。在军事上和经济上都尝试了但不见效果，于是要在文化上、在民族性方面向欧美靠拢，所以建设一个欧美能够接受和赞赏的“国际化社会”，只有这样才能获得梦寐以求的承认和尊敬。这就是日本建立自尊国家的三部曲：脱亚入欧（军事强大）、高度发展（经济强大）、国际化（文明欧美化，从而文化强大）。国际化的作用也许就是日本脱亚入欧的完成式。

“国际化”障碍

近些年来，到日本的外国人越来越多，其中有旅游、留学、探亲访友、开办企业、工作等。中曾根当权时（20 世纪 80 年代）提出国际化目标，2000 年招收 10 万外国留学生，很成功，2016 年外国留学生总数约 30 万。大力发展国际旅游业，至 2016 年到日本的外国游客 2400 万。外国人多了，与日本人发生了碰撞。

外国人的牢骚是：不适应日本人的有礼貌的冷漠、有形无形的歧视，想融入这个社会但遭到排斥。俄国人描述得很形象而且很婉转："日本人在外国人面前总是力求缓和'我们日本人'和'他们，即非日本人'之间的差距。日本人总是夸奖一个初到日本的外国人，说他能自如地使用筷子，说他懂得品尝日本饭菜，说他努力想说日语。一个外国人受到日本人这样的对待，总感到非常满意。但是如果他在日本住了一段时间，当初的感觉就变了，他就会意识到自己仍旧是一个外来人。多少年后，日本人还是说：'您使用筷子真灵巧极了！''您在日本的垫子上坐得真好！'不过，这种称赞只是提醒外国人，在日本他永远也不会成为自己人。"

此画出自英国教科书

日本人的牢骚是，外国人不遵守日本的规矩和习惯。例如，倒垃圾不按规定把可燃和不可燃物品分开，在公共场合喧哗，个人主义。这些年来，外国人的犯罪逐渐引人注目。伊朗人伪造销售电话卡及黑市和毒品生意，泰国和菲律宾等东南亚国家的妓女卖淫，韩国等国黑社会组织的集团盗窃及非法活动，以及非法偷渡入境、美军大兵凌辱日本少女等等，给日本社会带来了不安因素，使得本来就对外国人持怀疑日光的当地人，越发提高了对外国人的警惕。1998 年的夏天，在日本东部一个叫“东”的小城市，颁布了“禁止外国人进入带有泳池的娱乐设施”的市长禁令。原因是一位年轻女子的父母状告某个无法确定的外国人，触摸了他们的女儿。禁令一出，传来包括日本人在内的各国人的反对意见，认为这是歧视，是侵犯人权。市长断言，首先要保护人民的安全，人权之类是次要的。

日本的宣传对外国人也相当不利。外国人犯罪了，报纸电视都给予明显报道，几乎是有事必报，占所有犯罪报道的近乎一半。好像在这块土地上，百分之一二的外来人犯起罪来，和占百分之九十九的本地人平分秋色。当外国人伙同日本人犯罪一起被捕，报道上以“某某国人因什么什么被捕”为大标题，对在信息泛滥的社会中生长的只看标题不看或选看内容的读者来说，就只知道是外国人犯罪了，不知道这外国嫌犯还有日本人的同伙，甚或那日本人还是主犯。尽管日本人也在犯罪，并且恶性程度在增强，而且外国人的犯罪活动多数与日本黑社会有关。在这个问题上，有宣传机构对外国人的成见，亦有迎合日本读者对外国人警惕怀疑的心理。这样的宣传，加剧了日本人对外国人排斥的心理，常使不少外国人在学习工作社交中，被有关的议论和冷嘲热讽所困扰。

日本人不仅对外国人有排斥心理，在与欧美人接触时，还有其“耻”的意识作用，有特殊的劣等感自卑感。对那些“先进、潇洒、金发碧眼、高大身材、优美体型”的人类，生怕自己不被他们当作同类伙伴，而不被接受进入他们的圈子。在欧美人面前，日本人不能自由地、自如地活动，怕与对方不同而出丑。

《菊与刀》一书引用名叫三岛的日本女士写的自传《我那狭窄的岛国》中的内容，比较日本和中国女孩子的不同：“三岛女士对在美国认识的日本姑娘与中国姑娘做了比较对照，她的评语是，美国的生活好像对两国的姑娘们给了何种不同的影响，中国的姑娘们‘具有从大部分日本姑娘身上完全看不到的沉着和社交性。那些上流的中国姑娘们几乎一个不落地都具有如同公主般的优雅，似乎有世界支配者那样的情趣，我觉得她们好像是世界上最为高尚优雅的人们。面对美国这巨大的机器和急速变化的文明，看不出她们有一点动摇，她们的毫不胆怯的态度和堂堂沉着的举止，与我们日本姑娘们的没完没了的恐惧不安和过度神经质的态度形成鲜明对照’。”

日本的成人仪式

近年来已经现代化了的日本人好像还没有什么改变，一个从中国来到日本上高中的女学生，随着学校组织的集体到美国去进行英语研修旅行。一两个月下来，日本女同学对中国学生说，你真行，到哪儿你都是那股劲头不变，我们可不行。那个中国女生从容不迫、积极主动，在那里交的朋友最多，充分利用各种机会练习英文，使她的日本同学们羡慕不已。大家一起去吃汉堡包，一个日本同学没说清楚，原想要一个小号冰茶，结果上了个大号的并交了大号的钱，坐下来嘟嘟囔囔，就是不敢去退换。那个中国女生用同样蹩脚的英语帮她去与店员交涉，换了个小号的又要回了钱。

以“结缘——今朝与明日，你与我”为主题的 2018 第 8 届中日友好成人仪式于 1 月 13 日在日本驻华大使馆举行。本次成人仪式由北京日本留学生社团（BJSA）主办，共 145 名步入成年人行列的年轻人参加，其中 72 人来自中国，73 人来自日本。日本驻华大使横井裕、北京市人民对外友好协会副会长高双进等出席了当天的仪式。

虽然日本现在已经非常发达，但仍有根深蒂固的“村落文化”意识。他们在与外国人交流的时候，往往背负着沉重负担，自己有特殊的文化，有独特的思考问题的方法，却无法对外国人讲明白，因而无法与外国人交流对话。正是因为有了这个框框，与其他民族的人交际时，很少人能够自如地打开心扉。日本人在意识自身的时候，不是以“人”这个基点开始，而是以“日本”人的基点开始的。具有强烈的“我们”（日本人）与“他们”（外国人）的意识。日本经过两千年积累，在德川（16世纪—18世纪中叶）锁国时代集成的“村落文化”至今仍有影响，阻碍与其他国家的人交流的心理上、精神上的障碍仍根深蒂固。

两面不讨好

日本某高中组织“世界教室”活动，15个国家的50多个大学和高中的学生来东京参加为期10天的国际学生交流。10天中，有3天要住到日本学生的家中，接触日本的家庭与社会，一个家庭住一个外国学生。日本学生及家庭踊跃申请接受外国学生来自家，并在3天中，除了“世界教室”组织的活动之外，尽量带他们到各处转转；多数去了东京迪斯尼乐园，以使他们在日本过得愉快、丰富多彩。来自中国苏州大学的3名学生中的一位女生到日本家庭居住时，刚好赶上生日，她并没有透露这个情况，但是这个家庭根据介绍资料知道了这个情况。那天晚上，这个家庭专门在饭店设宴，为她庆祝生日，并赠送了精美的礼品，使她感激不已。她不会说日语，双方用不太流利的英文又表达不清，刚好她认识的在日本的中国朋友打来电话，通知她日本某电视台当晚有介绍“世界遗产——苏州园林”的节目。她在电话中根本就顾不上什么电视节目了，只是讲她没有想到在异国他乡，过了如此愉快的生日，这家人真是太好了，激动得几乎哭出声来。她通过朋友向那家的主妇用日语致谢，表达她的高兴以及对他们的好客、热情、令人一生难忘的心情。富裕起来了，不少日本人都积极地接触外国人，以具体实际行动来促进日本的国际化。一些优秀的日本“国际人”成了日本人的榜样，如世界著名交响乐指挥小泽征尔，日本著名的芭蕾舞演员森下洋子，拿过奥斯卡金像奖的电影导演黑泽明。交响乐、芭蕾舞、电影有一个共同的特点，都是从欧美发源的表达性艺术，这些都是在日本明治的文明开化时期引进、经过日本人“恶战苦斗”一百年、总算得到欧美承认的成就。他们成为日本人国际化的骄傲。

日本人期待通过国际化，日本能够真正融入欧美国际社会，并被欧美国际社会所承认、尊重并接受。《思考日本的国际化》的作者矢野畅，就日本国际化的内涵做了定义：

> 寻求日本人在说到国际化时的共通定义的话，大概是这样的：国际化，对持有特殊的固有文化或者文化个性的民族或国家，以最小的磨擦，进行国际性的定位。在这个定义中有三个要素：第一“特殊的固有文化和文化个性”；第二“最小的对外磨擦”；第三“国际性的定位”。

日本的“特殊的固有文化和文化个性”内容繁多。对外界来说，历史上尤其近代史上，表现的是以追随和爆发为特征的。古代追随中国，近代追随欧美。在19世纪末20世纪初有过经济、军事的爆发，在20世纪30到40年代有军事上的爆发，20世纪70到80年代有经济的爆发。日本的“最小的对外摩擦”，主要表现在经济发展起来后，与欧美尤其是与美国之间发生的经济摩擦。虽然日本占了不少便宜，但在精神上，折磨得日本苦不堪言，这也许就是日本要进行国际化的缘由。日本这一百多年来是一个脱亚入欧的过程，各方面欧化，成为列强，成为发达国家，成为具备欧美价值观的民族国家；从地理位置讲，日本人大概最希望把日本定位在北大西洋，即处于欧洲和美国之间。

遗憾的是，所谓国际化不像军事和经济，没有可以进行衡量的硬指标。军事上强大，可远远地拒敌于国门之外，再踏上别国的土地，随心所欲地打杀一番，而别国没有招架之功还手之力，并且谁也不敢碰你一根毫毛。经济上强大，做出别人做不出来的受欢迎的商品，在经济竞争中把对手打得落花流水，有钱可以买人家的资源、人家的企业、人家的大楼，有钱还要买别人占着的国土、别国的民族尊严以及重要国际组织的关键席位。那么，国际化是要干什么呢？连发明这个说法并把它变成一场旷日持久的运动的日本人也没有搞清楚，又如何说明什么是国际化、什么不是国际化？

日本人弄不明白，外国人更是一头雾水。在日语中有一个词叫“外人”，似乎是指所有非日本人。事实上日本人眼中的“外人”，并不是文字意义上的外国人，而是特指与日本人外形不同、日本人所崇拜的觉得“精神抖擞”的白种人。对概念限定得更精确一些的话，是指欧洲和美国的白种人。从现象上看，日本人心中的“国际化”，首先是与欧美人的交流，向欧美人靠近，向欧美人看齐，模仿欧美人西餐进食的规矩，学习英语、德语、法语、西班牙语，到欧美周游采风，购买使用欧美名牌产品，把头发染成黄色、茶色、巧克力色，学打高尔夫球，学喝威士忌白兰地，学女士优先的绅士风度，学欧美人交际中幽默调侃歪头耸肩等，以至于日本人发明了比欧美人还要“优雅”的用叉子背面盛米饭送入口中的用餐方法，给足了欧美人尊重和理解。在日本受到“上宾”待遇的欧美人除了对在日本难于融入日本式的圈子而有所不满以外，好像应该没什么脾气。可是，欧美人还是觉得没法理解这个国际化的意思，就是说受了日本国际化不少恩惠的欧美人，也并不买账。某个欧洲人有意见，于是说，日本整天嘴里含着的国际化到底是什么，负有巨额对外贸易赤字而苦不堪言的美国要日本开放市场，更多地购买标有美国制造字样的商品，那就是日本国际化的起因吧。日本拼命地国际化，不乏有要规避美国谴责的目的。日本人在国际化进程中，不知不觉把美国搁到首位。

在日本受蔑视而被区别对待的穷国人则认为，日本的国际化对象没有使人感觉到是对所有的外国人，日本对穷国人的歧视和无视并不见有任何改进，与其说是国际化不如说是进一步欧美化。发展中国家的人普遍对日本的国际化嗤之以鼻。日本国内，最大的外国人集团不是美国来的商人，也不是欧洲来的旅游者，更不是白皮肤的留学生们，而是日本人一直歧视、欺负的朝鲜人、韩国人，他们几代人在日本一直处于低下的地位。

留美亲美，留日反日，这是发展中国家留学生的常态。《外交官看日本》一书中这样说道：在我国不仅是东南亚来挣钱的劳工，连经济条件不错的留学生也受到日本人根深蒂固的歧视乃至侮辱。他们当中的不少人怀有屈辱感和心灵创伤，最终绝望了，极端地憎恶日本，离日本而去。一位菲律宾女外交官不无遗憾地说，带着悲惨的回忆和伤心回国的留学生们，在日本人和日本社会中被烫上的烙印一定永远不会忘记。他们，特别是公费留学生们，是将来都可能成为外交官、学者、政治家、企业家的“国家精英”，对他们更应当重视才对。

如果要真正“国际化”的话，与其要掌握与西方人社交的本领，还不如先从内心停止对非白种人的歧视，给予真诚的理解、尊敬和对待；从内心停止对欧美人的盲目崇拜，从对非白种人的优越感和对白种人的自卑怪圈中走出来，做一个堂堂正正的不卑不亢的普通人种，这比什么都好。这样，“国际化”才会有基础，日本不仅在经济技术上，而且在作为人类一族的意义上才可能受到非白种人和白种人两方面来的理解和尊敬。

日本的国际化，从大的概念上讲，也许可以理解为“脱亚入欧”已经告一段落，在经济发展和生活水平上可与欧美并驾齐驱。下一个阶段将是从文化上“真正”地向欧美国家靠拢，使日本全民都文明到当今的“世界标准”——欧美文明的阶段，使得日本成为一个文明国度，加入“文明列强”。

6. 迟迟不来的文化勃兴

历史上，日本有四次发展高潮期，或者说是日本文明发展期。

第一次是公元 7 世纪前后，由被称为日本孔子的圣德太子摄政到“大化改新”时代。日本受大一统的隋朝和唐朝的影响，派遣隋遣唐使，从中国学习先进的统治制度和文化，引进佛教、儒学，模仿中国封建王朝来确立国家制度，用学来的技术发展经济，使得日本开始从蒙昧的部落社会向完整的国家社会转变，经济文化均有了空前的发展。此后寻求与唐朝的平起平坐，确立从未有过的完整的天皇制度，编撰日本第一部朝廷的编年历史《日本书纪》，树立以神话传说中的神武天皇开始的“万世一系”的“天皇”，高扬日本精神，体验比唐朝更为优越的感觉，把国名从“倭”改成“日本”，等等，于是开始自我得意起来。正好那时中国唐朝内部发生动乱，日本停止了遣唐使，以图独立自主。这个时代，日本的独特文化得以有限成形，此后，日语的假名渐趋完备，使日语得以完善。但是那段“独立自主”以及自我强大意识并没有导致日本在社会文明上有超越中国的发展，日本的落后并没有什么改观。对日本来说，身旁的先进文明并没有失去光辉，因此如前那样单向从大陆向日本的文化传播仍没有停止，日本的文明发展仍然在中国的影子之下。

第二次是公元 17 世纪前后，以德川家康为第一代将军的幕府开创的江户时代，“挟天子令诸侯”，形成了日本历史上少有的集权封建统治。德川幕府初期，明朝被清朝灭亡。在明清之际，德川幕府采取锁国政策，以实现完全的独立自主。在那一段自给自足的时代，日本至今都引以为自豪的日本特殊文化得到发展成熟，日本封建社会运作到最高阶段。正当日本人陶醉在封闭岛国“乌托邦”的时候，西欧的工业文明杀了过来。身旁贴耳庞大的清帝国在西欧的炮口下落花流水，日本人惊出了一身冷汗。紧跟着美国的黑船出现在东京湾，耀武扬威，逼迫日本开国。在强大的欧美面前，德川幕府俯首承诺，几乎沦为半殖民地国家。

第三次是 19 世纪后期，日本明治维新成功，推翻了德川幕府的封建统治，实行资本主义革命，“富国强兵”“脱亚入欧”，30 年之间，一跃成为东亚最强劲的势力。日本“脱贫致强”之后，立即模仿欧美帝国主义，要打出去，抢占殖民地。第一个目标就指向了朝鲜和中国，用武力吞并了朝鲜，战胜了中国。此乃日本历史上从未有过的壮举，达成了日本的千年宿愿——“成为受尊敬的国家”的第一目标。随后，日本在与沙俄帝国争夺中国辽东半岛时，爆发了日俄战争，并以日本的全面胜利而告终。非欧美的国家第一次打败帝国主义列强之一，日本举国上下一片欢腾，欢呼日本进入帝国主义列强之行列，最终达成“成为受尊敬的国家”的国家目标。由此，日本开始自满得意、忘乎所以，还要占领并统治亚洲和世界，彻底走上了法西斯军国主义之路。在日本疯狂的数十年间，屠杀了数以千万计、折磨了数以万万计的各国人民，给亚洲带来历史上最大的灾难，而它自己也死掉了300万军民，家园成了焦土废墟。

第四次是20世纪的50到80年代。1945年8月15日，日本无条件投降之后，被美军占领，由美国主导的日本复生就此开始。按照美军的旨意，天皇走下神坛，制定“和平宪法”，审判战犯，土地改革，废黜财阀，杜绝军国主义，进行民主变革，发展经济，使得日本走上了和平发展之路。这期间，遇到朝鲜战争特需的大好时机，作为美军的物资供应基地，日本经济得到了顺利的发展，人民的生活也有了极大改善。经过“神武景气”“国民收入倍增”“日本列岛改造”等长达20余年的高速增长，日本一跃成为世界第二经济大国。日本发起一次又一次的经济进攻，一次又一次取得了胜利。如同百年以来日本用武力攻击它的文明启蒙“恩师”——中国一样，用经济手段捶打它的近现代发展的“引路人”——欧美。日本的汽车打入美国，使得美国著名的汽车城——底特律差点成了废墟；张狂到敢在北京机场附近的要道路口高树广告牌：“车到山前必有路，有路必有丰田车。”日本的家用电器如同洪水，冲得欧美的家电产业哀声连连。日本发动太平洋战争时袭击的珍珠港所在地夏威夷群岛，到处是日本人买下的房产地产，到处是可用日语、按日本习惯服务的餐馆饭店，蜂拥而至的日本游客躺遍了夏威夷海滩。有日本人欢呼，当年用飞机军舰没有打下来的美国的这片珍珠宝岛，如今已经被我们占领啦！美国人哀叹，那里已经成了日本的经济殖民地。日本人用经济手段达到了“不被蔑视、受尊敬”的千年夙愿，正如2001年6月28日《日刊工业新闻》的文章所说，日本要成为“受世界各国尊敬的国家”。日本人有钱，有的是钱，有的就剩钱了。日本人骄傲、得意、自满、飘飘然。这辆轰轰隆隆横冲直撞的“战车”，回过头来发现，已经不知不觉地陷入泡沫经济的泥坑。

进入 90 年代，日本经济受到违反客观规律所带来的惩罚，泡沫经济崩溃了，开始哀叹“第二次败战”。曾经是“一亿富翁”的，变成了“一亿自信总丧失”。

日本历史上这四次高潮——神话皇室立国、锁国自主立国、武力扩张立国和经济技术立国，几次起落，不管是古代还是近现代，多是在落后的处境下，受到外界先进文明的威胁和刺激，而以先进国家为学习的对象，较快发展起来的。当达到或接近目标时，日本的心态就开始发生变化，开始自我满足，陶醉于取得的那些成果中。紧接着就蔑视他人，认为那个目标对日本来说变得不先进了，那些曾经的先进国家并没有什么了不起，不过如此。然后就用各种手段去攻击人，尤其是攻击以前的学习对象。

文化与文明的力量是无穷的，是用武力打不出来、用金钱买不到的。日本人前赴后继、流血流汗、忘我勤奋，用自编的神话挺过，用强大了的武力打过，也想用雄厚了的资金买过，日本人企盼了千年的“放之四海而皆准”的文明以及因此而能得到的普遍尊敬和荣耀的“文明列强”到手了吗？好像还没有。这个真正能使日本得到世界的普遍尊敬，能解除日本人自卑、自尊、自虐、自强的剪不断理还乱的扭曲心理纠葛，能使得日本人脱离一贯的要么是羔羊，要么是豺狼的不规则行动，能让日本人自然、平和、稳重地自立于世界民族之林的“文化勃兴”，却迟迟不来。

另外，更现实地讲，日本现在正在泡沫经济崩溃了的泥潭中挣扎，庞大先进的经济和技术实力在不景气之中寻找出路。经历了经济强国衰弱的尴尬之后，以至于悲观忧虑、信心不足，进而心理失衡、焦躁冲动，出现战后以来少有的民族主义情绪和保守倾向。欲再次崛起吗？日本已经充分崛起了，还需要吗？现在的日本还能吗？日本如果一定要像以前那样再次崛起，根据历史的经验，也许还需要一次如同两千多年前大陆农耕文明的传输、1500 年前隋唐文明强烈的震撼、150 多年前美国黑船的近代工业化文明的冲击、70 多年前战败投降被占领——那样来自外部的强刺激。

这个刺激将是什么呢？

日本国将何往

1. 国策

相承百年——中国依然是宿敌

那刺激将是什么呢？一位日本野村综合研究所的研究员读了前文那一段，留下了这样一句话，“那个刺激应该是个色大国——中国的崛起。”

据日本共同社 2018 年 10 月 11 日报道，日本的民间非营利团体“言论 NPO”和中国国际出版集团 11 日在东京都内召开记者会，公布了日中两国联合实施的舆论调查结果。其中对日本印象“好”的中国人较去年上升 10.7 个百分点至 42.2%，自 2005 年开始调查以来首次超过 4 成。另一方面，对中国印象“不好”的日本人占 86.3%，近年来一直居高不下。

20 世纪 80—90 年代，中国还比较贫穷，在发展“四个现代化”征程中砥砺前行。先行发达的日本，虽然对中国的发展时刻警惕，但是预知中国发展必将是巨大的市场，对于落后的中国多少有些同情。与中国开展以经济为主的多方面合作，并进行有规模的援助，对中国的好感度较高。第一次对中国印象不好的比率飙升是在 1998 年。江泽民主席访日，日方拒绝在共同声明中写入为战争道歉的词句，在有日本天皇出席的晚宴上，江泽民提及战争话题。此事引起日本全国大哗，舆论普遍认为天皇受了欺负，一时间日本没有人敢于甚至愿意说中国的好话了。第二次是 2010 年，中国 GDP 超越日本，似乎预示着日本一百多年来对中国的领先结束了，对比日本泡沫经济破裂多年经济停滞不前，使得日本人备感沮丧。第三次是 2012 年发生的钓鱼岛事件。中国政府的严厉态度以及全国性的游行抗议，使得日本人感到震惊以及不满。中日之间彼此印象不好的比率达到九成。6 年过去了，中日之间没有发生什么可以认为是特殊的事情。烟消云渐散，中国人对日本印象不好的比率腰斩；乌云仍紧锁，对中国印象不好的日本人仍占九成。

中日之间的主要问题是领土和历史。钓鱼岛问题，双方克制保持稳定。历史问题，只要日本方面不折腾（为战犯招魂），也趋于稳定。日本人怎么还那么大脾气呢？首先的原因是民族性差异：一边个人主义并好健忘；一边集团主义并好记性。2017 年中国人去日本的有 736 万次，而去中国的日本人 200 多万次（最多的 2006 年左右达到过 400 万），其中多是工作出差留学不得不去，真正自愿旅游的很少。中国人不管日本怎么敌对，一时间愤慨，一时间又忘光，个人想咋的就咋的，照样去日本旅游购物送钱；日本人则不同，你中国让我们日本不爽，我记着呢，作为日本人我绝不去给你中国捧场。在日本旅行社，关于中国旅游的宣传材料下架多年。

另外有两个心不甘。日本人在小学中学都有过这样的疑问，为什么要学习《论语》、唐诗宋词乃至汉文古文？那些中国的古典在哲学、文学、道德教养等方面几乎压倒性地优于日本原产。这造成了对中国的有些特殊的情感，虽然服气，但心有不甘，自卑情绪时不时反弹。GDP 被主要对手反超，曾经的傲视矜持变成了心有不甘。

日本从上到下普遍不能接受、不愿正视中国的发展，败者心态扭曲，处处与中国作对。近十年在日本掀起了反华大合唱，舆论媒体尤其热闹，新型驱逐舰下水了，牵制中国；参加美军演习，牵制中国；日本经济援助拉美和非洲国家，牵制中国；安倍赠送秋田犬给普京，牵制中国。日本人愿意看到“牵制中国”。各国游客包括日本人都有在日本爬樱花树、乱扔垃圾、大声喧哗，但是日本媒体上只说中国人。电视台摄像机进上海迪士尼乐园，专门找扔垃圾的、不排队的、吵架的；到中国地方的公园盯着矗立的金刚模型或什么偶像以及广场舞者的服饰，要找到与

苍龙级潜艇，公认是世界最先进非核动力的潜艇。最新一艘将 AIP 动力改进为锂电池动力，潜航时间大幅度提高，接近高性能核潜艇。日本舆论明说针对中国。

日本的什么相似，说你山寨。不否认中国的确有不少山寨的问题，日本也曾经是山寨强国而被欧美奚落；各国都有类似现象，而日本却只盯中国，显示了敌对态度，煽动日本人的“厌中”情绪。2011 年，中国动车事故，日本媒体一周大联欢，电视主持与嘉宾以及专家问问管管，跟踪报道，并顺着网上谣言分析推理，喜形于色，兴高采烈。日本指责中国进行反日教育的抗日神剧，无所不用其极地揶揄贬低中国的媒体行为，没有日本人站出来说不，谁也不愿，谁也不敢。这就是集团主义的力量。

在政治军事方面，日本紧靠盟主美国，在钓鱼岛问题上拉美国站队，明催暗促美国到中国南海挑事。加强美日安保同盟，年年军费上调。安倍在二次执政前在电视访谈中国军事威胁，说若不在岛屿问题上更强硬，中国会去占领琉球群岛。所以日本更要紧靠超级大国，对中国实行全面遏制牵制。

外交上，踩着中国领导人的足迹，你去哪里他接着也去哪里，围着中国绕圈巡访，明确要建立对中国包围网；你与某洲某国投资几百亿，他尽管还没拉清项目单子也要承诺几百亿。宁愿杀敌八百自损一千。

由于小泉执政时期年年参拜靖国神社，中日间出现了“政冷经热”的局面。安倍二次执政，立刻参拜靖国神社，给民族主义以鼓舞，给中朝韩以颜色。随即，中日间出现了“政冷经也冷”的一段时期。但是，经济还是要维持要发展，中国已经是日本最大的出口市场，中国游客的挥洒成了日本国际观光收入的最大来源。赚了钱的日本人对中国人更加不满，有钱的应该是我，凭什么你现在那么有钱？暴发户！

近年，美国出现了历史上最为离谱的总统，虽四面出击，但主要针对中国。日本为难了，这本是日本遏制中国的大好时机，可是美国切到了日本的奶酪。还是现实的经济民生问题更急迫，中日间总理互访总算恢复了，可是，日本媒体的反华大合唱仍没见收敛。

安倍首相访华，提议“竞争变协调”，中方也认可“关系回归正轨”。地缘政治等因素不用说，单就民族情感，日本人对中国的九成恶感率，就会使日本一直以中国为宿敌的对抗性竞争国策依然会延续。

老子英雄儿好汉——政治世袭并保守化

首相换届频繁，转成世袭的奇观，也是日本政治的第一大特征。安倍首相执政两届六年，改了党章为可任三届，又能再任 3 年，2020 东京奥运上得以作为主宾“君临万国来朝”。众所周知，安倍晋三是官二代、官三代，是原首相岸信介的外孙、原外相安倍晋太郎的次子。安倍首相的主要盟友、大哥级得力助手副首相兼财相、曾经做过首相的麻生太郎，是官后代；外相河野太郎也是官后代。与安倍竞争党首的石破茂，还是官后代。据说安倍之后离首相宝座最近的是自民党第一副干事长小泉进次郎，同是官后代的其父小泉纯一郎在隐退荐子的后援会上，不好意思地说自己是“傻瓜爸爸”。一向自诩痛恨旧习恶俗并致力于改革，最终还是没有赢过“父爱”，落入被日本人长期诟病的政治“己退子上、子承父业”之俗套。在老小泉的地盘人脉财力的助力之下，小小泉轻松击败一学霸青年当选国会议员。日本自民党世袭的基本模式是，儿子大学毕业后随便找个工作，数年后即可作为国会议员父亲的私设秘书进入政治家圈子，父亲要隐退了，儿子顶上出马参选，倚仗父辈以及上代、上上代多年经营的地盘（在选区地域的实力影响力）、看板（在当地的知名度以及人脉关系）、皮包（用于政治活动以及给选区选民好处的财力），可以轻松当选，没干什么就成了国会议员。然后在党内派阀争斗中出头，进入内阁掌权。世界各国都有官后代掌权，但基本是少数。日本如此密集的官后代占据权力中枢，世界罕见、日本空前。

笔者在安倍第一次执政初期受邀在日本记者俱乐部做过一次讲演，题目是“中国怎么看安倍政权”，其中提到了日本的政治世袭。日本的世袭者的最大特点是，几乎连村长、镇长、县长、市长、什么长都没有做过，丝毫没有领导管理过五脏俱全的行政单位的政绩和经验就能当议员，进内阁，任首相。美国典型世袭范例的小布什，可还是干过州长的。多数国家的政客都如“野生动物”，即使是官后代也须从草根基层摸爬滚打、层层历练凭本事政绩上位；而日本多是像“温室植物”“圈养宠物”，主要靠血亲前辈连带庇护提携而升迁（笔者此言一出，遭到一阵哄笑和众多白眼）。当今日本的政治生态，很难出现像田中角荣那样的“野生猛兽”。也不能武断地说“圈养宠物”都无能、就必定败给“野生动物”。日本的现状是，经济科技从顶点滑坡，无力，也许无需以激烈的变革来扭转颓势，且掺和在几大国以及激烈的邻国争斗之间。维持、应付、腾挪、周旋成了内外政治运营的要务，少激荡、多继承的官后代哥们儿弟兄互撑互补的“圈养宠物”们就成了“合适又合理”的领导者集团。

修改宪法，是安倍政权当今的最大目标。1946 年美国占领军修改制定、1947 年 5 月 3 日实施的日本国宪法，至今没有改动过。日本国宪法被称为和平宪法，是日本国最大的软实力。第九条规定，放弃战争、否认军备及交战权。这在世界上是绝无仅有的，日本被规定必须和平，日本遵此 70 年和平，受到世界爱好和平的人们和国家的高度评价，赢得了美好的和平形象。

为何日本要自废最大软实力之武功呢？交织错综的原因很多：宿敌中国的强势崛起、与所有邻国都有领土领海纠纷且趋于激化、朝鲜半岛的核武器风波、盟主美国的默许、经济科技

安倍首相会见美国的古巴裔国会议员

的滑坡衰退国力渐弱，等等；更有日本成为普通国家，能够具备武力、施展武力的夙愿。还有，成为第一位敢于并能够改动和平宪法第九条、被右翼民族主义者称为划时代的一代名相，对首相安倍来说无疑是巨大诱惑。

改宪是安倍政权最大的右倾保守化动作，而护宪运动也风起云涌。“2013 年，神奈川县的家庭主妇鹰巢直美发起了为日本宪法第九条申请诺贝尔和平奖的活动。拥有推举资格的大学教授、和平研究所所长等 43 人为之推荐呐喊，超过 4 万人为申请书签名。日本宪法第九条以抑制战争为出发点，为世界和平做出了重要贡献，符合诺贝尔‘为促进民族团结友好，取消或削减常备军队’的设定。2014 年 10 月 10 日，诺奖获得者揭晓，呼声甚高的日本宪法第九条遗憾落选。”（百度百科）和平

日本军舰与旭日旗。旭日旗相当于日本军旗，被为曾遭侵略殖民的亚洲多国所厌恶。2018 年韩国举办海军阅舰式，邀请多国参加，其中有日本。韩国要求日本军舰不得悬挂此旗，但日本坚持悬挂，争来吵去几个回合僵持不下。

奖没有惠顾和平宪法，却惠顾了改宪势力。若第九条获得诺贝尔和平奖，那么在笃信诺贝尔奖权威的日本，估计改起来可就有些难了。

其实，日本根本就没有忠实地遵守第九条，规定了“否认军备”，日本却保有着强大的军备力量，只不过以自卫队的称呼掩人耳目。这支一度称雄世界第二的强大军备力量，在日本巨大国家债务、社会福利负担入不敷出的财政状况下，依然年年扩张。只要有稳定富强的中国以及超级强大的美国在，日本右倾保守化的脚步不会停歇。

强心针般的诺贝尔奖——科技立国

“日本是非白人国家中诺贝尔奖获奖者最多的国家”，日本著名作家、记者林信吾赞道。的确，日本已经拿到了手软。在科学奖（物理、化学、生理学医学）上，日本得奖数量超过日本以外非白人国家的得奖总和。日本常年科技立国，取得丰硕成果，其水平在非白人国家中遥遥领先，与白人国家比也毫不逊色。日本在 2001 年 3 月出台的第二个科学技术基本计划中提出，要在 50 年内拿 30 个诺贝尔奖。并在对诺奖生理学医学项目上具有决定力的瑞典卡罗林斯卡医学院设立了“研究联络中心”。2018 年诺贝尔生理学或医学奖的最终结果在瑞典卡罗林斯卡医学院颁布揭晓。美国科学家詹姆斯 · 艾利森（James P. Allison）和日本科学家本庶佑（Tasuku Honjo）获得 2018 年诺贝尔生理学或医学奖。2017 年底林信吾还在抱怨称“生理学医学奖久违了”，随后便如愿以偿。

诺贝尔奖中的文学与和平奖，常有政治倾向的嫌疑。而诺贝尔科学三奖项是公正公平的。但是也不能否认还是存在朋友圈的，虽然是无形的。从推荐、入围、几次评审，很多人都达到得奖的水平，给谁都是公正合理的无可非议。圈子内的无意之中自然而然就容易近水楼台了，如同跳水比赛公正打分中合理的印象分很重要一样。日本是那个基督教西欧北欧文明产物的唯一接纳进圈子的非白人国家。当然，日本有足够水平可以有那么多的收获。日本理化研究所小保方晴子成果造假的丑闻败露，惊动了世界科学界。曾经认为必是诺贝尔奖候补、受到盛赞的成果竟是造假，使日本科学界的情绪一片灰暗。数月后诺贝尔奖发布，日本3人获得物理学奖，如同一针强心剂给了日本科学界甚至整个日本国民以极大的鼓舞和安慰。对于日本，诺贝尔奖不仅仅是科学水平的评价，也是白人世界予以承认与尊重的象征，更是日本国民欢欣鼓舞、士气高昂的动力和源泉。虽然几乎年年得奖但仍年年盼，似乎需要获得诺贝尔奖来一而再、再而三地确认日本的国际地位和价值。

日本的科技立国，取得了极大成功。充足的研究开发经费，宽松的研发氛围，无后顾之忧的待遇，合理的研发管理制度，加上研发人员的努力——几十年过去了，日本成为世界首屈一指的科技大国，几乎在所有领域都达到了世界先进水平。说我是“经济动物”只会模仿，我拿几十个诺贝尔科学奖以及几百个独创的高科技产品给你看。由此，日本在世界上尤其在白人世界中的形象得到极大改观，以此，日本挤进了白人世界的朋友圈。

而今，令日本紧张的是，前有欧美虎后有中韩狼，高科技产品的领先高地逐渐丢失。由于 GDP 多年没怎么增长，研发费也没怎么增长。2016 年，中国的研发费用已是日本的 2.5 倍。NHK 报道一位日本 36 岁的科学家，参加中国千人计划受聘在复旦大学做教授，不可想象地在中国拥有了自己主持的实验室。他的导师东京大学研究生院理学系教授看了这位曾经的学生的实验室后嘟囔道："这样的话就都去中国了，日本给不了这些环境，他去中国对他是好事，对日本来讲就遗憾啦。缺少年轻学者使得日本的科学难于发展，如若不能把海外的年轻学者召回，日本的科研可就断代了，这可是日本的社会问题呀。"

日本虽然科技水平下滑已成趋势难以扭转，但是，还是具备雄厚的研发队伍而且多数成果是世界领先，很长时间内，日本依然会是世界科技发展的主角之一。还有，一直为量产诺贝尔奖所做的选项、培育、研究等方面的努力，加上圈子内关系渠道以及获奖系统工程运营操作成功的丰富经验，日本的优秀科学家获诺贝尔奖的依然会兴旺持续。

2. 国风

整然——"超"人类的素质可为世界典范?

某次，笔者参加的日本人聚会，有人问，你常在日本，偶尔回中国是什么感觉？我未加思索即答："感觉回到了人类社会。""什么？"周围那些困惑不解甚至愤怒的表情仿佛在这样问，尽管没有人发声。啊，刚才我说了什么？失言了？赶紧解释：中国经常可见的有你帮我我助你，也有你骂我我踹你，有洁整美也有脏乱差，那才是人类社会吧；日本有点儿“超”了我所认知的人类社会，处处显得那么整然，整然，整然。

他们那么优雅、干净、友善、勤劳，甚至带到了国外，比赛结束后，日本球迷主动捡拾观众留下的垃圾；日本队员离开时把更衣室打扫得干干净净。有些国人可劲儿夸日本人的素质如何如何好，对比起来中国人如何如何不好。甚至从文化、人种、制度等方面对比着贬低中国人。这种情况与日本媒体出奇地一致，日本媒体从未停止过贬低中国人，尤其是近些年。

在东京立教大学的一次国际素养问题的研讨会上，笔者受邀与该大学的一位中文教授先发言。我俩没有商量却出奇地一致，都是从日本人“不给他人添麻烦”的特性讲起。我说的是，中国的教育，鼓励人们做好事，遇到情况积极主动出手帮助，而日本“不给他人添麻烦”，显得消极，等等；那位教授讲得就更深入具体了，图文并茂举例说：有老人提着沉重行李上楼梯，你想帮忙，日本人在出手前就会考虑，人家是否愿意，帮提是否给老人添了麻烦？或者老人不愿别人动他的行李？或许人家不服老不愿被看得那么老需要帮忙？或许……不动，就不会给人家添麻烦、不会发生任何不愉快，犹豫之间，老人已经进了家门。

日本人不给他人添麻烦之言行已经成了习惯变成条件反射般的机能。另外，在日本人的人际关系熔炉里，进了朋友圈又被踢出、欺负人再被欺负反复循环；给人添了麻烦遭恨，被人添了麻烦恼怒——锤炼出纤细敏感的神经。他们在周围都有严苛的需求并都能精细地回报的人群中生存成长，练就了如条件反射一样的机能，往往咳嗽一声便来一句“失礼了”；公交车上被人踩了脚，还要先说“抱歉”。他们整然、划一，所谓的高素质是从这里开始的。

有栖川宫纪念公园中心广场高树的警示牌上用日文、英文写道：“莫要给他人添麻烦地游玩。”所在地港区麻布地区是外国使馆区，附近有很多外国人居住，常在此公园游玩休闲。

中国人做得到吗？不仅中国人，韩国人、朝鲜人、印尼人、南非人、巴西人、俄国人，包括日本人崇拜的并认为‘非常文明’的西欧北美人，也是做不到的。另一个被称道的是日本的服务，态度好，敬业，也是源于日本人上述机能和素养。特别是有了利益的驱使，在基本素养之外尽量让顾客感到无微不至的舒服愉悦，以便交易达成。

可是，众所周知，不给他人添麻烦的个人组成的大集团却屡屡给他人添了大大的麻烦。日本人的集团是很有攻击性的。

这些日本文化特殊运营出来的结果，也成了日本吸引外国人来旅游的一个缘由。尽管咱学不来，却适合远远地看着，欣赏。

娘炮鼻祖——超强的日本演艺动漫软实力

“娘炮”一词曾在中国网民中热议，其实“娘炮”演艺是日本的创新。在亚洲，日本率先发达，在演艺方面也率先发展。在日本经济发展最顶端的1990前后，生活富裕，娱乐丰富，被誉为“经济动物”的艰苦奋斗不需要了，人们对演艺的口味发生了变化。从喜欢高仓健那样坚毅刚强的肌肉男，逐渐喜欢温柔俊美的形象。木村拓哉所在的SMAP组合，以“微娘”的特征，可喻为“娘炮”先驱。SMAP的徒弟辈的“岚”组合进一步可谓“稍娘”。“手无擒虫缚鸡之力，身有怀香抱玉之功”，优雅潇洒、美若天仙，惊艳时得到高频大功率发声的人群的超级喜爱和疯狂追捧。这种风格冲出日本走向亚洲，距离最近的韩国随之流行，有赶超先驱的趋势。台湾模仿又流进大陆，还在向东南亚扩展。

全世界有多少人从幼年就伴随着日本的动画片和漫画成长的，肯定数以亿计。日本媒体喜欢问外国人为何到日本来，很多回答都是来日本寻找动漫梦，体验幼童时代的欢欣。美国迪士尼善做动画大片，而日本什么都擅长，有大片有短片，更有超长的连续剧；并且与漫画相辅相成，漫画变动画、动画变漫画，相得益彰。日本的动漫早已不是儿童的专利，细分有对小学生、对中学生、对高中生，甚至还分少男少女以及成年人。笔者还记得20世纪80年代初，已经20大几的有工作的人了，蹲在九寸黑白电视前看“铁臂阿童木”时的情形。日本很精明地把动漫的价值延伸，组织了世界范围的动画片圣地海选，各国五万多粉丝投票，选出日本动画片圣地88处，各个动画片的粉丝们可以去参观游览并朝圣。

日本动漫软实力是日本所有软实力中最实在最受世界欢迎的，而且超强，估计还会持续超强。

“你的名字是？” “圣地”在东京都新宿区

作为日本人真好——日本式的凝聚力

有个叫 Kent Sidney Gilbert 的美国加利福尼亚人在日本火了，此人出书多册，几乎本本畅销。《新闻周刊》日本版(2018 年 10 月 30 日）评价：在日外国人，电视嘉宾，律师身份，盛赞日本，敲打中韩，白人形象，与出版社经营战略契合。什么战略呢？字里行间可以明白，通过“崇美、贬邻、自赞”，提高日本人的自我认知与尊严，以此增强日本的凝聚力。实际这个战略不仅仅是那家出版社的，而是日本整个媒体的战略（其实等于国家战略）。笔者理解为日本式的爱国主义宣传教育运动，尽管日本没人宣称有这么个运动。10 年前，日本媒体几乎是一拥而上，那时起对中国的正面报道罕见了。可以理解为与日本以中国为敌的隐形国策相呼应，为了立于不败之地，日本人需要更加团结凝聚共同抗争。

我是日本人太好了！日之丸（日本国旗）和日本女子垂目微笑。下方配字：骄傲在胸高扬日之丸。2011 年由日本神社本厅做成海报 6 万张发往日本全国各地，弘扬爱国爱族精神。没成想，那广泛流传、深受好评、用于弘扬日本爱国爱族精神的“日本女子”的写真模特竟然是一位中国女子（经过严格的调查确认），引起日本国内的激辩。

崇美，日本的旷日持久的行为，无需赘述。

贬邻，前述所谓媒体反华大合唱，以及中国动车事故日本媒体大联欢；出版物的内容满是“中国威胁”“中国崩溃”、韩国失败、韩国狭隘之类。上述那位火了的美国人，从文明根子（儒学）上否定中韩，称日本虽受儒学影响较小，但还需要摒弃儒学，发展自有优越文明，持续地压倒中韩等。

自赞。美国人已经大赞了，日本人自己能荒废吗？日本人之间的绊（天然的连带）、日本人之间的特征（一致性）、日本人之间的暧昧交流方式（以心传心）、日本人之间的自己独有的工匠、精细、互助、内敛——日本人真好，日本真棒。跃然纸上，飞入银屏，归根结底一句话：“作为日本人真是太好了！”还有一句“生为日本人简直太对了”！无需什么自由民主的政治正确，更不要什么对与错的原则，众人的感觉就是一切。不管是着装军服马靴还是西服革履，都曾经整齐划一地走过，正是日本人与众不同的风范。

日本著名女演员藤原纪香的祖辈曾经是开拓团（20世纪30年代大批移民侵占中国东北）的一员，在日本战败后留在中国东北，后经千辛万苦回到日本。他的真实故事，被NHK制作成电视专辑播放，藤原纪香看了，感言："觉得自己能在世是个奇迹。首先感谢绝不放弃而活着归来追梦的祖父，是今后自己的精神食粮。"如此日本人的情感与精神，催日本人怆然泪下、鼓日本人万众民心、促日本人相互深度认同并激起爱族爱国之心。爱国心在日本曾经是忌讳，如今时代变了，需要日本人爱国并为国奋斗了。

藤原纪香幼时很受祖父宠爱

3. 国难

又鞠躬道歉了——日本制造怎么了？

众所周知，日本是制造业大国强国，日本制造的质量一向上乘，获得世界第一的口碑。蜂拥而至日本的数百万（2018年估计超过 800 万）中国游客，第一目的就是买，买日本制造，甚至被日本媒体戏称为“爆买”。

但是这几年，日本连续出现企业质量指标数据造假的事件，波及汽车、钢铁、材料、建筑多个行业，给日本制造这张锃亮的品牌投上了阴影。2018 年 10 月，又爆出减震免震设施品质造假丑闻，日本百姓节衣缩食多花钱买了具备减震免震功能的房子，到头来是假的。不禁谁都想问，日本制造怎么了？

进入信息化时代，日本先前很奏效的研发生产传统以及制度显得僵化了，信息技术被美国拉开了距离，也被新兴的邻国超越了。专利、论文引用等指标占比有点下滑，主要是新兴国家上得太快。日本的拿手把戏如家电、显示屏、生活用电子产品被中国、韩国抢走了不少市场。但是日本在材料、尖端器件、精密部件上，有着难以超越的科技水平和实力。以手机为例，日本制造的手机在国际市场上几乎绝迹，可是，各个品牌的手机里有多种唯有日本能造的电路板、电容器、集成电路、摄像头等高科技水平的部件。日本现在依然在这些方面下力气。比规模化低成本的制造，日本不行了；比精细、比精密、比新颖、比质量，日本还是遥遥领先。但是现在，日本的质量指标数据造假把笃信日本质量的人们搞晕了。

日本制造是日本软实力硬实力整合出来的最强综合实力，是缺资源少国土的日本人民的基本饭碗。若这个饭碗自己给砸了，一旦喜欢日本制造而“爆买”的人们缩手了，那真是日本国的国难。

争争不休——与所有近邻都有争端

战败70余年，日本一直和平发展，没有任何付诸武力的行为，但是日本的周边丝毫不平静，甚至可以说是凶险。日本与所有近邻都有领土（岛屿）以及连带海洋权益争端的种种问题。从北向南简述：

俄国与日本有南千岛群岛（北方四岛）问题，而且，日本还是其盟主美国在东方遏制俄国的最前哨。为了牵制中国，日本要与俄国发展关系，安倍曾送秋田犬给普京。但是，不归还四岛就不能缔结两国友好条约，两方始终停留在嘻嘻哈哈的层面上。俄国绝不会归还四岛，日本被美国牵线调动不可能与俄国走得太近，双方心知肚明。俄国强大的军力一直压在日本头顶上，还时常出动轰炸机、侦察机绕飞日本列岛，拨弄日本的安保神经。

朝鲜与日本有独岛（竹岛）的问题，朝鲜拐带日本人的问题僵持多年，安倍就是因在此问题上的强硬言行而赚得人气的。日本与朝鲜之间的历史问题还没有解决，拐带问题上日本的强硬，有占据道德制高点减轻殖民朝鲜的历史包袱的嫌疑。朝鲜的核武器问题，是日本极大的恐惧，日本紧跟美国强硬对应。朝鲜表示弃核，与中美韩都拉近了关系，本来就是个打酱油的而自以为是重要角色的日本认为，朝鲜把日本撂在蚊帐外面（日本常用形容词，边缘化），跳着脚着急也没用。

韩国与日本同样存在独岛（竹岛）的问题，韩国还实际占领。韩国被日本殖民压迫百年的深仇大恨激励着，一直向日本讨说法，折腾得日本苦不堪言。为对付中朝，美日韩须精诚团结，但是韩国就是不与日本穿一条裤子，搞得美日韩同盟松松散散。韩日间的民族情感对立尖锐，已是常态化了——韩厌日、日厌韩。

最不愿看到朝韩统一的是日本，没有之一。日本有一种观点，半岛统一对日本来说就是噩梦，2000 多万的朝鲜加上 5000 多万的韩国，人口是 8000 万；朝鲜的矿藏加上韩国的科技工业，国力必定增强，何况还有朝鲜的核武。持有核武器、对日本有血海深仇的半岛人必定会杀向日本。

中国与日本有钓鱼岛以及东海划界的问题。民族感情、文明的矛盾、实力的变化等，前面说了很多，不再赘述。近日，安倍首相访华，日本媒体上很是热闹。笔者发现了一个变化，以前说中日间的问题时，就两个：东海钓鱼岛和历史，现在成了 3 个，东海钓鱼岛和历史，加了一个中国南海问题。南海怎么成了中日之间的问题了？安倍首相说的中日关系从“竞争变协调”，日本媒体却找事、生事了，这里面肯定不会是仅仅媒体折腾那么简单。笔者没觉得安倍访华有何诚意，不过借美国关税闹剧与中国做协调姿态，最大目的是减轻来自中国的压力，为其能顺利改宪。2018 年 10 月 30 日日本经济新闻第二版报道，刚刚访华回国的安倍首相与来访的印度莫迪总理达成一致，在亚欧基础设施建设方面合作牵制中国的影响力，美日印海军联合演习维持与中国的对抗。

台湾地区与日本也存在钓鱼岛争端，还有渔业权益争执。不少台湾人（有不少日本人混血后代）崇日哈日，是日本近邻中对日本最好的。日本也在暗暗支持台湾民进党，由于中国立场很明确，所以日本比较谨慎。台湾也有与中国大陆观点相近主张统一的坚强力量。

现在，日本利用中国战国时代的秦国范雎提议的“远交近攻”策略，紧靠太平洋那头的超级大国美国保护自己，牵制遏制近邻对手，尤其是中国。笔者曾经与非常爱国的日本人谈论，他说，如果美国利用经济科技等和平手段无法遏制中国，趁美国军事力量强大，用武力打击中国会怎样？我说，这话不该出自日本人之口，因为那将使日本列岛成为主要战场，日本可就惨了。日本难道要这么挑唆吗？

和平的日本有两个禁忌：一是和平宪法不能动；二是原子武器不可有。笔者多次在讲演及研讨会上做主旨发言，每每指出日本和平宪法是日本的最大软实力，是日本的世界美好形象的招牌，为日本好，这个大宝贝千万别丢了；和平宪法光环一旦被摘下，“和平的日本”这个世界上唯一的特殊待遇（道德制高点）就没了，必受邻国的严厉对待、世界各国的另眼相看。明摆着其弊压倒性地大于利，但是，安倍政权铁了心要修改和平宪法，安倍的执著是为了那个划时代名相之虚名吗？

曾经就日本拥核的问题讨论过，他们说假设日本真的拥核了，中国会最先反对吧？我说，那可是最危险事件，中国必有强烈反应。

日本人最厌恶的国家是中朝韩俄，都是日本的近邻；而这四国人最厌恶的国家中，日本也是名列前茅。试想，一旦日本有什么灾难或事件，这四国谁会真心倾力出手相助？若日本人还一直认为都是那四国的错，坚持争执对抗，稍有差池，招来的就是日本国的国难。

昔日的荣光在哪里（むかしのひかりいまいずこ——日本古曲《荒城之月》歌词）——真正的国难来了

人老了

日本在人口为 3000 万以上的 37 个国家中老龄人口比例最大，是世界排名第一的老龄化国家。据估算，日本 65 岁以上的老人，2018 年达 3500 万，2042 年达 3863 万。从老龄人口占总人口的比例看，2013 年达到 25.2%，每 4 个人有 1 名老人；

日本的养老院。日本的养老看护随着日本老龄化进程而发展成为巨大产业。日本政府和商界有意将先进的养老看护设备以及丰富经验推销到若干年后将步其后尘的中国。

2035 年 33.7%，每 3 个人有 1 名老人；到 2055 年老龄人口将达 40.5%，平均 2.5 人中就有 1 名 65 岁以上的老人。

人少了

截至 2017 年 10 月 1 日，日本本国人口为 1.246 亿人，与前一年相比减少了 37.2 万人，减幅连续 7 年扩大。如此态势继续的话，预计 2050 年人口将下降至 0.98 亿。从年龄层来看，65 岁以上人口与前年相比增长了 56.1 万人，首次突破了 3500 万大关，达到 3515.2 万人，占总人口比例为 27.7%，为历史新高。另一方面，15 岁以下人口与前年相比减少了 18.8 万人，为 1559.2 万人，占总人口比例为 12.3%，突破历史新低。日本 2017 年出生人口为 94 万人，2000 年—2015 年平均每年出生 105 万人；1989 年—1999 年平均每年出生 120 万人。少子老龄化态势愈发严重。

养育 11 子女的美女妈妈，5 男 6 女 13 人的超级大家庭。日本多么希望再多些这样的国宝级家庭。

人穷了

厚生劳动省“国民生活基础调查概况”显示，2016年年收入300万日元以下的家庭占全民家庭的33.3%，而2008年时是31.3%，8年间增加了72万户。年收入300万日元以下的家庭开支紧张，基本月光，属于贫困家庭（日本SPA杂志2018年第10期）。300万日元约等于在中国的家庭年收入4万元人民币的水平。其实，并不是日本人都穷了，而是富人更富了，中间收入的少了，则穷人多了。曾经中间层巨大的“一亿中流”逐渐向下溜了。

《小偷家族》获得第71届法国戛纳国际电影节最佳影片金棕榈奖。电影演绎了日本穷人的一些生活实况，除了令人尴尬的偷窃，还有催人泪下的亲情。

食草了

日本国立社会保障与人口问题研究所的调查报告说：

日本18至34岁的女性中，有39%还是处女；18至34岁的男性中，有36%是童子身。18岁至34岁的女性中，有一半人没有男朋友；在35岁至39岁的年龄段中，有26%的女性和28%的男性从未有过性经验。

这说明日本社会确实进入无欲望社会（日本发明的词句：有欲望为食肉，无欲望为食草），而且直接抑制了日本的人口增长，进而加快少子老龄化的进程。劳动力不足，社会福利开销增加，将长期影响日本的国力和人民生活水平。

安倍晋三首相把“少子老龄化”定为日本国的国难。

“纸莎草”书目

书名	作者	定价
图腾与禁忌	〔奥〕西格蒙德 · 弗洛伊德	56 元
如此日本人	王志强	56 元